A INFÂNCIA VAI AO CINEMA

Organizadores
Inês Assunção de Castro Teixeira
Jorge Larrosa
José de Sousa Miguel Lopes

A INFÂNCIA VAI AO CINEMA

2ª edição

autêntica

Copyright © 2006 Os autores
Copyright © 2006 Autêntica Editora

Todos os direitos reservados pela Autêntica Editora. Nenhuma parte desta publicação poderá ser reproduzida, seja por meios mecânicos, eletrônicos ou em cópia reprográfica, sem a autorização prévia da Editora.

CONSELHO EDITORIAL DA COLEÇÃO CINEMA, CULTURA E EDUCAÇÃO
Afrânio Mendes Catani (USP); Alfredo Veiga-Neto (URGS); Célia Linhares (UFF); Inês Assunção de Castro Teixeira (UFMG); Inés Dussel (Faculdade Latinoamericana de Ciências Sociais/Argentina); Jorge Larrosa Bondía (Universidade de Barcelona /Espanha); José de Sousa Miguel Lopes (UNILESTE); Milton José de Almeida (UNICAMP).

REVISÃO
Dila Bragança e Rosemara Dias dos Santos

CAPA
(Sobre foto de Maria São Miguel – Coimbra/Portugal.
Educadora de Infância, licenciada em História e mestre em Ciências Sociais.)

DIAGRAMAÇÃO
Carolina Rocha

Teixeira, Inês Assunção de Castro
T266i   A infância vai ao cinema / organizado por Inês Assunção de Castro Teixeira, Jorge Larrosa e José de Sousa Miguel Lopes. — 2. ed — Belo Horizonte: Autêntica, 2014.
256 p. — (Cinema, cultura e educação)
ISBN 978-85-7526-227-6
1. Cinema. I.Larrosa, Jorge. II.Lopes, José de Sousa Miguel. III.Título. IV.Série.

CDU 791.43-053.2

Ficha catalográfica elaborada por Rinaldo de Moura Faria - CRB6-1006

GRUPO AUTÊNTICA

Belo Horizonte
Rua Aimorés, 981, 8º andar
Funcionários - Belo Horizonte - MG
30140-071
Tel.: (55 31) 3214-5700

São Paulo
Av. Paulista, 2.073, Conjunto Nacional,
Horsa I - 23º andar, Conj. 2301
Cerqueira César - São Paulo - SP 01311-940
Tel.: (55 11) 3034-4468

Televendas: 0800 283 1322
www.autenticaeditora.com.br

Sumário

PREFÁCIO.. 7
Sonia Kramer

APRESENTAÇÃO
Olhar a infância.. 11
Inês Assunção de Castro Teixeira, Jorge Larrosa e José de Sousa Miguel Lopes

PRIMEIRA PARTE

A infância do espectador cinematográfico......................... 29
Ramón Espelt

As crianças e as fronteiras:
várias notas a propósito de três filmes de Angelopoulos
e uma coda sobre três filmes iranianos................................ 51
Jorge Larrosa

Infância, memória e cinema:
nas imagens das origens, a origem da imagem.................. 75
Maria Cristina Soares de Gouvêa

Aportes sobre a infância e o milagre em Tarkovski........... 91
Antonio Francisco Rodríguez Esteban

E o cinema devém criança... 101
Rosana A. F. Sardi

Celebração da revolta:
a poesia selvagem de Jean Vigo.. 113
David Oubiña

A infância que olha e constrói:
breves notas sobre as crianças no cinema norte-americano...... 121
Carlos Losilla

Filmar uma criança:
a construção de um espaço comum..131
Núria Aidelman Feldman e Laia Colell Aparicio

Salvem as crianças!
Ou a infância como horizonte de certo cinema contemporâneo................143
Àngel Quintana

SEGUNDA PARTE

A língua das mariposas:
a infância perdida...155
José de Sousa Miguel Lopes

Querubins ou rebeldes?
Um conto de fadas às avessas...179
Maria Inês Mafra Goulart e Eduardo Sarquis Soares

O balão branco:
encontros e encantos pelas ruas da cidade...193
Ana Marta Aparecida de Souza Inez e Vitória Líbia Barreto de Faria

Os baderneiros, a guerra e os botões..209
Héctor Salinas Fuentes

Encantadora de baleias:
a fábula da menina Paikea..227
Ana Maria R. Gomes e Bernardo Jefferson de Oliveira

Quando a infância ensina –
uma leitura interessada de *Abril despedaçado*...................................... 239
Leiva de Figueiredo Viana Leal

OS AUTORES...249

Prefácio

Sonia Kramer

A primeira vez em que vi o filme *O tambor*, do diretor alemão Volker Schlondorff, sabia que estava diante de uma obra onde infância, cinema e uma aguda crítica da cultura contemporânea diziam-se numa linguagem diferente. Sua força, seu silêncio, seus ditos e não ditos, os significados contidos no relógio interditado e na parada nazista que, inesperadamente, se transformava em uma suave e harmoniosa dança, materializavam – pode-se dizer que a imagem é material? – uma denúncia da sociedade moderna, do Estado e da condição humana.

Revi muitas vezes esse filme, como muitos outros que nas últimas décadas têm na infância como alegoria e nas crianças como atores sociais a sua substância. E fui aprendendo com esta experiência do cinema, uma outra possibilidade de produção sobre a infância, de agir ético e de sensibilidade estética que, nas palavras de Mikhail Bakhtin, constituem nossa dimensão humana, ou seja, o conhecimento, a Arte e a própria vida. Aprendi que no cinema encontramos ora um outro modo de conhecer as crianças, ora a expressão do mundo da maneira como as crianças o veem, escutam e experimentam, ora um olhar infantil que pode ajudar a compreender o mundo e a subvertê-lo.

Assim, a partir do momento em que a "infância vai ao cinema", o campo de estudos da infância se amplia e adensa, seja porque essa maneira diversa de falar das crianças pode ser escutada à medida que se revela sua fala, seja porque seu olhar educa o nosso, invertendo uma direção que há séculos marca a interação entre as gerações. Observando as crianças nas histórias que os filmes contam, nas cenas filmadas, nas imagens e nos gestos em movimento, descortinam-se as orientações políticas e ideológicas dos contextos em que estão inseridas, sua situação social, a pluralidade cultural, a diferença de idade e tamanho, as religiões e visões de mundo, as interações entre meninos e meninas, as relações com os adultos ou jovens, o poder e o controle institucional, a brincadeira e o trabalho, a seriedade e o riso. Ao mesmo tempo e de modo contraditório, a miséria, o abandono, a violência das crianças e contra as crianças, a impotência, o olhar triste, a magreza, o nariz escorrendo coexistem com o papel de humanização dos adultos que as crianças desempenham, nos filmes e na vida. Além disso, o cinema mostra sua inserção na família, os constrangimentos que lhes são impostos na escola, os desejos e os sentimentos que dirigem às pessoas, às coisas, aos animais e ao próprio cinema, suas crenças, mitos e devoção, a dilaceração que sofrem nas ruas, na criminalidade ou na guerra de que muito cedo participam – e a guerra é sempre cedo demais, mesmo para os adultos, já que seu tempo é o tempo do medo e da destruição.

O cinema olha a infância e ao mostrar-se conta a história; a de cada um e a de todos nós. Ora, falando sobre infância e história, Walter Benjamin já nos alertava para o fato de que o homem faz história, de que existe a possibilidade de se fazer história, porque temos a infância. Foi isso o que vi e vivi na tela das sessões onde *O tambor* e a experiência por ele evocada – na minha trajetória pessoal – de *Fanny e Alexander*; *Brinquedo proibido*; *O garoto*; *A família*; *Au revoir, les enfants*; *Europa, Europa – filhos da guerra*; mas sobretudo *Cria cuervos*, as três irmãs brincando e sendo a toda hora interrompidas pelos adultos. *Cria cuervos*, seu sofrimento e encantamento, a música rodando, a fotografia na parede, a menina e a avó, a saúde e a doença, ser criança e ser gente grande, o homem e a mulher, a sensualidade e o medo, a vida e a morte.

Pois bem, os textos contidos nesta coletânea tratam dessas e de muitas outras questões. Escritos por intelectuais de diferentes origens, com histórias profissionais e experiências diferenciadas com o cinema e sobre o cinema, os artigos e as análises apresentadas se referem às crianças e às fronteiras, à infância como horizonte de certo cinema contemporâneo, aos aportes sobre a infância e sua experiência religiosa, à infância, memória e cinema, ao cinema que devém criança, à celebração da revolta, à infância que olha e constrói, aos desafios de se filmar uma criança na construção de um espaço comum, da infância perdida, de contos de fadas às avessas, de crianças e aprendizagens pelos cantos da cidade, de um país despedaçado, de um encantar as baleias e de guerras de botões. Os textos tratam da infância e do cinema feito com base nos diferentes pontos de vista, condições de produções, lugares de filmagem e tempos de imaginação. A escrita que lemos fala daquele que não fala e que fica exposto numa linguagem que se faz – no melhor sentido que encontro – infantil, porque reconstrói do lixo (outra evocação que faço ao conceito de história e de infância em Benjamin), vira pelo avesso a ordem das coisas, descontinua, desvia, revolui.

Neste sentido, *A infância vai ao cinema* – livro organizado por Inês Teixeira, Jorge Larrosa e José Miguel Lopes – ocupa um espaço onde a produção é escassa até hoje, no Brasil, e traz, pela qualidade de sua escrita e pela ousadia de sua abordagem, uma significativa contribuição para todos aqueles que estudam temas relativos à Filosofia, à Sociologia (e à Sociologia da Infância), à Antropologia, Educação, Psicologia e Psicanálise, aos Estudos Culturais. Por outro lado, a leitura desta coletânea certamente irá contribuir para a ação e reflexão de profissionais que atuam em áreas pertinentes à infância, cinema, produção cultural, educação, políticas públicas e formação de professores. Este quarto volume da coleção Cinema, Cultura e Educação, concebida e organizada por Inês Teixeira e José Miguel Lopes, tem, portanto, um papel relevante a desempenhar na produção intelectual contemporânea. Parabenizo os organizadores e autores pelo seu fôlego e pelo resultado desta produção.

Defendendo o polêmico argumento de que o cinema não é o cinema, o pintor, poeta, ensaísta, jornalista e cineasta Pier Paolo Pasolini, intelectual que marca a minha geração pela sua trajetória e pela sua tragédia, escreveu:

> eu amo o cinema porque com o cinema fico sempre no nível da realidade. É uma espécie de ideologia pessoal, de vitalismo, de amor pelo viver dentro das coisas [...] A raiz, profunda e subterrânea dessa minha paixão, é esse meu amor, irracional de certa forma, pela realidade: expressando-me com o cinema não saio nunca da realidade, estou sempre no meio das coisas, dos homens, daquilo que mais me interessa na vida, isto é, a própria vida[1].

Que a sensibilidade de Schlondorff e a alegoria da infância presente n'*O tambor*, de um lado, e o olhar arguto de Pasolini, sua crítica e a lucidez que machuca, de outro, nos inspirem na leitura desta importante coletânea.

Sonia Kramer

---

[1] PASOLINI, Pier Paolo. *Com Pier Paolo Pasolini*. Roma: Enrico Magrelli Ed./Bulzoni, 1977, p. 79-80.

Apresentação

Olhar a infância

Inês Assunção de Castro Teixeira
Jorge Larrosa
José de Sousa Miguel Lopes

> Não há qualquer busca de naturalidade e tão pouco nenhuma ideia daquilo com o que deveriam se assemelhar. São o que são e não sorriem. Não se colocam, e a câmara deles não se compadece.
> Jean Baudrillard
>
> A infância: joelhos e lábios fortes.
> Dominique Sampiero

1
Falar ou escrever sobre cinema é muito difícil. Coloca-se, obviamente, um problema de tradução. Como traduzir com palavras o que não é feito de palavras? Quando ouvimos ou lemos coisas sobre cinema, temos habitualmente a sensação de que não passamos dos limites, das imediações, dos arredores; a sensação de que o que está eliminado de palavras, talvez por inalcançável, é precisamente o cinema. É bem possível que ali onde não se pode dizer nada, comece o cinema; justamente ali. É bem possível que o cinema, ou dito de outro modo, a dimensão propriamente cinematográfica do cinema, o que faz com que o cinema seja cinema e não outra coisa, esteja justamente naquilo que só se pode dizer com o cinema, que não se pode dizer de outra maneira, com outros meios ou com outras linguagens. É bem possível que o importante em um filme seja

justamente o que não se pode traduzir em palavras e, portanto, o que não se pode formular em termos de ideias. Nem palavras, nem ideias. O que não quer dizer que o cinema não nos faça falar ou não nos faça pensar. Roland Barthes tem um formoso texto que se intitula "Sair do cinema" e que é dedicado às estratégias que os espectadores põem em jogo para falar de um filme. Por outro lado, toda a tradição do cine-clube tem sido dirigida para explicitar, por meio de conversações, o que seria o conteúdo de ideias de um filme. Porém, aqui, o fundamental da experiência, o que a experiência deve propriamente ao cinema, fica, na maioria das vezes, não expresso. Nem palavras, nem ideias. Isso é obvio. Porém não será demais recordá-lo, frente a todos os que seguem fazendo como se o cinema não fosse outra coisa que não um pretexto para a conversa ou um veículo para o pensamento. A pergunta, então, é: de que é feito o cinema?

Podemos dizer, para começar, que o cinema é feito de imagens em movimento, nas quais às vezes se incrustam palavras e sons. E com essas imagens móveis, às quais se incorporam palavras e sons, o cinema, às vezes, somente às vezes, conta uma história. Digamos que o cinema é a arte do visível, a que foi dada a capacidade do relato, graças ao movimento. E, também, sem dúvida, muitas outras capacidades, várias delas ainda desconhecidas. Ninguém disse que o cinema é somente um artefato para se contar histórias. Quiçá, pudesse-se dizer que, no cinema, do que se trata é do olhar, da educação do olhar. De precisá-lo e de ajustá-lo, de ampliá-lo e de multiplicá-lo, de inquietá-lo. O cinema abre-nos os olhos, os coloca na justa distância e os põe em movimento. Algumas vezes, faz isso enfocando seu objetivo sobre as crianças. Sobre seus gestos, sobre seus movimentos. Sobre sua quietude e sobre seu dinamismo. Sobre sua submissão e sobre sua indisciplina. Sobre suas palavras e sobre seus silêncios. Sobre sua liberdade e sobre seu abandono. Sobre sua fragilidade e sua força. Sobre sua inocência e sua perversão. Sobre sua vontade e sua fadiga, sobre seu desfalecimento. Sobre suas lutas, seus triunfos e suas derrotas. Sobre seu olhar fascinado, interrogativo, desejoso, distraído. O cinema olha a infância e nos ensina a olhá-la.

André Bazin escreveu:

> A criança não pode ser conhecida senão pelo exterior. É o mais misterioso, o mais apaixonante e o mais perturbador dos fenômenos naturais. Como o novelista, que utiliza as palavras da tribo dos adultos, ou o pintor condenado a

fixar em uma síntese impossível esse puro comportamento, essa duração cambiante, poderiam pretender o que a câmara nos revela: o rosto enigmático da infância? Esse rosto que os enfrenta, que os olha e que os escapa. Esses gestos a uma só vez imprevistos e necessários. Somente o cinema poderia captá-los em suas redes de luz e, pela primeira vez, colocar-nos cara a cara com a infância.

2

"O cinema nos coloca cara a cara com a infância", disse Bazin. Primeiro, com o tempo da infância, não com o tempo exterior, com o tempo medido, com o tempo abstrato, mas com o tempo interior, com essa temporalidade vivida que Bergson chamava duração e à qual continuam se referindo todos os que tratam de fazer uma ontologia do cinematógrafo Gilles Deleuze, por exemplo, entre os maiores, quando desenvolve a ideia da imagem-tempo. O cinema capta tempo e, por sua vez, constrói tempo. Às vezes, o tempo da infância, esse tempo outro e quase inalcançável, que, segundo Alejandra usando palavras de Michaux, é um "tempo fisiológico, criado por outra combustão, por outro ritmo sanguíneo e respiratório, por outra velocidade de cicatrização".

3

Segundo, o cinema nos põe cara a cara com o comportamento da infância, com seu movimento, com sua corporeidade, com sua gestualidade própria, que só pode ser conhecida a partir do exterior, que só pode ser vista, mas não compreendida. Giorgio Agamben dizia que "o elemento do cinema é o gesto e não a imagem". Ao ser capaz de captar a dinâmica de um gesto sem condensá-la em uma instantânea, como faria a fotografia ou a pintura, o cinema não seria tanto a escritura do movimento (como indicam as raízes gregas da palavra "cinematógrafo" e como sugere, também, Deleuze, na ideia da imagem-movimento), mas a escritura do gesto. O cinema, diz Agamben, é a arte que "devolve as imagens à pátria do gesto". É como se reanimasse os gestos que pareciam estar imobilizados na fixidez da representação pictórica ou na fotografia do instante; como se lhes desse movimento novamente, como se lhes incrustasse no tempo. Porém, o que é um gesto?

A primeira operação feita por Agamben foi separar o gesto do que seria uma conduta dirigida a um fim, como o caminhar para ir de um lugar a outro, e separá-lo, também, de uma conduta que seria seu próprio fim, como a dança. O gesto seria um meio desprovido de finalidade, não uma finalidade pura, mas um meio puro, um movimento puro ou um puro movimento. O gesto não tem causa nem finalidade. Daí que não haja nada, por detrás do gesto ou além do gesto, que de alguma maneira o explique, que não haja nada fora do gesto que nos diga o que o gesto diz ou o que quer dizer. O gesto, para Agamben, somente se diz a si mesmo, somente mostra o que não pode, nem quer, nem sabe ser dito ou, em outras palavras, o gesto não significa nada, o gesto não tem nada que dizer. Daí, insiste Agamben, esse "mutismo essencial do cinema (que nada tem a ver com a presença ou a ausência de uma trilha sonora)", essa "exposição" sem transcendência, no sentido de que não se refere a nada que esteja fora dela mesma, essa pura imanência, essa "gestualidade pura". E o que seria mais apropriado do que a infância, literalmente a que não fala, para provar a capacidade dessa mudez, dessa exposição sem transcendência, dessa pura gestualidade silenciosa que não diz nada? O mesmo Agamben dedica um de seus livros, *Infância e história*, à exposição da ideia de uma *infância* do homem precisamente como mudez, como silêncio, porém, não como uma mudez que, no homem, precederia a linguagem, uma incapacidade de falar que seria pouco a pouco abandonada para se entrar na linguagem, mas como uma mudez que coexiste originariamente com a linguagem. Deste ponto de vista, a infância não é anterior ou independente da linguagem, mas constitutiva da linguagem em si, porém, com uma diferença, sem salvação, entre a linguagem e o humano. A *infância* do homem não é outra coisa que aquilo que na linguagem não pode ser dito. Para Agamben, "na realidade, a infância é o inefável". E, talvez, filmar uma criança não seja outra coisa senão um intento de colocar em conexão esse mutismo essencial do cinema de que Agamben falava, esse mutismo que nada tem a ver com o fato de haver ou não trilha sonora, com essa inefabilidade essencial da infância, com essa inefabilidade que nada tem a ver com o fato de crianças falarem ou não falarem. A infância cala. Porém, ao mesmo tempo, a infância se expõe, é ela mesma a exposição. Poderíamos dizer, então, que a infância se cala em seus gestos e que o cinema nos dá a imagem desses gestos sem significado; desse silêncio.

4

Temos, pois, os tempos da infância, esses tempos radicalmente outros, aos quais já não podemos, de nenhum modo, aceder senão pela memória. E temos, também, os gestos da infância e o silêncio da infância, esses gestos silenciosos que não são outra coisa senão eles mesmos, esses gestos que não dizem nada. Ademais, todavia, seguindo Bazin, o cinema nos encara com o rosto enigmático da infância. Um rosto que nos enfrenta, nos olha e nos escapa. O rosto, juntamente com o gesto, é também lugar de exposição, de revelação. O rosto é o lugar do aparecer, pura aparência. É o mais descoberto, e ao mesmo tempo, é também o mais misterioso. Tudo está exposto em um rosto, que é pura abertura, pura exterioridade; tudo está voltado para fora, e ao mesmo tempo, tudo está oculto, fechado, voltado para dentro. O rosto mostra e oculta. Mostra o que oculta e oculta o que mostra. Tudo está ali e tudo se escapa. E, também, sem dizer nada.

5

De outra parte, um rosto não é somente algo que se oferece ao olhar, mas que também, e, sobretudo, olha. Por isso, esse cara a cara com o rosto enigmático da infância não se refere somente ao fato de que o cinema olha e nos ensina a olhar os gestos e os rostos das crianças, senão que o cinema se enfrenta e nos enfrenta ao que seria um olhar infantil sobre o mundo.

Wim Wenders escreveu:

> Creio que se falasse da imagem que tenho da criança, essa seria o contrário do que espero de uma criança. O que as crianças não perderam, isso é, talvez, o que se pode esperar delas. Seu olhar, sua capacidade de olhar o mundo sem ter necessária e imediatamente uma opinião, sem ter que tirar conclusões. Seu modo de ver o mundo corresponde, para o cineasta, ao estado de graça. Isso é o que espero de uma criança, essa abertura.

É como se o cinema não somente olhasse às crianças, mas tratasse de aproximar-se de uma mirada infantil, tentasse reproduzir, ou inventar, um olhar de criança. Algumas vezes o cinema dá a ver o mundo, o real, pelos olhos de uma criança. Por exemplo, quando coloca a câmara na altura dos olhos de uma criança e quando são os olhos de uma criança que dão ao visível suas qualidades perceptivas ou emocionais. Somente o cinema é capaz de tal feito, na simplicidade de dois planos consecutivos: primeiro, uma criança que olha; logo, o que essa criança está olhando. E o silêncio, que diz tudo.

Parece-nos que se trata de des-naturalizar o olhar, de liberar os olhos, de aprender a olhar com olhos de criança. A criança é portadora de um olhar livre, indisciplinado, quiçá inocente, quiçá selvagem; portadora de uma forma de olhar que ainda é capaz de surpreender aos olhos. O adulto, de sua parte, é o proprietário de um olhar não infantil, mas infantilizado, isto é, de um olhar disciplinado e normatizado, para o qual não há nada que veja que não tenha sido visto antes. E é a criança quem ensina o adulto a olhar as coisas como pela primeira vez, sem os hábitos do olhar constituído. Wenders falava de um olhar sem opiniões, sem conclusões, sem explicações. De um olhar que simplesmente olha. E isso, talvez, seja o que perdemos. É como se tudo o que vemos não fosse outra coisa senão o lugar sobre o qual projetamos nossa opinião, nosso saber e nosso poder, nossa arrogância, nossas palavras e nossas ideias, nossas conclusões. É como se só fossemos capazes de olhares conclusivos, de imagens conclusivas. É como se nos desse a ver tudo coberto de explicações. E do que se trata no cinema, do melhor cinema, diz Wenders, é de produzir um olhar limpo, um olhar purificado, um olhar, quiçá, silencioso.

6

Por último, e, todavia, deixando a citação de Bazin, o olhar de uma criança também nos olha, nos enfrenta. O olhar das crianças, às vezes, se dirige a nós. Às vezes nos interroga, às vezes nos interpela, às vezes nos pede uma correspondência, uma resposta. Não necessariamente uma ação, ou uma palavra, mas uma resposta. Uma resposta que também pode ser um gesto, ou um olhar, talvez atônito, talvez sereno, talvez responsável, talvez impotente, talvez cansado, porém, quiçá, em sua essência, silencioso.

7

Esse rosto enigmático da infância, de que falava Bazin, funciona como uma problematização sensível de todos os estereótipos com os quais temos construído nossa imagem da infância. Esse comportamento puro da infância, essa gestualidade silenciosa da qual falava Agamben, pode funcionar e de fato funciona como uma espécie de buraco escuro, no qual se abismam nossas palavras e nossas ideias, nossos atos e nossas melhores intenções. Esse ponto de vista infantil de que falava Wenders, esse estado de graça que constrói o sensível a partir da altura dos olhos de uma criança pode funcionar e de fato funciona como uma problematização sensível de nosso próprio olhar. E esse cara a cara com a infância pode funcionar e de fato funciona como algo dirigido a nós. E que nos exige uma resposta. O olhar das crianças exige-nos, ao menos, que encaremos esse olhar, que nós também coloquemos a cara. A nossa. A que melhor nos convir ou a que nos deveria caber, às vezes, de vergonha.

8

Nada mais arrogante do que querer colocar-se no lugar de uma criança. Nada mais arrogante do que tentar compreendê-la desde o seu interior. Nada mais arrogante do que tentar dizer, com nossas palavras de adulto, o que é uma criança. Porém, não há nada mais difícil do que olhar uma criança. Nada mais difícil do que olhar com olhos de criança. Nada mais difícil do que sustentar o olhar de uma criança. Nada mais difícil do que estar à altura desse olhar. Nada mais difícil do que encarar esse olhar.

9

Contudo, o silêncio do cinema e o silêncio das crianças no cinema pode comover nossas ideias e nossas palavras, pode colocá-las em movimento, pode fazer-nos falar e fazer-nos pensar. Os textos que se seguem sugerem, com palavras sempre demasiado torpes, demasiado insuficientes, o que o olhar cinematográfico sobre a infância pode fazer com o que pensamos e com o que dizemos. Os autores que responderam ao nosso convite analisam distintos filmes sob distintos pontos de vista.

10

Estes distintos pontos de vista foram organizados nesta coletânea – o quarto volume da coleção Cinema, Cultura e Educação[1], com a participação de Jorge Larrosa como coorganizador e autor – e apresentados em duas partes. A primeira contém 9 artigos que discutem aspectos, questões e temáticas da infância no cinema, remetendo-se, cada um deles, a vários filmes. A segunda parte, contém 6 trabalhos e, diferentemente da primeira, segue a linha dos três volumes que o precederam, uma vez que cada um dos artigos discute apenas um filme.

---

[1] Lembramos que os três primeiros volumes da coleção Cinema, Cultura e Educação da Autêntica Editora, uma concepção e projeto de seus dois organizadores, Inês A. C. Teixeira e José S. Miguel Lopes, intitulam-se *A escola vai ao cinema* (2003); *A mulher vai ao cinema* (2005) e *A diversidade cultural vai ao cinema* (2006).

A Primeira Parte inicia-se com o artigo "A infância do espectador cinematográfico", de Ramón Espelt, um dos nossos colaboradores na Espanha. Depois de lembrar que a iniciação de seus leitores ao cinema deve ter ocorrido na infância e após destacar que é possível falar da existência de autênticas experiências cinematográficas com espectadores infantis como protagonistas na contemporaneidade, o autor convoca a criança para indagar sobre sua experiência como espectador. Para tanto, traz à reflexão várias obras da cinematografia mundial que tematizam essa questão, dentre elas: *O espírito da colméia* (Víctor Erice, 1973); *Demonios en el jardín* (1982); *A prima Angélica* (1974); *Madregilda* (1994) e *Cinema Paradiso* (Giuseppe Tornatore, 1988). O autor compõe sua reflexão e sua análise por meio de diálogos com ensaios e vasta literatura, ao lado de afirmações de diretores de cinema que se dedicaram a esta temática, oferecendo um rico conjunto de obras e referências a serem buscadas pelos interessados. Finalizando, depois de observar que, na atualidade, com a emergência de uma nova e complexa paisagem audiovisual, a experiência dos espectadores de cinema tem se modificado, o autor chama a atenção para o fato de que *"os adultos não devemos ignorar nossa responsabilidade no que diz respeito à forma de consumir (e produzir) imagens durante a infância, ao mesmo tempo em que devemos nos propor a renovação de nossa própria relação com as imagens e especialmente com as cinematográficas".

Em seguida, temos o artigo de Jorge Larrosa, um dos organizadores desta coletânea, intitulado "As crianças e as fronteiras: várias notas a propósito de três filmes de Angelopoulos e uma coda sobre três filmes iranianos". Baseando-se nos filmes *Paisagem na neblina* e *O passo suspenso da cegonha* da cinematografia deste grande diretor grego, o autor trabalha algumas importantes ideias. Entre elas a de que a criança "é um ser fronteiriço quase por natureza", "é trânsito (de cuja referência é o inimaginável)", "é salto para outra coisa, que é ao mesmo tempo um começar", tomando-se a fronteira entendida como "o lugar mítico do desejo, da emoção, da eleição, da liberdade", sendo "de uma só vez obstáculo e promessa, fechamento e abertura". Em um texto que descreve imagens, sequências e cenas, cores, tonalidades e movimentos de câmara, o autor vai (de)compondo o modo peculiar de filmar de Angelopoulos e aproximando-nos da ternura com que o diretor trata seus pequenos heróis. Neste percurso, tece algumas comparações entre as duas películas, salientando que "se em *Paisagem na neblina* a fronteira é o lugar simbólico que orienta a viagem e cuja travessia abre para o desconhecido, em *O passo suspenso da cegonha* (1991) a fronteira é o lugar da ação".

Por fim, arrematando seu trabalho, Larrosa tece considerações sobre *A eternidade e um dia* (1998) do cinema grego, no qual um velho e um menino são "lançados às fronteiras", que são, para o primeiro, um encontro consigo mesmo, e para o menino, que tudo joga na espera, "uma promessa e um perigo", segundo o autor.

Adiante, temos o artigo "Infância, memória e cinema: nas imagens das origens, a origem da imagem", de Maria Cristina Soares de Gouvêa, que traz ao texto três grandes obras da cinematografia internacional: *Amarcord; Cinema Paradiso e Fanny e Alexander*. Em sua discussão da temática que elegeu, a autora tece finas e cuidadosas considerações, (con)fabulando não somente com os diretores dos filmes, mas com pensadores que se dedicaram às questões que descortina. Dentre elas, as questões da memória, da imaginação, da cidade, das imagens e da narrativa cinematográfica, em que se enredam as infâncias presentes nos filmes. Nesse movimento, Cristina oferece-nos não somente um certo olhar e possibilidades de reflexão sobre estas obras e as infâncias nelas reveladas, mas também ricos horizontes para se discutir e pensar as temáticas ou os elementos que se propôs a trabalhar. A autora cumpre o que prometera, ao anunciar, na introdução do texto, que nele buscava refletir sobre os elementos da infância, das imagens e da memória, visitando narrativas cinematográficas nas quais o autor/diretor colocava a narrativa de sua infância como tema. Embora "não necessariamente para contá-la, mas para remeter ao que ela revela do tempo da origem".

O artigo que se segue é de um dos nossos convidados espanhóis, Antonio Francisco Rodríguez Esteban, e denomina-se "Aportes sobre a infância e o milagre em Tarkovski". Diferentemente dos demais, ele toma a obra de um único e grande diretor do cinema mundial, Andrei Tarkovski. Partindo da assertiva de que infância e milagre são intercambiáveis, sendo o cinema o "dispositivo do olhar, como artifício milagroso ao qual se conjuga o olhar da criança", o autor desenvolve sua reflexão. Para tanto, remete-se a várias películas de Tarkovski, entre elas: *A infância de Ivan* (1962); *O espelho* (1975); *Stalker* (1979); *Nostalgia* (1983) e *Sacrifício* (1986). Mediante suas considerações e análises relativas às formas, conteúdos e encenações, em que os milagres aparecem, nessa cinematografia, e por vezes remetendo-se a obras de outros diretores a respeito da temática do milagre em pauta, ao analisar *A infância de Ivan* e concluir o seu trabalho, o autor nos oferece uma importante reflexão. Destaca que, na inocência das crianças, em Tarkovski, estaria a renovação da vida e a única força capaz de alimentar as árvores-símbolo que povoam os filmes desse diretor, para quem "não voltaremos ao território perdido da infância, porque talvez nunca tenhamos saído dele".

Depois desse trabalho, temos o artigo "E o cinema devém criança...", assinado por Rosana A. F. Sardi, uma reflexão sobre o cinema do diretor iraniano Abbas Kiarostami, no qual a autora dialoga com dois de seus filmes, *Onde fica a casa do meu amigo?* (1987) e *E a vida continua* (1992). Após descrever fragmentos dessas obras, a autora observa que "as estradas de Abbas Kiarostami, quando não se bifurcam, se fazem ziguezagueantes, acionam uma copossibilidade que afronta os mundos possíveis e os mundos reais, fazendo-os proliferar". Destaca, ainda, dentre outras fecundas ideias sobre a obra desse grande diretor iraniano, as *crianceirices* e *políticas crianceiras* nela presentes, reveladas em seus filmes, onde quer que os tenha feito: do Irã à África. Finalizando, a autora salienta que: "dizer que Abbas Kiarostami é um cineasta das crianças não é o mais apropriado. Quem sabe um cineasta do devir-criança. Quem sabe um cineasta do acontecimento crianceiro, o qual subsiste apenas como vibrações, reverberações, cintilações". E assim sendo, prossegue a autora, "o cineasta devém criança, o cinema devém criança, enquanto a criança entra em outros devires, inclusive num devir-cineasta."

Seguindo adiante, David Oubiña vai focalizar seu olhar sobre o filme *Zero de conduta* do diretor francês Jean Vigo. No texto, intitulado "Celebração da revolta (A poesia selvagem de Jean Vigo)", o autor nos revela que "este é um dos poucos filmes na história do cinema que possui um olhar subversivo sobre a infância, que a pensa como lugar da rebelião". Para ele, a meninice e a madurez são tratadas por Vigo não como idades do desenvolvimento, mas, fundamentalmente, como categorias políticas que se apresentam em confronto. *Zero de conduta* é um ensaio poético sobre o tema da liberdade *versus* autoridade. Em um colégio interno, o cineasta confronta professores tirânicos com crianças revoltosas. A infância não é, aqui, um estado de pureza passageiro, pois os meninos rebeldes enfrentam o Diretor, arruínam a celebração do colégio e batem no Intendente. "Se não há nenhuma reivindicação, nenhuma alegoria sobre o poder, é porque a natureza combativa do filme não reside na confrontação dos bandos senão na fúria libertadora do enfrentamento", diz-nos David Oubiña.

Após o artigo de David Oubiña, temos o trabalho "A infância que olha e constrói: breves notas sobre as crianças no cinema norte-americano", de Carlos Losilla, outro de nossos colaboradores na Espanha. O autor apresenta algumas das representações e imagens da infância das crianças presentes no cinema dessa região, nas quais se destacam visões das crianças como "miniaturas do mal", como algozes e como vítimas, dentre outras imagens e questões que o autor aponta nessa cinematografia. Ao longo do texto, além de fazer várias indicações de filmes que ilustram suas ideias, o autor se detém nos filmes *O tesouro do Barba Ruiva* (Fritz Lang, 1955) e *Papai precisa casar* (Vincente Minnelli, 1963), ampliando suas considerações e sua análise.

Começando por lembrar-nos que "os minúsculos universos infinitos das crianças são para o adulto uma terra incógnita que, entretanto, o habita", o próximo artigo, assinado por duas espanholas, Núria Aidelman e Laia Colell, intitula-se "Filmar uma criança: a construção de um espaço comum". A reflexão das autoras tem como um de seus eixos a relação existente entre diretores e crianças, que consideram – eles e a relação – vulneráveis ao mundo, aos desejos, à intempérie dos sentimentos. Ainda conforme Núria e Laia, filmar uma criança é avistar-se com o outro – é ela o nosso outro essencial, porque faltando-lhes os conceitos que nomeiam o mundo, neles não se resguardam. Segundo as autoras, nesse sentido, não sendo daquele mundo, para o cineasta essa relação começa com ele no exterior e pergunta: "como dizer o outro que é a criança?" A criança, por sua vez, "não encarna o personagem, conforma-o", como as autoras salientam. Essa problemática é analisada em dois filmes, *Nadie sabe*, de Hirokazu Kore-Eda (Japão, 2004) e *Ponette*, de Jacques Doillon (França, 1995). Dentre outras ideias acerca desses filmes, as autoras salientam que enquanto em *Ponette* a entrada do diretor no mundo da criança passa pela filmagem e pelo trabalho com a atriz, em *Nadie sabe* a infância compõe-se de imagens, sons, objetos, luzes, ritmos e músicas compostas cuidadosamente para se acercar das emoções da infância. Elas concluem que se trata menos de falar sobre esse outro (a criança), mas com ela, tal como os dois cineastas conseguiram nesses filmes, em que se deixam levar pelas mãos das crianças, construindo com elas um espaço comum, que poderá ser compartilhado pelo espectador de *Ponette* e de *Nadie sabe*.

Finalizando essa primeira parte tem-se o artigo "Salvem as crianças! Ou a infância como horizonte de certo cinema contemporâneo", de Àngel Quintana, também espanhol. O trabalho se reporta a um certo tipo de cinema americano, cujos filmes, além de serem um espetáculo de massa, parecem ter se convertido em uma importante questão, marcando ficções representativas. Para examiná-lo o autor desenvolve três eixos de análise. Considerando ainda que a temática infância, para além dos diretores, atravessa diferentes estilos e escolas do cinema contemporâneo, convertendo-se em uma importante questão, marcando a paisagem audiovisual e documental, por vezes de denúncia social, o autor se remete a vários filmes que ilustram as questões em análise, entre eles os de John Woo (*Bala na cabeça* [1990] e *A outra face* [1997], por exemplo). O autor conclui sua reflexão afirmando que o que se passa é que, mediante "certa consciência de futuro", o cinema tem se perguntado sobre "como salvar as crianças, idealizando uma curiosa cruzada imaginária com os recursos próprios da ficção".

11

A Segunda Parte da coletânea começa com o artigo, "*A língua das mariposas*: a infância perdida" de José Miguel Lopes, um dos coorganizadores da coletânea. Segundo o autor, o pano de fundo do filme são os momentos que antecedem a Guerra Civil Espanhola, em que assistimos ao drama de uma família em um vilarejo na Galícia. Com rara sensibilidade, o diretor José Luiz Cuerda retratou os primeiros passos do menino Moncho na grande aventura de ingressar na escola. Seu foco incide sobre a relação professor-aluno. Estamos colocados face à imagem do professor humano, caloroso, próximo e paciente. Cuerda mostra-nos a atitude do profissional de Educação como aquela do erudito, que lê, pesquisa, conversa regularmente com muitas pessoas e é admirado pela comunidade. É um filme sem estridências, dramático, com certeza, mas de um estilo narrativo transparente. Uma história que se deseja contar. Um filme que recorre à emoção delicada e sutil, sem usar golpes baixos. Uma obra que, segundo José Miguel Lopes, aspira explicar a omissão da razão no vendaval de loucura e violência que acabou mergulhando a Espanha em uma guerra fratricida.

Os professores Maria Inês Mafra Goulart e Eduardo Sarquis Soares oferecem-nos o texto que segue: "Querubins ou rebeldes? Um conto de fadas às avessas". Autor e autora se debruçam sobre o filme *Como nascem os anjos*, dirigido por Murilo Salles, que surge de sua grande inquietação com o conflito favela/asfalto, tão comum em nossas cidades grandes. Segundo eles, o filme procura retratar essa ruptura, trazendo para a cena encontros e desencontros entre universos sociais, linguísticos e afetivos muito díspares. A obra revela que, se de um lado, há uma identidade social em curso, de outro, as identidades pessoais expõem as idiossincrasias. Um dos maiores méritos do filme, segundo Maria Inês e Sarquis, está no fato de que ele alerta para o grande perigo que corre a infância, especialmente aquela economicamente desfavorecida. Para os autores, "a realidade que percebemos cotidianamente nos leva a reconhecer que esse alerta é ainda mais pertinente nos dias atuais, mesmo passada uma década do lançamento do filme". E finalizam com um alerta: "Além disso, constatamos, junto com o diretor, que toda a sociedade é afetada quando a infância permanece desassistida".

As professoras Ana Marta Aparecida de Souza Inez e Vitória Líbia Barreto de Faria seguem com o texto "*O balão branco*: encontros e encantos pelas ruas da cidade". O filme apresenta-nos Razieh, menina de sete anos, que sonha em ter um peixe dourado para comemorar a passagem do ano. Para realizar seu sonho ela passa, durante pouco mais de uma hora, por momentos conflitivos e de descobertas, aprendendo a enfrentar o medo, o desprezo e a solidariedade dos adultos, e conta com a cumplicidade do irmão. Ela convive com diferentes pessoas e se vê confrontada a lançar mão de diversas estratégias de comunicação para que os adultos a notem. "De maneira peculiar", dizem-nos as autoras, "Jafar Panahi, mais do que contar uma história, nos faz pensar sobre trajetórias das crianças e os constantes desafios de sua interação com o mundo adulto aos quais estão expostas todas elas". E finalizam, considerando o filme como "um pedaço de vida, de esperança, de paz e de solidariedade".

O professor espanhol Héctor Salinas Fuentes elaborou seu texto "Os baderneiros, a guerra e os botões" analisando aquelas crianças que parecem viver em mundos periféricos, não prestando atenção às preocupações da comunidade em progredir e civilizar-se. As crianças-baderneiras brincam de dar mordidas em tudo sem discriminar racionalmente entre o útil e o inútil. Para o autor, "elas se deixam levar pela vida sem se preocuparem em intelectualizar a vida da forma como fazem os adultos, elas são filhotes passionais, a paixão absorve o pensar e o sentir, a paixão subordina a razão, sendo assim, nem boas nem más; como os filhotes, dão mordidas e puxões na vida". Segundo Salinas, o diretor Eves Robert revela-nos no filme *A guerra dos botões* esse mundo infantil mais próximo ao que poderíamos chamar de uma infância selvagem, cheia de força e de paixão, ebulição de vitalidades ensaiando-se a si mesmas, maneiras infantis de pôr em comédia os sinais do mundo adulto. Para Salinas, "aqui se desata a dialética bélica, a da guerra, a atividade que mais define o varão, o herói, o valente, o adulto". O mundo infantil retratado nesse filme é um mundo bélico, agressivo, mundo de crianças-filhotes que provam as emoções da guerra. Assim, tal como no mundo dos adultos, as crianças do filme procuram encontrar estratégias bélicas que lhes possibilitem sonhar com a vitória definitiva, conforme o autor observa.

Em seguida, os professores Ana Maria Gomes e Bernardo Jefferson de Oliveira presenteiam os leitores com seu texto *"Encantadora de baleias*: a fábula da menina Paikea". Trata-se de uma antiga história do povo Maori, uma narrativa mítica que é também parte de uma lição que uma menina ensina a seu povo e aos povos de todo o mundo, com a história de sua vida. O filme em que os autores se basearam para produzir seu texto, *Encantadora de baleias*, trata do papel que uma menina de 12 anos teve no renascimento da cultura de seu povo em um de seus momentos de crise. Ela empenha-se em satisfazer o desejo do avô e preencher o papel que seu pai abandonara. Para Ana Gomes e Bernardo Oliveira, a "narrativa retrata dilemas antigos e bem contemporâneos, pois aborda a tensão entre a rigidez do costumes e a possibilidade (ou a necessidade) de subversão da ordem para se avançar. Como quebrar a tradição? Como manter a tradição? Eis a lógica paradoxal da reinvenção da cultura".

Em diferentes cenas do filme, são as crianças que dão, com maior seriedade, atenção às tradições. Paikea é uma criança que traz novidade: a condução de seu povo por uma mulher. A ideia de que as crianças são portadoras do novo nos é bem familiar. Para os autores, o filme, no entanto, "apresenta uma outra possibilidade: a criatividade como uma renovação da tradição entrelaçando diferentes gerações".

Finalizando essa Segunda Parte da coletânea, temos o artigo "Quando a infância ensina – uma leitura interessada de *Abril despedaçado*" da professora Leiva Figueiredo Leal que se debruça sobre uma história do sertão brasileiro, em 1910, e cujos personagens pertencem a duas famílias que têm entre si algo em comum: a luta ancestral pela posse da terra e a morte dos descendentes como forma de vingança. Segundo o código vigente na região, à morte do descendente de uma das famílias sucede, inevitavelmente, a morte de alguém da família adversária. Segundo Leiva Leal, esse filme, inspirado no livro homônimo do albanês Ismail Kadaré, coloca a criança Pacu como narradora e condutora dos acontecimentos e é com ela que a história se inicia e se conclui. Do ponto de vista espaço-temporal, estamos na presença de uma fábula, de uma história sem data, sem tempo, sem lugar definido. Ela, no entanto, tem um caráter universal ao tematizar sobre a condição humana. Nessa perspectiva, configura-se o lugar de alguém que organiza uma leitura compreensiva e que escolhe como interlocutor uma criança que narra uma fábula e, portanto, uma criança que ensina. "Essa infância despedaçada pela miséria, pela violência, pela fome, pela exclusão nos ensina e nos salva: a verdade não está no que se repete, no que se perpetua, mas no encontro com o novo, com a busca, com a ruptura", diz-nos a autora.

Esse artigo encerra a coletânea, com a qual esperamos ter aberto possibilidades de se olhar a criança aprendendo com ela, que olha as coisas como pela primeira vez, sem opiniões e hábitos do olhar constituído. Um olhar que simplesmente olha, retomando Wim Wenders.

Inês Teixeira, Jorge Larrosa e José Miguel Lopes

PRIMEIRA PARTE

A infância do espectador cinematográfico

Ramón Espelt

Tradução de
Carlos André Teixeira Gomes

É mais que provável que qualquer leitor deste texto seja, à sua maneira, um consumado espectador cinematográfico. Sendo assim, é possível supor que sua iniciação ritual nos prazeres da sala escura se realizou durante a infância. "A infância do espectador cinematográfico" alude, pois, de início, à nossa infância, autor e leitores ideais destas linhas.

Trata-se de convocar a criança que fomos (e, em maior ou menor medida, continuamos sendo) para indagar sua experiência como espectador? É um convite sugestivo, ainda que saibamos que esta operação de relembrar o tempo pedido se torna mais difícil à medida que acumulamos anos e a imagem de nossa infância vai entrando na bruma do esquecimento. De outra parte, acedemos ao que dela resta por meio de distintas capas de mediações e distorções segundo a intensidade e continuidade no trato e diálogo com a infância alheia, segundo o grau de observação e estudo como pais, como docentes ou simplesmente como adultos nela interessados.

Entre os agentes mediadores, ocupam um lugar de destaque os livros e os filmes que abordaram o tema: alguns dos textos e filmes que desvelaram, *a posteriori,* aspectos de minha própria experiência como espectador infantil – em um pequeno povoado catalão, lá pelos anos 60 do passado século – nortearão os dois primeiros tópicos do texto. No terceiro e último tópico, à contracorrente do pessimista discurso dominante, brevemente se perceberão as enormes mudanças tecnológicas e sociais que afetaram a produção, a distribuição e a exibição do cinema ao começar seu segundo século de existência e que supõem uma nova forma de viver e entender a figura do espectador; uma "segunda natureza" para as crianças do terceiro milênio e, ao mesmo tempo, um enorme desafio para nós que, filhos do cinema, nos vimos surpreendidos por tal mutação na idade adulta, obrigados a uma metafórica segunda infância para seguir o compasso do futuro e acompanhar o crescimento de uma nova geração de cinéfilos.

1

A literatura – autobiografia, poesia, novela, ensaio, com sua capacidade para alternar a descrição e valoração de situações e a transparência interior dos personagens, é um ótimo instrumento para objetivar as práticas infantis e elucidar aquilo que olham e que veem, que sentem e que pensam as crianças no cinema, tendo em conta, além disso, a dimensão coletiva, social, de tal experiência. Vejamos isso com alguns exemplos, começando com dois textos sobre o olhar infantil, de dois grandes e involuntários roteiristas cinematográficos (suas obras foram adaptadas para a tela em diversas ocasiões), Robert Louis Stevenson e Henry James, escritos poucos anos antes e depois, respectivamente, de 1895, ano do nascimento do cinema.

Escreve Stevenson em seu ensaio "Juego de niños", incluído na recopilação *Virginibus Puerisque e outros ensaios*, originalmente publicada em 1881:

> As crianças são suficientemente capazes de ver; mas, em troca, não possuem a capacidade de olhar desenvolvida; não usam seus olhos pelo prazer de usá-los, senão para secretos propósitos que só elas sabem. As coisas que eu recordo ter visto com mais nitidez não eram particularmente formosas em si mesmas, mas resultavam interessantes ou cobiçáveis para mim, simplesmente porque me parecia que poderiam ser utilizadas para brincar[1].

Por sua vez, no prólogo de *O que Maisie sabia* – marco na técnica narrativa do ponto de vista, nesse caso o de uma menina, Henry James escreve, por volta de 1909:

> As crianças pequenas têm muito mais percepção do que termos para traduzi-las; sua visão é em todos os momentos mais rica, sua captação é sempre mais forte que o vocabulário do qual podem dispor. Com toda a atração que poderia ter parecido à primeira vista o fato de me limitar neste caso ao vocabulário e à experiência de uma criança, também se fez evidente de imediato que uma

---

[1] STEVENSON, Robert Louis. *Virginibus puerisque y otros ensayos*. Madrid: Alianza Editorial, 2005, p. 162

tentativa assim fracassaria. O vocabulário de Maisie cumpre com seu papel, dado que a simplicidade das conclusões da menina depende muito dele; mas nosso comentário constantemente presta ajuda e amplifica[2].

Não sabemos se James teria mudado de opinião acerca do vocabulário infantil se tivesse conhecido o menino Jean-Paul Sartre, nascido em 1905: "Comecei minha vida como sem dúvida a acabarei: em meio aos livros", escreveu em 1963, em sua autobiografia *Las palabras,* em que, apesar de tudo, seu comentário adulto dá forma e complexidade a suas recordações de infância. Torna-se memorável quando evoca a frequência às salas de cinema com sua mãe, talvez o mais brilhante testemunho escrito sobre a experiência de um menino como espectador, duplamente interessante para nós, uma vez que faz referência também à infância do próprio cinema como arte:

> Aprendi com o desconforto igualitário das salas de bairro, que esta nova arte era tão minha como de todos. Éramos da mesma idade mental, eu tinha sete anos e sabia ler, ele tinha doze anos e não sabia falar. Dizia-se que estava em seu começo, que tinha que fazer muitos progressos; a mim, parecia-me que cresceríamos juntos. Não esqueci nossa infância comum [...].

Eu fazia do branco e do preto, cores eminentes que resumiam em si todas as outras e que só se revelavam aos iniciados; encantava-me ver o invisível. Acima de tudo gostava do incurável mutismo dos heróis. Ou melhor, não: não eram mudos já que sabiam se fazer compreender. Comunicávamo-nos por meio da música; era o ruído de sua vida interior[3].

Também voltando ao passado, John Berger (Londres, 1926) transforma em ficção sua infância em *Here is Where we Meet* (2005) e, por meio de um diálogo em Lisboa com o fantasma de sua mãe morta, rememora os momentos em que ambos iam ao cinema na Londres dos anos 30, utilizando a metáfora do transporte tanto para sua experiência na primeira fila do bonde quanto para sua experiência como espectador cinematográfico:

> Dirigir depois do cinema era o melhor.
> Colocava-se na beirada do assento. Não voltei a ver ninguém olhar com tanta concentração.
> No bonde?
> No bonde e também no cinema.

---

[2] JAMES, Henry. *Prefacios a la edición de Nueva York.* Buenos Aires: Santiago Arcos Editor, 2003, p. 148.
[3] SARTRE, Jean-Paul. *Las palabras.* Buenos Aires: Losada, 1972, p. 76-81.

Muitas vezes você chorava no cinema, diz. Você tinha uma maneira especial de secar suas lágrimas [...].

Quer que eu lhe conte algo? Você tinha se fixado na torre do elevador de Santa Justa? [...] O elevador não vai realmente a nenhum lugar. Leva as pessoas ali em cima e volta a descê-las depois que contemplaram a vista a partir da plataforma [...]. Preste atenção, John, os filmes fazem o mesmo. Elevam-lhe a algum lugar e logo lhe devolvem ao lugar no qual você estava. Por isso, entre outras coisas, as pessoas choram no cinema.

Tinha pensado.

Não pense tanto! Há tantas razões para chorar no cinema, quanto pessoas comprando entradas[4].

Aproximemo-nos do presente com duas citações que retomaremos ao final do texto. O cineasta, crítico e professor Alain Bergala é uma das personalidades com mais autoridade para falar de cinema e infância. Em *L'hypohèse cinema*, livro no qual elabora um projeto para introduzir o cinema como arte na escola sob o incontestável lema "encontro com a alteridade", adverte, a partir de sua experiência em diversos âmbitos:

> É de fundamental importância o fato de descobrir os bons filmes no bom momento, aqueles que deixarão marcas durante toda a vida. Um livro, *Cet enfant de cinéma que nous avons été* recolhia em 1993 as primeiras recordações cinematográficas de uma centena de pessoas; anônimos, gente do cinema, escritores. Encontrávamos neles a confirmação de uma verdade: que os descobrimentos importantes, no cinema, são muitas vezes os de filmes que contêm um tempo de avanço sobre a consciência que temos de nós mesmos e de nossa relação com a vida. No momento do encontro, nos contentamos com acolher o enigma com assombro e acusar o golpe, o poder da sacudida. O tempo de elucidação virá mais adiante e poderá durar vinte anos, trinta anos ou toda uma vida. O filme trabalha à surdina, sua onda de choque se expande lentamente[5].

Dado que a proposta de Bergala está sendo concluída nas escolas francesas, supomos que crianças e adultos envolvidos comunicarão, em um futuro próximo, suas observações sobre essa experiência; aguardamos com interesse a voz da infância mediatizada que resulte em sua expressão final. Dessas vozes, surgem, muitas vezes, desconcertantes formulações que confirmam a singularidade da visão infantil, como a que recolhe o professor Frank D. McConnell no capítulo "El cine como realidad y representación: viajes con mi hijo", de seu livro *El cine y la imaginación romantica*:

---

[4] BERGER, John. *Aquí nos vemos*. Madrid: Alfagurara, 2005, p. 15.

[5] BERGALA, Alain. *L'hypothèse cinéma*. Paris: Cahiers du Cinéma, 2002, p. 41.

Começo com o que cheguei a denominar "o teorema fílmico de McConnell": não é o meu, senão o formulado por meu filho Christopher. Quando Christopher tinha quatro anos, levei-o a uma projeção de *A canção do Sul* (Song of the South, 1947), de Walt Disney. A mescla de atores e desenhos animados o fascinou e causou prazer ao meu filho, que já era um experiente espectador graças às horas passadas diante do televisor. Ao abandonar a sessão infantil, ruidosa, lotada de gente e inundada de embalagens de balas, começamos a falar do cinema em geral e dos filmes de monstros (outra afeição comum) em particular. Tratando de ser um pai bondoso e tranquilizador, o recordei de que não deveria se deixar assustar pelos monstros – por exemplo, *The Son of Godzilla* (1968), de Jun Fukuda, que havíamos visto alguns dias antes – já que, certamente, não eram reais. Christopher pensou um momento e disse: "Bom, os dos filmes *reais* não são, mas os dos desenhos animados sim, como você sabe".

Eu não havia pensado nisso com antecedência, mas ele tinha toda a razão. Os monstros dos desenhos animados – todos os personagens de desenhos animados – são a única coisa real que se vê nos filmes. Ou seja, quando olhamos um desenho animado, vemos, exata e absolutamente, o que temos adiante: uma projeção de linhas e formas diversamente coloridas que se movem a uma velocidade calculada, enganosa à vista[6].

2

Propomo-nos, a seguir, a apresentar o próprio cinema a fim de confrontar a recordação pessoal e as diversas leituras acrescidas com a (re)visão de um conjunto de fragmentos fílmicos que têm o dispositivo cinematográfico como cenografia e a infância como sujeito protagonista: a sequência de *O espírito da colméia* (Víctor Erice, 1973), em que as meninas protagonistas assistem a uma projeção de *Frankenstein* (James Whale, 1931), pode se considerar um caso paradigmático. Nesse sentido, "A infância do espectador cinematográfico" pode se referir, também, aos meninos e às meninas de luz e sombras que povoam estas sequências.

A estratégia metalinguística que os distintos criadores adotam incluindo essas peças em suas obras lhes (e nos) permite uma reflexão sobre o próprio cinema, que comporta a utilização de um olhar infantil como contraponto que afirma o poder da imagem cinematográfica como fonte originária do mistério e descobrimento, como forma singular de perceber, sentir e conhecer o mundo, distintiva do século XX. Por outro lado, situando-nos em salas de cinema distantes no tempo e no espaço por intermédio de filmes, por sua vez produzidos em um passado mais ou menos remoto,

---

[6] McCONNELL, Frank D. *El cine y la imaginación romántica*. Barcelona: Gustavo Gili, 1977, p. 27.

estas sequências nos expõem a problemática da recepção do cinema, remetendo-nos à historicidade da figura do espectador em geral e do espectador infantil em particular.

Para facilitar uma orientação nas variadas motivações que pode ter um cineasta para filmar um fragmento das características citadas, propomos uma classificação em cinco áreas do conteúdo, pressupondo que podem coexistir, em uma mesma obra, duas ou mais delas.

a) *O traço da geração, a marca de época*

Vários filmes europeus que põem em cena crianças no cinema estão ambientados no imediato pós-guerra mundial, quando o cinema como espetáculo (em salas onde se projetava, de forma majoritária, cinema americano) tinha uma posição dominante no imaginário popular, situação que só se verá modificada nos anos 60 com a presença – e em seguida onipresença – da televisão. Assim ocorria na Itália, França, Inglaterra. Também na Espanha, com a trágica peculiaridade de estar sofrendo um pós-guerra particular sob a ditadura de Franco (1939-1975), implantada após uma sangrenta guerra civil (1936-1939). O testemunho de Javier Marías (Madri, 1951), publicado em sua recopilação de artigos *"Donde todo ha sucedido. Al salir del cine."*, recolhe a experiência de toda a geração.

> Minha infância está associada ao cinema mais que a quase nenhuma outra coisa, como a de grande parte dos escritores da minha idade. A nossa foi a primeira geração literária que se criou e educou em meio a salas escuras cheias de gente, o que era encarado com absoluta naturalidade. [...] Eu via pelo menos dois filmes por semana durante minha infância, e sem dúvida um dos meus primeiros exercícios narrativos era contar aos meus amigos do colégio, às segundas-feiras, as histórias que haviam passado diante dos meus olhos no domingo ou no sábado. [...] Em um país medíocre e bastante sombrio, o cinema foi, sem dúvida, para as crianças daquela época, um dos maiores refúgios ou consolos e também a maior aventura possível. Literalmente nos nutríamos dele, e nossa capacidade devoradora era infinita[7].

Associada ao cinema, está também a infância no pós-guerra de cineastas espanhóis, como Víctor Erice (nascido em 1940), Manuel Gutiérrez Aragón (1942), Carlos Saura (1932) e Francisco Regueiro (1934); e isso é mostrado nas respectivas obras, *O espírito da colméia* (1973), *Demonios en el jardín* (1982), *A prima Angélica* (1974) e *Madregilda* (1994),

---

[7] MARÍAS, J. *Donde todo ha sucedido. Al salir del cine*. Barcelona: Galaxia Gutenberg, 2005, p. 27.

que compartilham, entre outros aspectos, o tratamento de personagens infantis com notas autobiográficas referentes especialmente à influência do cinema em suas vidas, privilegiada via de escape da atmosfera opressiva de um ambiente que tem o círculo familiar como primeira fonte de desconcerto e enigma.

O ponto de vista principal de *Demonios en el jardín* recai em Juanito, menino de dez anos, filho ilegítimo do filho afastado de uma família (representativa das tensões persistentes após a guerra civil), a qual sua avó procura manter unida. Sua enfermidade pulmonar, que o obriga a manter um contínuo repouso, o converte em um pequeno déspota que move todos os que lhe rodeiam aos sabores de seus caprichos. Assim consegue os mimos de sua avó, a proximidade de sua mãe – criada da casa – e a atenção de sua tia Ana, ainda que sua principal obsessão consista em conhecer seu pai. Para convencê-lo de que seu pai é um importante colaborador do mesmíssimo general Franco, Ana leva Juanito para ver, da cabine do cinema do povoado, a projeção de um noticiário, no qual seu pai presumidamente aparece formando parte do séquito do ditador. A intensidade com a qual os olhos atônitos de Juanito procuram reter a fugaz visão paterna faz com que o projecionista corte o pedaço de fita que contém os correspondentes fotogramas e o dê de presente (tempos depois, comprovará que tudo é mentira e que seu pai é um simples camareiro da guarda pessoal de Franco). Outras sequências do filme têm o cinema como protagonista. Com o inseparável pedaço de película em suas mãos, Juanito escuta atentamente enquanto Ana (sentada na beirada da cama e enquanto as sombras de ambos se projetam na parede) lhe conta o filme *Anna*, de Alberto Lattuada, 1951: o cabaré, as cenas de dança. Quando o projetam no cinema, Luis tem a oportunidade de cometer seu "primeiro pecado". Como comentou Gutiérrez Aragón,

> o que para nós foi o cinema durante nossa meninice não se entende ao todo, se não for considerado uma proibição. O cinema não só era um divertimento e essa coisa da aventura senão que para nós foi fundamentalmente o pecado. Não queria que o menino escapasse para ver um filme de Gary Cooper senão iria ao cinema, cometendo um pecado. Isto era uma verdadeira obsessão porque nossa geração vivia fundamentalmente assim[8].

---

[8] TORRES, Augusto M. *Conversaciones con Manuel Gutiérrez Aragón*. Madrid: Fundamentos, 1992, p. 162.

Nesse sentido, *Anna*, com o famoso baião interpretado por Silvana Mangano, só podia se superar com *Gilda* (Charles Vidor, 1946), filme que Gutiérrez Aragón não conseguiu utilizar, e sim, em seu lugar, Regueiro, em *Madregilda*, quando, inesperadamente, Manuel, filho de um amigo do Caudillo, se encontra com sua mãe, a qual considerava morta, durante a projeção do mítico filme de Vidor. Por meio dos olhos do menino, assistimos à cena em que Glenn Ford descobre que a mulher com a qual se envolveu seu chefe é sua antiga amante. Mas, em vez do contraplano de Rita Hayworth (como Gilda), é a atriz Barbara Hauer (como Ángeles), a mãe de Manuel, que aparece reencarnada nas luzes e sombras da tela e estabelece um onírico diálogo com o menino, chegando a queixar-se de que lhe ofusca a visão a intensa luz que emana do fundo da sala.

Em *A prima Angélica*, Luis (José Luis López Vázquez) volta à cidade onde nasceu há mais de 40 anos e onde sofreu, quando criança, os terrores da guerra e do imediato pós-guerra. A novidade formal do filme de Saura consiste em manter Luis, com seu aspecto adulto, como se fosse mais um menino em duas sequências que se realizam na escola religiosa, que visita em seu itinerário pelos lugares que marcaram sua infância. Em uma delas, em uma sala de aula, rodeado de crianças, assistimos à atroz arenga do padre sobre a maldade dos revolucionários e a eternidade da condenação aos pecadores. Na outra, que aqui nos interessa particularmente, Luis entra na sala de espetáculos ("antes era o cinema") e, sozinho, com o olhar fixo no telão que cobre o cenário, começa a recitar: "Os olhos de Londres, a torre de Londres, o Tâmisa, um corredor solitário, os paralelepípedos úmidos, um muro de ladrilhos negrusco, tudo como em um filme de terror...", convocando com esta espécie de ladainha imagens de *The Dark Eyes of London* (Walter Summers, 1940) que perturbariam, por um longo tempo, seus sonhos.

Enigma, aventura, pecado, pesadelo. Esse componente de angústia que o cinema pode introduzir no imaginário infantil, tal e qual evidencia *A prima Angélica*, está presente também em *O espírito da colméia*, ainda que sua narração a partir do presente da infância dote o filme de uma singular dimensão poética, uma vez que documentário, na medida em que a apresentação de Ana, a menina protagonista, tem lugar mediante algumas *imagens roubadas* durante a projeção real de *Frankenstein*, à qual Ana Torrente/Ana, assiste fascinada em companhia de sua irmã na ficção. Essa experiência cinematográfica constitui o momento essencial e autêntico desencadeador de todo o relato. Torna-se apaixonante, assistindo ao filme de Erice, apreciar como – em sucessivas sequências que têm como cenário a casa desabitada (com seu poço), a escola ou o bosque – a visão do monstro contamina o olhar de Ana sobre a realidade, uma vez que habita com sua presença constate a imaginação e os sonhos da menina, desembocando no encontro final entre dois seres só aparentemente antagônicos.

O próprio Erice manifestou, em 1995, por ocasião de uma apresentação do seu filme em Salamanca, que a natureza deste corresponde com uma visão do mundo que discorre pelo caminho da poesia, como confrontação original entre ficção e realidade, como forma de revelar a relação entre história e poesia:

> A partir desta perspectiva, um poema oferece simultaneamente duas características. Por um lado, pode ser a expressão de um momento histórico, um tempo cifrado; por outro; um testemunho do que os homens conseguem às vezes fazer com o tempo: dar forma, infundir-lhe um sentido, abrir-lhe à compreensão dos outros, de tal modo que o passado se constitua em um contínuo presente.

Neste filme que hoje evoco novamente, não há nada que não brote de uma cena primordial: o encontro na beirada de um rio de uma menina com um monstro, contemplado com o olhar que observa o mundo pela primeira vez. Talvez, então, o tempo que suas imagens aspiram refletir de verdade não seja outro que não o das origens: esse tempo sem datas que reaparece, uma e outra vez, nos olhos das crianças[9].

b) *O despertar de uma vocação*

Em muitas ocasiões, as sequências com crianças nas salas cinematográficas formam parte de argumentos que desenvolvem a evolução vital de um personagem que se converte em cineasta. Nesses filmes, arremedos mais ou menos fiéis da biografia de suas realizações, os mencionados segmentos se convertem em momentos de revelação e cultivo de uma vocação que exige ser atendida.

Vida en sombras (Llorenç Llobet-Gracia, 1949), filme maldito e só redescoberto pela crítica 30 anos depois de sua estreia, pode servir como primeiro exemplo. Nesse caso, o arco biográfico do protagonista, o futuro realizador Carlos Durán, começa nada menos que com seu alumiamento

---

[9] ERICE, Víctor. El latido del tiempo. In: ERICE, Víctor. Banda Aparte. *Revista de Cine n. 9-10*, Valencia, 1998, p. 91.

anunciado: na primeira sequência do filme, que se desenvolve em princípios do século XX, o casal Durán assiste ao cinematógrafo em uma barraca de feira, no período inicial da sétima arte na qual um narrador e um pianista costumavam colocar voz e música ao mal nomeado "cinema mudo". É lá que Carlos verá a luz. Como belamente expressou Jesús González Requena, a alumiação de Calos Durán é produto do encontro de sua mãe com o feixe de luz do projetor. Uns anos depois, transcorrida a primeira guerra mundial, retornamos a uma sala de cinema, onde se projeta *The Broken Coin* (Francis Ford, 1915). Entre os espectadores, a câmera centra sua atenção em duas crianças, Carlos e seu amigo e futuro ator Luis. O objetivo narrativo da sequência é nos mostrar a paixão com que cada um deles se identifica com um herói cinematográfico: Carlos com Charlot (um mero "palhaço" segundo Luis), protagonista de *Rua da paz* (*Easy Street*, Charles Chaplin, 1917); Luis com Eddie Pólo ("um farsante" segundo Carlos), protagonista de *The Broken Coin*, que se projeta em seguida ao filme de Chaplin. A discussão entre eles, devido a seus gostos antagônicos, resultará em uma briga que alvoroçará toda a sala. Dois belos planos gerais se incluem nessa sequência memorável: em um deles, a presença dominante do feixe de luz do projetor o assinala como causa principal de tudo o que acontece na sala; em outro, a briga entre as crianças parece replicar a que tem lugar na tela entre Eddie Polo e seu antagonista.

Outro exemplo, mais recente e popular, é *Cinema Paradiso* (Giuseppe Tornatore, 1988). Nesse caso, devido a um telefonema que o comunica da morte de Alfredo – o projecionista do remoto povoado siciliano onde nasceu –, Salvatore, um diretor cinematográfico já envelhecido, rememora, em longos *flashbacks* que ocupam praticamente a totalidade do filme, sua infância e sua adolescência, marcadas pela orfandade paterna e por uma intensa relação com o cinema. Cinema que descobre como espectador a partir do auditório, mas também a partir do sugestivo microcosmo da cabine de projeção a que tem acesso graças à conivência de Alfredo, que chega a ser, para Totó, a figura paterna que o guia em sua passagem à idade adulta. Os filmes que sucessivamente se projetam no cinema – estrangeiros como *Les bas-fonds*, de Renoir, ou *No tempo das diligências*, de Ford, ou italianos como *A terra treme*, de Visconti, ou *Anna*, de Lattuada-van – marcam a educação para a vida de Totó, assim como permitem notas sociológicas de uma época que vai desde o final da segunda guerra mundial até princípios dos anos 60. O filme termina com uma bela antologia de beijos famosos da história do cinema que Salvatore monta a partir de fragmentos que o censor do povoado obrigava a cortar e que Alfredo zelosamente guardava.

O fascínio pela cabine de projeção cinematográfica do menino de ficção de *Cinema Paradiso* é similar ao que o genial cineasta e diretor teatral Ingmar Bergman (nascido em 1918) sentiu nos anos 20 e 30 em sua Suécia natal, tal qual explicou em uma entrevista com Stig Björkman (em 1968), recordando quando começou a ir ao cinema acompanhando seu irmão mais velho:

> O que mais me fascinava era o projetor colocado acima de tudo, no primeiro andar, e o homem que o manejava. Dava-me muita inveja. Ia muito frequentemente a Upsala com minha avó materna e uma vez conheci um senhor que era projecionista do cinema "Slottet" e, para mim, aquele homem entrava cada noite no reino dos céus. Pouco a pouco fui me tornando seu amigo, e quando minha avó me dava permissão para ir ao cinema, eu ia, é claro, ao cinema "Slottet"; instalava-me na cabine de projeção e assim economizava a entrada [...] Aos nove ou dez anos me presentearam com um projetor... Não esquecerei nunca como era feito, como estava construído. Era uma caixa metálica, muito simples, bastante grande, preta, provida de um sistema de lentes rudimentares, com uma lâmpada de álcool e uma espécie de chaminé bastante alta da qual saia um pouco de fumaça. [...] A lâmpada de álcool projetava imagens minúsculas. Ainda me recordo destes filmes. Era como fazer mágica[10].

Bergman voltaria nessas recordações em seu livro autobiográfico precisamente intitulado *Lanterna mágica* (1988), depois de ter recriado sua atração pelo primitivo projetor em uma sequência antológica de *Fanny e Alexander* (1982), vivenciada pelo personagem de Alexander, copiada do próprio diretor.

Nesta linha, poderíamos acrescentar ao caso de Bergman os de Truffaut, Fellini, Bill Douglas, Terence Davis e tantos outros cineastas que, em seus escritos e filmes de feição autobiográfica, celebraram a importância formadora do cinema durante sua infância e adolescência.

c) *A capacidade educativa do cinema e sua utilização na escola*

Na abundante filmografia sobre a escola como cenário cinematográfico, o contraplano dos meninos e meninas atendendo ou ignorando as explicações dos professores é um lugar comum. Em alguns casos, a rotina

---

[10] BJÖRKMAN, S.; MANNS, T.; SIMA, J. *Conversaciones con Ingmar Bergman*. Barcelona: Anagrama, 1975, p. 8.

escolar se vê alterada pela presença do cinema na sala de aula, convertendo, por alguns momentos, os alunos em espectadores. Assim ocorre em três significativos exemplos: *Cuore – lembranças do coração* (Luigi Comencini, 1985), *Adeus, meninos* (Louis Malle, 1987), *Conrack* (Martin Ritt, 1974). Três momentos históricos (princípios do século XX, 1944, 1969), três países (Itália, França, Estados Unidos), três tipos de escola (nacional, religiosa, unitária); e, apesar disso, um elemento em comum, o mesmo desafio às convenções e rotinas escolares do momento: a ousadia de um professor em converter a sala de aula em uma sala de projeção, em substituir o quadro negro por uma tela e deixar que o cinema ofereça a lição do dia. Tempo haverá para partilhar e discordar sobre o visto ou pressentido, entre companheiros e com o professor, para falar sobre ele e prolongá-lo no estudo, e também nas brincadeiras e sonhos.

d) *A cinefilia como motivo argumental*

A paixão pelo cinema que mostram os protagonistas dos citados *Vida em sombras, Cinema Paradiso* e *Fanny e Alexander* não se circunscreve à frequência habitual nas salas, mas se confirma e se amplia com a pulsão colecionadora característica do cinéfilo, capaz de acumular qualquer objeto relacionado com o cinema e utilizá-lo à medida do imaginário que essa arte convoca. Assim, um zootrópio em *Vida em sombras,* pedaços de película em *Cinema Paradiso* ou a lanterna mágica de *Fanny e Alexander* desempenham um importante papel em distintas sequências.

Em outros casos, sem que seja atribuível a uma iniciativa própria dos personagens do filme, o fato de que estes se vejam envolvidos com elementos pré ou paracinematográficos põe em destaque, de alguma forma, o sentir do cineasta no tocante ao meio com o qual se expressa.

Consideremos a emotiva sequência final de *Paisagem na neblina* (*Topio stin omichli,* Theo Angelopoulos, 1988), filme em que Voula, uma menina de 11 anos, e Alexander, seu irmão de 5, empreendem, sozinhos, uma dura viagem iniciática em busca de um hipotético pai, partindo de sua Grécia natal e atravessando diversos estados europeus buscando chegar a uma mítica "Germânia" onde esperam encontrá-lo. Depois da fusão em preto que sucede à cena em plena noite em que os dois irmãos são descobertos quando tentam atravessar sem passaporte a fronteira alemã (e que não exclui a morte real das crianças, tendo em conta o disparo que ouvimos), a imagem aparece, por uns segundos, saturada por uma branca e espessa neblina na qual, pouco a pouco, distinguimos a figura dos irmãos. Enquanto a voz de Alexander nos explica que "no princípio era o caos, logo veio a luz...", a neblina vai se dissipando ao mesmo tempo em que observamos, em um plano fixo, os dois irmãos, de costas, caminhando para uma árvore que visualizamos, cada vez mais nitidamente, no horizonte. Quando chegam a tocar seu tronco, sentimos a árvore como o elemento mítico e ancestral capaz de ocultar o desamparo das crianças e compensar uma paternidade essencialmente ausente. Esse final aberto contém, porém, uma possibilidade de leitura baseada na capacidade iluminadora e forjadora de mitos do próprio cinema, na medida em que Angelopoulos inclui, no filme, uma sequência preliminar que conduz o espectador a levar em conta essa opção. Orestes, um jovem ator que partilha, durante um trecho, a viagem dos irmãos, encontra, entre os desperdícios de uma cesta de lixo tombada em plena rua, um fragmento de película de 35mm. Quando se aproxima da luz de um foco, Orestes comenta com eles, olhando com atenção três fotogramas branqueados nos quais nada pode se distinguir: "Se você reparar bem, verá uma arvore". "É brincadeira", acrescenta em seguida; mas Alexander guardará com ele o pedaço de película, levando-o consigo, e seguirá olhando-o à contraluz, procurando a epifania que a última sequência nos deixa ver, como se os irmãos tivessem entrado nos fotogramas e, ao fazê-lo, tivessem iluminado e dado vida ao seu mais íntimo desejo.

Win Wenders é um dos diretores que com mais fortuna conjugou cinema e infância. "Quando a criança era criança, ela não sabia que era criança..." nos recorda o recitado em *off* do começo de *Asas do desejo* (*Der Himmel über Berlin*, 1987), segundo as palavras do roteiro de Peter Handke. "A maneira de ver o mundo das crianças corresponde ao estado de graça para o cineasta", confessou Wenders. Em seu mítico *road movie No decorrer do tempo* (*Im Lauf der Zeit*, 1975), em que Bruno – um reparador de projetores de cinema (e projecionista casual) – e Robert – um pedagogo expatriado – percorrem a fronteira entre as duas Alemanhas com as salas de cinema como referência, Wenders tem a oportunidade de elaborar uma poética elegia à sua progressiva desaparição, assim como de render homenagem ao cinema em sua origem (à infância do cinema), em uma bela sequência que começa quando os dois protagonistas infiltram-se em um povoado onde devem levar a termo uma sessão de cinema para um grupo de crianças, que assistem na sala com o seu professor. Como o alto-falante não funciona, Bruno tem que consertá-lo atrás da tela, e a sessão se atrasa, diante da impaciência das crianças e do pedido de calma do professor. De repente, Robert, para ajudar o trabalho de Bruno, consegue acender um refletor cuja posição faz com que a sombra engrandecida deste apareça na tela e desencadeie as primeiras risadas das crianças convencidas do começo de um espetáculo de sombras chinesas. Em seguida, Bruno e Robert se dão conta da situação e decidem seguir a brincadeira, passando a executar diversas piruetas e malabarismos se servindo de uma escada, uma corda e um piano para imitar, de improviso, tanto Charlot como Tarzan. A queda em gargalhadas dos dois protagonistas conclui a sessão, apesar das regozijadas crianças pedirem mais e mais.

Também Abbas Kiarostami, autor de um cinema essencial, no qual a infância adquire um inusitado papel de protagonista, nos submerge, por meio das peripécias de um menino, Ahmed, em um mágico mundo de luzes e sombras consubstancial ao cinema em seus primórdios. Na sequência noturna de *Onde fica a casa do meu amigo?* (*Khaneh-ye doust kojast?*, 1987), que se desenvolve em Poshteh (aonde chegou Ahmed vindo de KoKer, o povoado vizinho onde vive, buscando seu companheiro da escola para lhe devolver seu caderno), um velho marceneiro o acompanha para indicar-lhe onde está a casa do seu amigo e aproveita o trajeto para se lamentar de que suas trabalhadas portas e janelas logo deixarão de ser feitas. Enquanto isso, a luz do interior das casas atravessa os vidros – em alguns casos coloridos – sustentados pelas elaboradas tramas de suas artesanais aberturas e se projeta ampliadamente nas paredes da vizinhança, dotando o conjunto de uma envolvente e fantasmagórica textura luminosa pela qual deambula o atribulado menino acompanhando o passo lento do velho guia.

e) A tela como metáfora de um modo de ver

Em seu ensaio *The Power of Movies*, o filósofo Colin McGinn se propõe a esclarecer a especificidade que representa "assistir a um filme" em relação ao olhar que requerem as demais artes. Não contente com isso, proporciona uma lista de coisas às quais olhamos de um modo comparável àquele como olhamos a tela cinematográfica, com a mesma intensidade, penetração e vontade inquisitiva: "Os buracos, a água, as janelas, os espelhos, os microscópios, o céu, as chamas, os olhos, e a mente"[11].

---

[11] McGINN, Colin. *The Power of Movies. How Screen and Mind Interact.* New York: Pantheon Books, 2005, p. 19.

Nesta última epígrafe de um percurso que nos levou a um despojamento do dispositivo cinematográfico em benefício de um "olhar cinematográfico", evocaremos algumas sequências nas quais o olhar infantil tem por objeto uma realidade "enquadrada" cuja percepção – e a nossa, olhando o olhar – suscita, de imediato, a analogia com o dispositivo cinematográfico e a figura do espectador que lhe é própria. A figura de John Mohune, o menino órfão de 10 anos que protagoniza *O tesouro do Barba Ruiva* (*Moonfleet*, Fritz Lang, 1955), sustenta, à perfeição, este olhar que o converte no autêntico *"metteur en scène"* do filme, "obstinado em impor seu próprio roteiro e em desmentir visualmente o jogo narrativo das intrigas e o jogo visual das falsas aparências que o aproximam da situação de vítima inocente", segundo a análise de Jacques Rancière[12]. Praticamente a totalidade do "catálogo" de McGinn é posta em cena nesse filme em cujo final vemos John olhando, através de uma janela, como seu malvado (e, apesar de tudo, querido) mentor Jeremy Fox, cuja morte ignora, se distancia mar adentro em uma barca.

A utilização metafórica de uma janela real como se fosse uma tela cinematográfica é um caso frequente que exerce um papel essencial em sequências de *O mágico de Oz* (*The Wizard of Oz*, Victor Fleming, 1939), *O mensageiro do diabo* (*Night of the Hunter*, Charles Laughton, 1955) e *O sol é para todos* (*To Kill a Mockingbird*, Robert Mulligan, 1962), três clássicos indiscutíveis do cinema.

Dorothy inicia sua aventura sonhada, que a conduzirá ao maravilhoso mundo de Oz, quando sua casa é arrancada por um devastador tornado e um golpe a deixa inconsciente. Enquanto dura o ciclone, a casa flutua à deriva pelos céus à medida que a janela do quarto se converte em um sucedâneo de tela de cinema através da qual vemos a mente da menina; filme dentro de um filme, com "efeitos especiais" incluídos, pelo qual desfilam diversos animais, objetos e personagens, entre os quais a Srta. Gulch, professora solteirona que aparece pedalando no ar, montada em uma bicicleta que se transformará em vassoura ao mesmo tempo em que ela se transforma em bruxa.

Se a imaginação é o cata-vento de *O mágico de Oz*, é o medo que move o destino de dois irmãos, Pearl e John, que, não bastasse serem

---

[12] RANCIÈRE, Jacques. *La fábula cinematográfica*. Barcelona, Buenos Aires, México: Paidós, 2005, p. 26, p. 81-89.

filhos de um delinquente que, antes de ser enforcado, lhes deixa o objeto de um roubo para esconder, devem suportar a acusação implacável do paranoico e criminoso predicador que se inteirou da existência do roubo ao conviver com seu pai na cadeia. Em sua fuga em uma barca pelo rio, a noite surpreende os dois irmãos, que se infiltram em uma casa da margem, com um celeiro contíguo. Através da janela da casa, a sombra de uma jaula e o canto de uma mulher nos proporcionam uma imagem do lar perdido que contrasta fortemente com a que vem ao amanhecer, vista da abertura do celeiro onde dormiram: a figura de um cavaleiro, ao longe, que profere um detestável canto, a silhueta do pregador que cavalga em sua persistente perseguição. Duas janelas, dois "filmes"; um de amor, outro de ódio, a dualidade fundamental que preside *O mensageiro do diabo*, singular filme expressionista em acusado preto e branco.

Vemos a maior parte das ações de *O sol é para todos* filtrada pelo olhar da pequena Scout e seu irmão mais velho Jem, filhos do íntegro advogado Atticus Finch, confrontado por seus racistas vizinhos ao defender um negro acusado, sem provas, de um estupro. Decidem investigar por sua conta o jovem e misterioso – e, por fim, inofensivo – doente mental que viveu preso em sua casa desde sua infância. Isso os leva a espiar as janelas da casa procurando um conhecimento proibido. Em um momento do filme, vemos, a partir do ponto de vista ansioso de Scout, como Jem consegue chegar até uma das janelas da casa enquanto a sombra de seu inquilino se projeta ameaçadora sobre a fachada, em uma exemplar *mise en abyme* do olhar do espectador e dos paradoxos que comporta o intento de ver sem ser visto.

3

Como é sabido, a irrupção do vídeo, no princípio dos anos 80, fez supor um ataque de todo modo às salas de exibição cinematográfica, como havia sido no momento da aparição da televisão nos anos 50 e como seria nos anos 90 a multiplicação de cadeias televisivas, a aparição do DVD, os projetores e câmeras digitais, a consolidação dos computadores pessoais como pontos de acesso e da internet como novo canal de distribuição para qualquer produto multimídia, inclusive cinema. Tal mutação tecnológica fez com que o cinema, "este meio antes fisicamente distante, transitório e público, haja alcançado na atualidade a solidez e o *status* semipermanente de um objeto doméstico, íntima e infinitamente sujeito à manipulação na esfera privada", nas palavras de Bárbara Klinger.

Nesse contexto, o cinema celebrou, em 1995, seu centenário: com o característico antropocentrismo, e dado que a historiografia cinematográfica vinha se referindo a seu "nascimento", sua "infância" e a "sua maturidade", o fato de cumprir cem anos em plena crise foi um motivo para relançar as mencionadas proclamações da anunciada "morte do cinema", ao tempo que se desatava a nostalgia pelo passado perdido.

Invocar "a infância do espectador cinematográfico" é então, em certo sentido, desejar um retorno às origens. Sob esse lema, podemos situar o filme *Lumière et Cie.*, a obra de José Luis Guerín, o manifesto *Dogma 95* ou o renascer do cinema-documentário para citar um projeto coletivo, um autor, um movimento e um gênero cujo propósito não é tanto um afã retrospectivo como um esforço de renovação e reinauguração do cinema como arte do futuro. Lamentavelmente esses e outros esforços criativos têm um eco minoritário em um ambiente saturado por todo tipo de imagens.

É nessa nova e complexa paisagem audiovisual, tão distinta daquela da infância de seus pais, que as atuais crianças devem encontrar seu lugar como espectadores para os quais a sala de cinema é só uma das muitas opções que lhes são oferecidas. As mudanças acontecidas supõem não só uma transformação quantitativa devido à avalanche de imagens que os assaltam diariamente, senão que também uma transformação qualitativa no que se refere à relação que mantêm com elas.

Como explicou o psiquiatra e psicanalista infantil Serge Tisseron em diversos textos[13], a interatividade precoce frente às imagens é uma das características das crianças de hoje, assim como o fato de que, para elas, a pergunta "Como foi feito?" veio substituir à de seus pais: "O que significa?" ou "O que quis dizer o diretor do filme?". Esses aspectos positivos, que distanciam as crianças do estereótipo do consumidor passivo, se veem relegados por um discurso dominante obcecado pelos perigos inerentes à exposição prematura e indiscriminada da infância a todo tipo de imagens – especialmente das violentas e pornográficas. De novo, Tisseron vai ao cerne do problema ao recordar que o trato (e a assimilação) das imagens é também um fenômeno relacional, um intercâmbio com os outros por meio do qual construímos nossas representações. O efeito das imagens sobre

---

[13] TISSERON, Serge. *Les bienfaits des images*. Paris: Odile Jacob, 2002; Y *a-t-il un pilote dans l'image?*, Paris: Aubier, 1998; "L'enfant spectateur et la quête du sens", Images en Bibliothèques, CEMEA, 2001 (publicado na internet).

uma criança isolada é totalmente distinto do que produzem as mesmas imagens em uma criança que as assimila em convivência com companheiros, professores, pais e adultos em geral, como sugerem as citações de Bergala e McDonnell acima reproduzidas.

Então, nós, os adultos, não devemos ignorar nossa responsabilidade no que diz respeito à forma de consumir (e produzir) imagens durante a infância, ao mesmo tempo em que devemos nos propor a renovação de nossa própria relação com as imagens e especialmente com as cinematográficas (objeto central deste texto), evitando idealizar o passado na hora de tratar as modificações sofridas pela figura do espectador nos últimos anos. De fato – como sugere Pascal Bruckner em seu ensaio *La tentación de la inocência*, dedicado, em parte, a fustigar o "infantilismo" que afeta boa parte dos adultos da sociedade ocidental –, devemos considerar duas infâncias:

> Na vida há duas infâncias possíveis: a primeira, que nos abandona na puberdade, e outra infância da idade madura, que aflora em flashes, visitas incandescentes, que nos escapa assim que tentamos apanhá-la. A infância é uma segunda candura que se recupera após tê-la perdido, uma ruptura benéfica que nos fornece um fluxo de sangue novo e rompe a carapaça dos costumes. Há então uma maneira de se infantilizar que é uma testemunha de renovação contra a vida petrificada e fóssil, uma capacidade de reconciliar o intelectual e o sensível, de sair da duração, de perceber o desconhecido, de assombrar-se com a evidência [...] Então a infância não é mais um refúgio patético, inconfessável disfarce ao qual recorre o velho adulto flácido, senão o suplemento de uma existência já plena, o feliz transbordamento daquele que, havendo andado seu caminho, pode se submergir novamente na espontaneidade e no encanto dos primeiros tempos[14].

O acaso quis que, durante a redação destas páginas (princípios de 2006), fosse inaugurada, em Barcelona, uma exposição que reúne distintos autores aqui citados e cujo delineamento projeta para o futuro o tema que nos ocupa, facilitando uma conclusão que beira a nostalgia e o lamento. Trata-se de *Erice-Kiarostami. Correspondencias*[15], organizada por Alain Bergala e Jordi Balló (diretor de exposições do Centro de Cultura Contemporânea que acolhe a mostra e pioneiro, por sua vez, na introdução do cinema no ensino em todos os seus níveis). Essa exposição propõe um

---

[14] BRUCKNER, Pascal. *La tentación de la inocencia*. Barcelona: Anagrama, 1996, p. 101-102.

[15] BALLÓ, Jordi; BERGALA, Alain (directores). *Erice-Kiarostami. Correspondencias*. Catálogo de la exposición. Barcelona: CCCB, Diputació de Barcelona, 2006.

diálogo entre dois cineastas que "partem da infância do cinema, de um retorno à própria origem de sua arte" por intermédio de instalações audiovisuais, montagens que relacionam diversos fragmentos de seus filmes e uma original correspondência entre eles mediante um intercâmbio de "cartas" filmadas (filmes de curta duração em vídeo digital). Além disso, os filmes de Erice e Kiarostami podem ser vistos em seu formato original, em ciclos próprios nas salas de projeção do Centro de Cultura e da Filmoteca; e se realizam, em paralelo, diversas oficinas para estudantes de todas as idades.

O conteúdo e as formas expositivas dessa mostra certamente serão objetos de estudo e crítica no futuro próximo; sob nossa perspectiva, é importante, entretanto, destacar do conjunto, para concluir, dois vídeos rodados por Erice especialmente para essa ocasião: *La morte rouge* e *Arroyo de la Luz*.

No primeiro, Erice reconstrói, por meio de sua voz em *off* e distintos procedimentos que combinam a primeira e a terceira pessoa, a indelével marca que o batizou como espectador cinematográfico, quando, em 1946, aos seis anos, assistiu, no desaparecido Kursaal de San Sebastián, à projeção de *A garra escarlate* (*The Scarlet Claw*, Roy William Neill, 1944). Entre outras leituras, e guardadas as diferenças, esse trabalho de Erice pode ser visto como o fundamento biográfico do determinante encontro com o cinema que Ana Torrent encarna em *O espírito da colméia*.

Os 20 minutos de *Arroyo de la Luz* contêm, em sua densa brevidade, todas as características necessárias para encerrar nosso texto. Informado de que, no povoado de Estremadura, que dá título ao vídeo, o professor José Javier Vivas trabalhava com meninos e meninas de oito e nove anos sobre o filme de Kiarostami, *Onde fica a casa do meu amigo?*, Erice decide filmar a experiência na própria escola. Dessa maneira, Erice recupera e atualiza a situação da infância frente à tela que imortalizou em *O espírito da colméia* e iludiu em *La morte rouge* em benefício de um relato indireto. Em uma sala de aula com um projetor e um reprodutor de DVD, com a tela superposta ao quadro negro, um grupo de meninos e meninas compartilham as peripécias (ao mesmo tempo tão distantes e próximas) de um menino iraniano pouco mais velho que eles. Ao final da projeção, preparam com o professor uma animada conversa sobre o filme.

Os meninos e as meninas estão em uma sala de aula; os visitantes, na sala de exposições de um centro cultural; a tecnologia digital é a utilizada na produção e na exibição. Não há, rigorosamente falando, nem cinema nem filmes nessas propostas. E, entretanto, não creio que nada impeça que possamos falar, a partir da contemporaneidade, de autênticas experiências cinematográficas com espectadores infantis como protagonistas.

Filmes citados

O espírito da colméia (*El espíritu de la colmena*,1973), de Víctor Erice, com Fernando Fernán Gómez (Fernando), Teresa Gimpera (Teresa), Ana Torrent (Ana), Isabel Tellería (Isabel).

Demonios en el jardín (1982), de Manuel Gutiérrez Aragón, com Ángela Molina (Angela), Ana Belén (Ana), Encarna Paso (Gloria), Imanol Arias (Juan), Álvaro Sánchez-Prieto (Juanito).

A prima Angélica (*La Prima Angélica,* 1974), de Carlos Saura, com José Luis López Vázquez (Luis), Lina Canalejas (Angélica).

Madregilda (1994), de Francisco Regueriro, com José Sacristán (Longinos), Juan Echanove (Francisco Franco), Bárbara Auer (Ángeles, Madregilda), Kamel Cherif (Hauma).

Vida em sombras (1948), de Llorenç Llobet-Gracia, com Fernando Fernán Gómez (Carlos Durán), Isabel de Pomés (Clara), Alfonso Estela (Luis), Valero (Carlos criança), Juanito López (Luis criança).

Cinema Paradiso (*Nuovo Cinema Paradiso*, 1988), de Giuseppe Tornatore, com Salvatore Cascio (Salvatore – criança), Jacques Perrin (Salvatore – adulto), Philippe Noiret (Alfredo).

Fanny e Alexander (*Fanny och Alexander*, 1982), de Ingmar Bergman, com Pernilla Allwin (Fanny), Bertil Guve (Alexander), Harriet Anderson (Justina), Gunnar Björnstrand (Filip Landhl), Erland Josephson (Isak Jacobi).

Cuore – lembranças do coração (*Cuore*, 1985), de Luigi Comencini, com Johnny Dorelli (Sr. Perboni, professor), Giuliana de Sio (professora), Laurent Malet (Enrico Bottini adulto), Carlo Calenda (Bottini criança).

Adeus, meninos (*Au revoir, les enfants,* 1987), de Louis Malle, com Gaspard Manesse (Julien Quentin), Raphaël Fetjö (Jean Bonnet), Philippe Morier-Genoud (pai de Jean).

Conrack (1974), de Martin Ritt, con Jon Voight (Pat Conroy), Madge Sinclair (Mrs. Scott).

Paisagem na neblina (*Topio stin omichli*, 1988), de Theo Angelopoulos, com Tania Palaiologou (Voula), Michalis Zeke (Alexander), Stratos Tzortzoglou (Orestes).

No decorrer do tempo (*Im Lauf der Zeit*, 1975), de Wim Wenders, com Rudiger Vogler (Bruno Winter), Hans Zischler (Robert Lander).

Onde fica a casa do meu amigo? (*Khaneh-ye* doust kodjast?, 1987), de Abbas Kiarostami, com Ahmed Ahmed Poor (Ahmed), Babek Ahmed Poor (Mohamed), Kheda Barech Defai (professor).

O tesouro do Barba Ruiva (*Moonfleet*, 1955), de Fritz Lang, com Stewart Granger (Jeremy Fox), George Sanders (Lord Ashwood), Jon Whiteley (John Mohune).

O mágico de Oz (*The Wizard of Oz*, 1939), de Victor Fleming, com Judy Garland (Dorothy), Frank Morgan (Professor Marvel).

O mensageiro do diabo (*Night of the Hunter*, 1955), de Charles Laughton, com Robert Mitchum (Predicador Harry Powell), Shelley Winters (Willa Harper), Lillian Gish (Rachel Cooper), Billy Chapin (John Harper), Sally Jane Bruce (Pearl Harper).

O sol é para todos (*To Kill a Mockingbird*, 1962), de Robert Mulligan, com Gregory Peck (Atticus Finch), Philip Alford (Joe Finch), Mary Badham ("Scout" Finch), Robert Duvall (Boo Radley).

La morte rouge (2006), de Víctor Erice, documentário.

Arroyo de la Luz (2005-2006), de Víctor Erice, documentário.

As crianças e as fronteiras:
várias notas a propósito de três filmes de Angelopoulos e uma coda sobre três filmes iranianos

Jorge Larrosa

Tradução de
Carlos André Teixeira Gomes
Paula de Castro Diniz

> Nosso santuário daqui é a canoa. Estar no rio: isto é paz. Estar nos rios: isto será paz. Na fronteira entre o sonho e a vela. Na escuridão profunda. No meio do inverno. Na invernada. Nesta fronteira daqui, na canoa, existe ainda um nós como não existe em nenhuma outra parte.
>
> *Peter Handke*

1

Duas crianças de mãos dadas saem correndo da escuridão. Voula, uma menina de 12 anos, com meias brancas até os joelhos e uma mochilinha nas costas, pergunta: "Você tem medo?" "Não, não tenho", diz Alexandre, um menino de pouco mais de cinco anos, sério, com uma certa sisudez no rosto, que usa um cachecol cinza enrolado ao pescoço. O chão, molhado pela chuva recente, reflete as luzes da cidade. Do outro lado da praça, vê-se uma estação. Enquanto as crianças caminham em direção às plataformas, ouve-se o anúncio da chegada de um trem com destino à Alemanha. "Ontem à noite sonhei com ele, parecia mais alto", diz Alexandre. A porta do vagão fecha-se diante deles. Enquanto o trem se vai, as crianças permanecem de costas, imóveis e silenciosas, à beira da plataforma que vai ficando vazia. A tela volta a ficar preta e toca uma música belíssima[1] enquanto vão passando os créditos.

---

[1] A música é de Eleni Karaindrou, colaboradora habitual de Angelopoulos, desta vez sobre um concerto de Mendelssohn.

Ainda preta, ouve-se a voz de Voula que diz: "Durma". Alexandre, inquieto, pede para que ela lhe conte a história. Voula diz lentamente as primeiras palavras da cosmogonia: "No princípio era o caos. Depois fez-se a luz..."

No dia seguinte, conseguem entrar no trem. E a viagem começa.

2

Paisagem na neblina (*Topio stin omijli*, 1988) é o filme "com crianças" de Angelopoulos. É um filme de viagem, como todos os seus. Os estudiosos dizem que, após *Viagem a Citera* (1984) e *O apicultor* (1986), termina a trilogia do silêncio. Mas, poderia dizer-se também que se abre o ciclo da fronteira. Quase no final do filme, na última estação de trem, quando se abre a última etapa de uma longa viagem iniciática que vai desde Atenas até uma fronteira simbólica e impossível (a Alemanha não limita territorialmente com a Grécia), e que lhe fez conhecer o amor e a morte, a ternura e a violência, a solidão e a separação, o bem e o mal, Alexandre pergunta: "Que é uma fronteira?" Essa pergunta, que fica sem responder, atravessa os seguintes filmes de Angelopoulos: *O passo suspenso da cegonha* (1991), *Um olhar a cada dia* (1995) e *A eternidade e um dia* (1998).

Além disso, se o cinema de Angelopoulos havia sido, até aqui, uma investigação "para trás" sobre a importância da memória, do passado e da história, a partir deste filme, seus personagens vão experimentar também as dificuldades de ir "para frente": todas as fronteiras que há de atravessar para chegar a algum lugar que possamos chamar nosso; a busca, talvez impossível, de uma pátria, de um lugar habitável, de um lugar no qual possamos dizer que a vida é nossa vida. Talvez, por isso, as crianças.

3

Ao longo do filme, Alexandre escreve com o pensamento algumas cartas para esse pai seguramente desconhecido que uma mentira da mãe situou na Alemanha e cuja busca estende a viagem das crianças. Outro dos grandes temas de Angelopoulos: a busca do pai, a dificultosa sutura dos vínculos entre gerações. A viagem "para frente" das crianças se estabelece a partir da vontade de saber a respeito de seu pai.

Abraçados ao final do corredor de um trem, quase adormecidos, escuta-se a voz em *off* do menino que diz: "Querido pai. Como pudemos esperar tanto? Viajamos como folhas levadas pelo vento. Que mundo mais estranho! Malas, estações geladas, palavras e gestos que não se entendem, e a noite que nos dá medo. Mas estamos contentes. Avançamos."

4

Paisagem na neblina foi construído como um conto de fadas, simultaneamente triste e esperançado. Trata-se de um relato de grande densidade simbólica, elaborado com materiais altamente poéticos. Talvez seja o filme menos "realista" de Angelopoulos.

A paleta de cores é feita de tons frios e melancólicos com predomínio do azul, do cinza e do branco. Se a maioria dos cineastas parece filmar a óleo, Angelopoulos prefere a aquarela. A luz sempre é filtrada pelas nuvens, pela chuva, pela neve, pela neblina. Os perfis das coisas se esfumaçam. A noite, o entardecer e o amanhecer substituem o meio-dia. Há algumas manchas de amarelo: sobretudo os casacos e as roupas de trabalho desses personagens misteriosos que atravessam, às vezes em silêncio, alguns filmes do diretor grego. E há também algumas manchas de vermelho, como a luz da motocicleta de Orestes, o quepe do chefe de estação ou o sangue que escorre entre os dedos de Voula ao final da terrível cena de estupro, próximo à estrada, na parte de trás de um caminhão.

Para um conto de fadas, parece ser conveniente o peculiar modo de filmar de Angelopoulos: longuíssimos planos-sequência que retêm o tempo fazem sentir a duração e levam o relato para o contemplativo, quase para o meditativo; uma cuidadosa composição do espaço na qual se integram perfeitamente o movimento de câmera, os deslocamentos quase coreografados dos personagens e a profundidade de campo aberta pelas paisagens; umas imagens muito poderosas, de enorme força expressiva, que parecem ritmar e fragmentar o curso linear da história; um modo de enquadrar muito teatral que não esconde seu caráter artificioso, distanciado de qualquer naturalismo; escassos diálogos e longuíssimos silêncios destacados, às vezes, pela música; personagens carentes de qualquer caracterização psicológica, filmados de longe ou a meia distância, estatuários, quase impessoais; cenas oníricas que parecem apagar qualquer distinção entre o real e o imaginário.

Além disso, há, no filme, fábricas fumegantes que parecem castelos encantados, uma máquina perfuradora que parece um dragão, um louco que move os braços como se fossem asas e que age como um gaivota, uma nevada mágica que imobiliza todo o mundo e permite que as crianças escapem de uma delegacia de polícia, um cavaleiro em uma moto que os livra de um perigo e que parece um São Jorge, uma mão de pedra como o dedo indicador mutilado que sai do mar e que sobrevoa a cidade dependurada em um helicóptero, uma mulher de preto que salmodia em uma delegacia, uma noiva que sai chorando de um edifício em festa, um cavalo moribundo estendido na neve, uma companhia de comediantes sem trabalho que monologam em uma praia deserta, um velho violinista que entra em um bar sem ninguém, toca para Alexandre e se despede com uma reverência muda.

Por último, há uma enorme ternura no modo como Angelopoulos olha seus pequenos heróis. Como Robert Bresson em *Mouchette, a virgem possuída,* ou Agnès Varda em *Os rejeitados,* a câmera acompanha a solidão dos personagens e sua árdua aprendizagem da vida com uma mistura de distância pudorosa e compaixão infinita, como se os acariciasse no que possuem de mistério, de incompreensibilidade, de distância.

5

As crianças passeiam à noite com Orestes, o cavaleiro salvador, o jovem membro da companhia itinerante de comediantes pela qual Voula se apaixonará mais adiante. Parecem contentes. "Vocês são crianças incomuns", diz Orestes, e continua: "O tempo parece não lhes importar, mas vocês têm pressa em se ir; parecem viajar sem rumo, mas vão a algum lugar". Um pouco mais adiante, Orestes se inclina próximo a um cesto de lixo e recolhe um pedaço de celuloide, apenas três fotogramas. Olha-o contra a luz e mostra-o para as crianças. "Não se vê nada", diz Voula. "Olhe bem", diz Orestes. "Nada", insiste a menina. E Orestes: "Não a vê? Atrás da névoa. Ao longe. Não vê uma árvore?" "Não", diz Alexandre. "Eu também não, era uma brincadeira", diz Orestes. E Alexandre lhe pede o pedaço de película.

A propósito desse pedaço de película, Yann Tobin escreve:

> Não é filme virgem, pois foi desenrolado e usado. Também não é filme velado. Ainda que seja transparente e, portanto, sem "impressão", esteve exposto, pois aparece o quadro da imagem. Talvez seja um pedaço que sobrou. Ou uma neblina superexposta. Ou melhor, uma luz deslumbrante. Uma esperança, então[2].

---

[2] Yann Jobin, "L'arbre et la main". In: *Positif.* n. 333. Nov. 1988.

6

O que orienta e dá sentido à viagem das crianças não é a fronteira, senão o mistério, ou a promessa, do que está além da fronteira: um pai desconhecido que tem a estatura dos sonhos; essa Alemanha que é, para os gregos do século XX, um país de emigrantes e refugiados. Alexandre e Voula ignoram tudo da fronteira, dos passaportes. A fronteira será o último obstáculo inesperado, a passagem final, antes que se dissipe a neblina. Perguntar o que há detrás da neblina é o mesmo que perguntar o que há além da fronteira. A coragem das crianças, sua singular perseverança vêm de sua capacidade de olhar detrás da fronteira, detrás da neblina, ainda que não se veja nada. Não sabem aonde vão, contudo vão a algum lugar.

Sua errância contrasta com a dos comediantes: uma geração de velhos lutadores que habita um mundo irremediavelmente perdido, um grupo que se empenha em continuar representando uma obra de teatro que já não interessa a ninguém, uma comunidade em transe de extinção que não pode se deter em nenhum lugar porque seu lugar já não existe ou foi destruído. Contrasta também com a de Orestes: um jovem generoso, desprovido de rumo e de meta, que só pode ter a impressão de que vai a algum lugar por ocasião de sua próxima incorporação ao serviço militar. As crianças, contudo, encarnam a difícil tarefa de começar. Ainda que também não saibam onde, nem como, nem o quê.

A mão de pedra tem o indicador quebrado e já não sinaliza nenhum caminho. A conexão com os ancestrais se quebrou, e nem sequer o passado mítico de sua terra pode lhes orientar. Eles também não têm lugar. Nem sequer um lugar de partida. Sua mãe é invisível, e seu pai nunca esteve com eles. Como diz o homem com o qual o policial fala na fábrica, seguramente sequer a mãe sabe quem é seu pai. Talvez sequer tenham o mesmo pai. Suas cartas indicam uma necessidade indefinida de afeto e de confiança, mas não uma meta mais ou menos idealizada. Não há nenhum projeto de vida em sua viagem. Querem conhecer seu pai, mas lhe prometem que vão embora assim que o virem. Não pretendem ser um peso ou uma obrigação para ele.

Todos os personagens do filme, incluindo o caminhoneiro que estupra Voula, estão em movimento, fora de casa, separados de qualquer lugar que poderia ser, para eles, uma casa, como se estivessem fora de lugar, fora de si mesmos. Entretanto, diferentemente dos outros, as crianças vão para algum lugar, embora pareça que viajam sem rumo. E têm pressa, embora pareça que o tempo não lhes importa. Sua viagem mescla a obstinação e a desesperança. As crianças também não veem nada no fotograma cinza no qual foi filmada a neblina. Mas perseveram em seu olhar. Alexandre passará parte da viagem olhando insistentemente o pedaço de celuloide encontrado no chão. Talvez lá ao longe, do outro lado da fronteira, haja algo: quem sabe uma árvore. Talvez o mundo possa ser reinventado pelas crianças. Mas, para isso, terão que fazer primeiro a travessia deste mundo, com todas as suas misérias e contradições.

E isso com uma pertinácia cega, com uma obstinação a toda prova, com uma perseverança que beira a loucura, independentemente de qualquer racionalidade, de qualquer sensatez, de qualquer expectativa, de qualquer dificuldade também, de qualquer obstáculo, de qualquer impossibilidade.

7

O fragmento 18 de Heráclito diz: "Se não esperásseis, não acharíeis o inesperado, dado o inencontrável e difícil de aceder que é"[3]. García Calvo o traduz assim: "Se não espera, não encontrará o inesperado, impossível de procurar como é e sem caminho certo"[4]. E comenta:

> A subpregação acrescenta ao "não encontrarás o inesperado" a precisão de que isso não se pode buscar, é negado à indagação, e mais ainda, áporo, "desprovido de caminhos ou meios (para achá-lo ou resolvê-lo)", com implicação já também de "que não se pode resolver", "irresolúvel"; com efeito, a indagação e cálculo sobre o objeto da busca supõem se fazer uma ideia acerca de como é, ou ao menos do que é, o que automaticamente lhe priva de sua condição de *anélpiston*, "inesperado" ou "inesperável", de modo que, seja o que for o que por vias de indagação ou aspiração a uma meta se encontre, isso não será já o inesperado, um pouco no sentido de como, voltando-lhe ao positivo, diz a fórmula de A. Machado: "encontro o que não busco"[5].

Por último, Walter Kohan, em um livro dedicado à infância, o traduz assim: "Se não se espera o inesperável, não se o encontrará, dado que é

---

[3] Los filósofos presocráticos. Gredos. Madrid, 1981. v. I. p. 360.
[4] Razón común. Lucina. Madrid, 1985, p. 369.
[5] Razón común. Lucina. Madrid, 1985. p. 369.

inencontrável e sem caminho"[6]. E comenta: "Quem poderia esperar o que não se pode esperar? A quem isso poderia ocorrer? A uma criança, talvez [...], a alguém que, simplesmente, não está convencido dos 'não pode', 'não é possível', 'não há que'"[7].

8

> No curso de seu périplo, Voula e Alexandre se cruzam ou se encontram com personagens saídos de outros filmes de Angelopoulos. A mulher de preto, muito triste, que salmodia na delegacia de polícia, parece sair de *Reconstituição*. A jovem recém-casada que, à noite, sai chorando de um edifício cheio de ruídos de festa nos lembra, por analogia, a sequência de abertura de *O apicultor*. O velho artista que entra no café para tocar o violino evoca ao velho Spyros de *Viagem a Citera*. A sequência da morte do cavalo tem como trilha sonora trechos da música de *Viagem a Citera*. O plano com o qual se abria e se fechava o relato de *A viagem dos comediantes* parece reviver aqui na sequência na qual o grupo de comediantes avança ao encontro das crianças. A viagem das crianças, diz o cineasta, lhes conduz em uma paisagem cinematográfica. Encontram uma ponta de película e entram dentro. Como em uma obra de Pirandello na qual o herói encontra-se com personagens de outras obras[8].

Sabe-se que o cinema de Angelopoulos constitui uma espécie de *megatexto* sempre em processo. Nunca aparece a palavra "fim" ao final de seus filmes, e são frequentes os entrecruzamentos de motivos e de personagens. Dir-se-ia que os filmes de Angelopoulos não começam pelo princípio, senão que vêm de outros filmes, e também não acabam no final, senão que vão para outros filmes. Mas, em *Paisagem na neblina*, isso pode significar, também, que a viagem das crianças atravessa um mundo cinematográfico que não é absolutamente novo. Sua travessia é marcada também pelas pegadas reais e imaginárias de muitos dos que antes já passaram por ali, os que já estiveram ali.

9

Outra vez à noite. A fronteira é um pequeno monte coberto de neve, coroado por um alambrado junto ao qual monta guarda um soldado. As crianças cruzam agachadas por uma abertura no alambrado, junto a uma

---

[6] KOHAN, Walter O. *Infancia. Entre educación y filosofía*. Laertes. Barcelona, 2004. p. 166.
[7] *Idem*, p. 167.
[8] ESTÈVE, Michel. "Le triple itinéraire de Paysage dans le brouillard" no monográfico dedicado a Angelopoulos por Études cinématographiques. n. 48. Paris, 1998.

guarita. Um pouco mais adiante, junto ao rio, uma torre de vigilância faz girar sua lanterna. Voula diz: "Na outra margem, está a Alemanha"; na beira, há uma barca. Voula solta a corda delicadamente, sobe a bordo com Alexandre, e a embarcação começa a cruzar o rio como se fosse arrastada por uma corrente misteriosa. "Você tem medo?", pergunta a menina. E o irmão responde: "Não, não tenho". A lanterna ilumina, por um instante, a barca, e, quando volta a ficar escuro ouve-se um "Alto!" e um disparo. A tela passa subitamente do negro da noite ao cinza da neblina. Vê-se a silhueta imprecisa de Alexandre que diz: "Levante-se, é dia, estamos na Alemanha". O menino se coloca de pé e caminha em direção à câmera. Voula diz: "Tenho medo", e seu irmão começa a contar a história: "No princípio era o caos". Depois levanta sua mão direita e a move lentamente: "No princípio era o caos. Logo se fez a luz". Vemo-lo agora de costas, enquanto a neblina se dissipa. Voula caminha para seu lado, e a silhueta de uma árvore solitária vai aparecendo ao fundo. Toca a música. As crianças caminham até a árvore distante, cada vez mais nítida sob um céu de um azul embranquecido. Aproximam-se dela correndo e a abraçam até quase se confundir com ela.

A árvore da vida? A árvore do conhecimento? A árvore da esperança como a de *O sacrifício,* de Tarkovski? Será que a barca era a de Caronte e as crianças morreram ao atravessar o rio? Será que as crianças entraram no pedaço de celuloide e agora podem ver a árvore ao longe? O que há do outro lado da fronteira? Angelopoulos dizia assim:

> A criança reinventa o mundo. No princípio, o Gênesis é como um tranquilizante, no final como uma abertura. Pode se dizer que o filme é construído a partir de duas imagens: essa em preto, no princípio, de onde se ouve a voz da menina que conta a história ao menino para que durma, e essa ao final, na qual as crianças se despertam como após um longo sonho e de onde é o menino quem conta a história para sua irmã que tem medo.[9]

10

Se, em *Paisagem na neblina,* a fronteira é o lugar simbólico que orienta a viagem e cuja travessia descerra para o desconhecido, em *O passo suspenso da cegonha* (*To meteoro vima tou pelargou,* 1991), a fronteira é o lugar da ação. O filme constitui uma exploração das fronteiras exteriores

---

[9] Entrevista entre Théo Angelopoulos e Michel Ciment. In: *Positif,* n. 363, maio 1991.

e interiores e transcorre em um enclave chamado "sala de espera", uma espécie de metáfora dos Bálcãs. Ali, um grupo heterogêneo de refugiados e emigrantes de todas as nacionalidades espera não se sabe o quê: talvez um lar, quiçá a possibilidade de começar de novo em um novo país ou, simplesmente, que o governo lhes permita seguir sua viagem para qualquer outro lugar. Até ali, viaja um repórter de televisão em busca de um político desaparecido, um homem que escreveu um livro intitulado *La desesperación en el fin de siglo* cuja última frase era a seguinte: "Com que palavras poderemos dar vida a um sonho coletivo?" Um homem de vida aparentemente feliz e futuro brilhante, que abandonou o Parlamento sem dizer nada a ninguém para compartilhar o destino dos fronteiriços, sua condição mítica. Suas últimas palavras haviam sido: "Às vezes há que se calar para ouvir a música que há por trás do som da chuva". Nunca saberemos se o homem da fronteira, o novo Ulisses destes tempos de viajantes inevitáveis, é ou não o político desaparecido. Mas, em sua companhia, iremos descobrir a realidade dos que vivem na fronteira. Em suas próprias palavras: "Quantas fronteiras teremos que atravessar para chegar em casa?"

11

O filme começa com dois helicópteros girando sobre o mar, a pouca distância da superfície da água. Na medida em que a câmera se aproxima, vão-se percebendo alguns corpos flutuando. Ouve-se a voz em *off* do jovem jornalista que diz:

> A caminho da fronteira para fazer a reportagem, pensava no incidente do Pireo. Os cadáveres dos andarilhos asiáticos após a negativa das autoridades em lhes dar asilo político. Sua decisão de morrer jogando-se na água, do barco grego onde haviam sido descobertos. Como se vai alguém? Por quê? Aonde? Era isso o que dizia o velho verso esquecido?: Não esqueça que chegou a hora de viajar. O vento leva longe seus olhos.

12

O passo suspenso da cegonha nos confronta com uma fronteira que já não é, em absoluto, metafórica. A pergunta pela fronteira não se sobrepõe, ao menos explicitamente, a uma temática da esperança e da utopia ligada à infância. A neblina se dissipando tem aqui outra densidade, outro peso, outra textura. A fronteira aqui tem a ver, diretamente, com a infelicidade, com a miséria e com a morte. A fronteira quer dizer algo a propósito deste presente nosso de enormes movimentos de população, cheio de deslocamentos, exilados, expatriados, expulsos, foragidos, deportados, refugiados, emigrantes. O filme nos faz experimentar essa "sala de espera" que é o não lugar onde milhões de seres humanos viajam, ou esperam viajar, às vezes em um movimento de ida para um paraíso imaginário e, às vezes, em um trajeto de regresso para um lar abandonado à força e seguramente destruído. Para onde poderiam ir? Qual seria o sentido de sua viagem? Em que lugar do mundo está a materialização de suas esperanças? O filme nos mostra seres estritamente fronteiriços: sem pátria, sem direitos de cidadania, sem casa, no meio de lugar nenhum, pura vida desnuda em uma espera desesperada, seres em *stand by*, habitantes de vagões de trem em via morta. E, entre eles, as crianças.

Em primeiro lugar, como sujeitos da necessidade. Enquanto umas vozes em *off* em distintos idiomas vão explicando as peripécias que lhes trouxeram à zona, um caminhão descarrega roupa proveniente da ajuda humanitária. As crianças se arremessam sobre os montes, gritando e rindo, para recolher o que podem. E também se ouvem prantos de crianças nos miseráveis galpões nos quais entra o repórter pedindo informação, nos quais se amontoam os refugiados.

Em segundo lugar, as crianças são também os depositários de uma história que aponta para o porvir. Como as nossas já não servem, fracassaram, talvez sejam elas que terão que inventar as palavras com as quais darão forma aos sonhos coletivos. A primeira vez que o repórter visita o homem da fronteira, no velho vagão de trem no qual vive, entra um menino que lhe traz o pão. O menino lhe recorda a promessa de contar-lhe a história do cometa. E o homem começa o relato:

> Quando a terra arder porque está próxima do sol, as pessoas do planeta terão que ir embora. Terá lugar o que a história chama 'a grande migração'. Irão com o meio que cada um encontrar e se reunirão no deserto do Saara. Ali uma criança lançará em vôo um cometa, muito alto. Pequenos e grandes se agarrarão em um cordel e irão com o cometa pelo espaço em busca de outro planeta. Muitos levarão uma pequena planta: uma roseira, um punhado de trigo ou um animal recém-nascido. E alguns, todos os poemas escritos pelos homens. Será uma viagem longa, longa.

"E como acaba?", pergunta o menino. E o velho permanece em silêncio, olhando o chão, no frio, próximo à janela.

Mas também as crianças reproduzem em seus gestos, em suas palavras e em suas atitudes as fronteiras que dividem o mundo dos adultos. Quando, depois de uma briga entre facções na qual há um enforcado, um grupo de homens é introduzido no trem que lhe conduz à deportação sob o grito de "Venceremos, venceremos", um menino corre até o final do trem, levanta o punho e imita o grito de guerra dos adultos: "Venceremos, venceremos"; como se as crianças pudessem transcender as fronteiras dos adultos, essas fronteiras que não estão só nos mapas, ou sobre a superfície da terra, separando países, senão as que separam também línguas, culturas, religiões, raças, idades, classes sociais, etc., mas pudessem também reproduzi-las em seu interior, separando-lhes dos outros e de si mesmos.

A propósito do gesto que dá nome ao filme, esse passo suspenso no ar, com um só pé no chão, justo antes de cruzar a linha que marca a fronteira, esse passo que significaria a morte se produzido horizontalmente, Angelopoulos escreve o seguinte: "Chegamos ao final do século e todas as esperanças que haviam nascido em seu começo foram varridas. Ninguém tem hoje nada a propor. Mas nossa alma é um pássaro, com o pé no ar. Dar o passo, ou não?"[10]

Ao final do filme, quando o homem da fronteira desapareceu, o repórter se encontra com o menino de cócoras à beira do rio. "Eu o vi", diz o menino, "andava sobre a água com a mala. Avançou e avançou até cruzar a fronteira e desaparecer. Não acabou de me contar o conto do cometa." Então, o jornalista responde: "Queria que você o acabasse". E depois, como que falando para si mesmo: "Por que nós supomos que é 31 de dezembro de 1999?" Quando se levanta do chão, a beira do rio está flanqueada por altos postes de comunicações pelos quais sobem, como em uma dança, inumeráveis homens de casacos amarelos, esticando os cabos.

13

Esperança em uma nova era? As crianças como depositárias da esperança, como os que têm que terminar a utopia vertical e ascendente da grande migração? Será essa utopia vertical a que encarnará, talvez, num futuro que já começou, nas comunicações planetárias, que transpassam fronteiras?

---

[10] *Idem.*

Há como que dois finais no filme. Um, desesperançado, centrado no homem que desaparece na fronteira, aquele para o qual a fronteira é o lugar de sua própria desaparição. Outro, talvez ingenuamente esperançado, projetado nas crianças, no salto vertical, no voo, na utopia das comunicações. Angelopoulos parece inclinar-se por este último: "É a superação das fronteiras por um poema polifônico, uma espécie de música de vozes. A comunicação se dá livremente no espaço e em todas as línguas."[11] Mas esse filme não era, como o anterior, um conto de fadas. Entende-se o final feliz de *Paisagem na neblina* pelas necessidades do gênero e, por que não, como uma homenagem às filhas do próprio Angelopoulos, de idades próximas à de Voula. Sabe-se que o diretor havia pensado em terminar seu filme com os meninos perdidos na neblina. Mas, diante da tristeza e das insistentes perguntas de suas filhas, decidiu mudá-lo:

> A árvore é o Pai, ou seja, a vida, e aquele é um abraço à vida. Suponho que você saberá que esse último plano devo a minhas filhas, porque, efetivamente, minha ideia inicial era acabar o filme com os meninos na escuridão. Para minhas filhas aquilo não pareceu bom. E expliquei isso a Tonino Guerra, e ele lhes deu razão, porque se o filme era como um conto de fadas, era necessário que acabasse bem.[12]

Estamos acostumados a ver ex-comunistas convertidos ao movimento ecológico ou à telemática, essas novas, debilitadas e demasiadamente confortáveis formas atuais da teologia da libertação. Inclusive os cineastas "de esquerda" costumam incorrer em solenes declarações nas quais se enfatiza o poder do cinema, "que não tem fronteiras", para unir os homens acima de suas divisões. Usuais retóricas próprias de intelectuais e artistas desejosos de banhos de multidão em todos esses fóruns mundiais e festivais alternativos que se prodigalizam cada vez mais para alimentar nossa boa consciência (ou para aplacar a má, que, nesse caso, dá no mesmo).

Mas, afinal, ou além de tudo isso, é verdade que a fronteira é o lugar mítico do desejo, da escolha, da liberdade. É verdade que os seres fronteiriços e as crianças o são quase por natureza, são seres em trânsito para outra coisa. E essa "outra coisa" implica, por definição, uma referência à alteridade. Não necessariamente às alternativas, que sempre formam parte do sistema, senão à alteridade, ou seja, ao inimaginável. A fronteira

---
[11] *Idem.*
[12] Entrevista, em Nosferatu, n. 24, maio 1997.

é, de uma só vez, obstáculo e promessa, fechamento e abertura. Do outro lado da fronteira há algo que tem o prestígio e a dificuldade do começo. Na fronteira, a alteridade é o começo, um passo adiante que é um começo de outra coisa. Mas a travessia do limite que a fronteira constitui só se dá enquanto exercitada. Ou, dito de outro modo, a fronteira só é tal quando abre além de fechar, no momento em que se franqueia, no ato livre e valente que a cruza, seja este individual ou coletivo. A fronteira, como a liberdade, é o lugar do salto. Para outra coisa que é, ao mesmo tempo, um começar. Por isso, talvez, é um dos lugares da infância.

14

A infância como figura do porvir, da abertura, da liberdade, do salto, do que não se sabe. O famoso "Discurso de las tres transformaciones" do *Zaratustra* de Nietzsche, esse no qual o espírito passa do camelo ao leão e do leão à criança, termina assim:

> O menino é inocente e esquece; é uma primavera e um jogo, uma roda que gira sobre si mesma, um primeiro movimento, uma santa afirmação. Oh, irmãos meus! Uma afirmação santa é necessária para o jogo divino da criação. Quer agora o espírito sua própria vontade: aquele que perdeu o mundo quer ganhar seu próprio mundo.[13]

15

A eternidade e um dia (*Mia eoniotita ke mia mera*, 1998) é protagonizado por um velho e um menino. Para o velho Alexandre, escritor e tradutor, é o último dia antes de entrar em um hospital de onde sabe, ou pressente, que não sairá vivo. Enquanto atravessa a cidade, um menino albanês vestido com uma capa amarela (a cor da esperança em Angelopoulos, que se destaca dos tons frios, invernais, cinzas, brancos e azulados de seus filmes) se aproxima para limpar os vidros do carro. Trata-se de um desses inumeráveis emigrantes ilegais que estão à espera de pegar um barco para a Itália, como clandestinos. Outros meninos fazem o mesmo pelos arredores. De repente, a polícia persegue os rapazes-crianças, e o velho Alexandre salva o menino de ser capturado, convidando-lhe para subir no carro. A partir desse encontro inesperado, os dois passarão juntos

---

[13] NIETZSCHE, Friedrich. *Así habló Zaratustra*. Círculo de Lectores. Barcelona, 1973, p. 40.

o último dia antes de cruzar a fronteira: a da morte, para o velho, a da grande aventura ou a grande viagem para o menino. É o final do inverno.

16

Tanto Alexandre como o menino albanês são seres fronteiriços. Ambos estão orientados para a fronteira, lançados à fronteira, sem que essa situação tenha sido escolhida por nenhum dos dois. É a vida, a existência, que os arrasta para a fronteira. Sua única tarefa será estar à altura de si mesmos enquanto lançados forem à fronteira e conseguirem o valor, e a serenidade, para atravessá-la. Ambos têm uma falta, um buraco, em seu passado. Saberemos que o escritor não soube corresponder ao amor de sua esposa já falecida, Ana, por se deixar absorver em demasia por seus trabalhos literários. Trabalhos, ademais, que permanecem inacabados: "Meu único remorso é não haver terminado nada, tudo ficou em estado de esboço". O menino, por sua parte, confessa que não deixou ninguém para trás, que não há ninguém com quem possa voltar, que não deixou nada para trás, que não tem nenhum lugar na Albânia ao qual possa regressar. A origem lhe falta, pois, na realidade, não vem de nenhum lugar, e o final é uma passagem para o que não se sabe. Para o velho, o último dia será uma viagem para trás, um adentrar na memória, e, ao mesmo tempo, uma preparação para a morte, para esse adiante que já não é um adiante. A fronteira é, para ele, um encontro consigo mesmo. A última sequência do filme será, para ele, de uma só vez, um marchar e um reencontro. Para o menino, todavia, tudo se joga na espera. A fronteira é, para ele, uma promessa e um perigo. Ambos sentem o vazio e a vertigem da fronteira. Ambos estão presos pela paixão da fronteira.

17

No início do filme, Alexandre sente que não pode tomar conta do menino e trata de fazê-lo regressar. Após várias tentativas frustradas, viaja com ele até a fronteira com a Albânia. Estaciona o carro ao final de um caminho solitário, entre montanhas nevadas, em uma paisagem silenciosa, meio oculta pela neblina. Saem do carro. O menino, talvez para evitar ser entregue, conta sua passagem da fronteira:

> Saíram os grupos armados. Dispararam toda a noite. Entraram nas casas. Os bebês choravam. A gente se foi do povoado. A passagem está ali em cima. Selim sabia, a havia cruzado. Os antepassados haviam deixado sinais. Sacolas

de plástico nas árvores. Se você não sabe, se perde e se congela. Sacola após sacola, chega a uma esplanada sem árvores. Selim começou a gritar. Eu não sabia nada e quis cruzar. Disse: há bombas escondidas. Agache-se! Me agachei. Pegou uma pedra grande, atirou-a, e se agachou antes que caísse na neve. Como não aconteceu nada, avançamos até a pedra. Fez com que me agachasse, pegou uma pedra e voltou a atirá-la. Eu sentia medo e frio. Voltando a andar. Assim, lançando a pedra, chegamos ao outro lado. Vimos luzes ao longe.

A câmera gira em um *travelling* lateral que marca, nesse filme, as transições do presente ao passado e do real ao imaginário, e vemos a fronteira. A fronteira é um longuíssimo alambrado atrás do qual se dependuram inumeráveis silhuetas humanas, agarrando-se com as mãos e com os pés. Ao longo do alambrado, torres de vigilância coroadas por bandeiras. O velho e o menino se aproximam lentamente, surpreendidos, detendo-se de tempos em tempos. Para Alexandre, é uma imagem da morte, ou do inferno. Talvez também para o menino. A cena, rodada entre uma neblina espessa, tem qualidades fantasmais, oníricas. Os homens se agarram estendendo os braços, como em uma cruz, em posturas dolorosas, como se houvesse sido arremessados ali de qualquer maneira, corpos derreados, como se estivessem enforcados pelos arames. Ao fundo, abre-se a barreira, e uma silhueta negra, alta, encapotada, se dirige para eles. O menino diz: "Não tenho ninguém, menti para você". E Alexandre: "Mas vou viajar". Depois dão a volta e se põem a correr para o carro enquanto a sombra grita: "Alto!"

18

Para o menino, o anjo protetor da fronteira é Selim, esse menino um pouco mais velho que o havia ajudado a cruzar a primeira fronteira, que separa a Albânia da Grécia, e que morreu na cidade grega, em Salónica, ao ser atropelado por um carro. O menino rouba as roupas de Selim do depósito de cadáveres e organiza uma espécie de funeral simbólico no alpendre onde se reúnem os jovens emigrantes. Enquanto as roupas se queimam, o menino pronuncia uma espécie de oração fúnebre na qual invoca Selim como uma espécie de protetor de um nós migratório que, nesse caso, não tem nada de utópico:

> Selim! Que pena que não venha conosco! Selim! Tenho medo! Selim! O mar é muito grande. O que o espera aonde vai? O que nos espera aonde vamos? Houve montes, barrancos, polícia. Mas nunca voltamos atrás. Agora vejo o mar sem fim [...]. Se estivesse aqui para falarmos dos portos de Marselha ou Nápoles, desse grande mundo. Selim, fala-nos desse mundo tão grande. Selim, fala, fala-nos. Selim! Selim!

19

Para Alexandre, a figura protetora que o ajuda a atravessar sua fronteira é o menino. O menino vai entregar-lhe as palavras que necessita para sua passagem, as quais vai usar, como uma cantilena, quando ficar sozinho frente ao mar; as quais vai entregar, talvez, como um óbolo, ao barqueiro mítico que o espera para cruzá-lo ao outro lado.

20

Alexandre sai para visitar o médico. É noite fechada. Choveu. Enquanto caminha para a estrada, o menino se aproxima por trás, para se despedir. Alexandre adivinha que os meninos vão entrar no barco essa mesma noite, amparando-se na escuridão. O menino se justifica dizendo que, se Alexandre se for, não terá ninguém, ficará sozinho. Alexandre responde: "Você terá a grande viagem. Os portos, o mundo". O menino se vai, e Alexandre lhe roga que fique com ele, que passe com ele as últimas horas antes de zarpar. Ambos se confessam seu medo. Então, como forma de despedida, Alexandre lhe oferece uma última viagem de ônibus. Será uma viagem alegre, silenciosa, acompanhada por alguns homens com casacos amarelos que flanqueiam o ônibus, de bicicleta, como uma guarda de rutilantes cavaleiros cavalgando ao costado de uma carroça. Ocuparão o tempo na contemplação das distintas figuras que vão entrando e saindo: um jovem com uma bandeira vermelha, um casal de músicos, um poeta. Após a viagem de ônibus e depois de Alexandre comprar-lhe uma última palavra, o menino sobe em um caminhão. O caminhão entra no barco, e o barco zarpa. A viagem do menino começou. Só falta o velho empreender a sua.

21

Ao final da introdução da publicação do roteiro de *Na idade da inocência*, François Truffaut escreve:

> As crianças, no vai e vem entre sua necessidade de proteção e sua necessidade de autonomia, têm que se defender e serem duras. Note-se bem: não se trata de endurecer-se senão de se serem resistentes. Todo o conjunto (do filme) quer iluminar a ideia de que a infância encontra-se com frequência em perigo, mas que conta com a graça e com uma pele muito dura.[14]

---

[14] La piel dura. *Mensajero*. Bilbao, 1977. p. 11-12.

E Michel Tournier, como um eco, depois de contar um terrível episódio de sua própria infância:

> Um dos aspectos mais paradoxais do menino é a curiosa mescla de fragilidade e solidez de que dá mostras. Certamente, resulta ser ao mesmo tempo infinitamente vulnerável e absolutamente resistente. Sem dúvida tanto uma como a outra é necessária, porque se é importante que tudo fique impresso e deixe marcas sobre aquela carne tenra, também é necessário que sobreviva a suas feridas.[15]

22

Diferentemente dos outros filmes, em *A eternidade e um dia*, não vemos o outro lado da fronteira. Não há arvore a abraçar, nem sequer simbólica. Não há utopia comunicativa pela qual lutar para um futuro sem fronteiras. O único que há é o que sempre há para um menino que começa a viver: a grande viagem, o grande mundo. Uma viagem cheia de dificuldades, de perigos. Uma viagem marcada também por todo tipo de fronteiras exteriores e de identificações interiores, para todo tipo de fixações geográficas e identitárias. Também por todas essas fixações que nos dizem o que é um menino e para onde deveria dirigir seus passos.

No momento da despedida, cada um empreende a viagem na qual arrisca seu destino. O velho caminha para seu final assumindo sua finitude, sua incompletude, sua vida irrealizada. O menino se dirige ao aberto, ao desconhecido. Como todos os que já não são de nenhum lugar, os que estão em trânsito, ambos são igualmente frágeis, ambos estão igualmente abandonados. Mas, não há lições nem conselhos. Cada um ajuda o outro na medida em que renuncia a ajudar-lhe, que aprende que não poderá ocupar o lugar do outro. Protegem-se mutuamente, mas sabem guardar as distâncias. Cada um está amadurecendo sua própria aventura. E, precisamente porque cada um está na sua, porque se reconhecem mutuamente como fronteiriços, e porque a única coisa que compartem é sua respectiva vulnerabilidade, podem se fazer companhia.

As crianças são o limite do mundo, de nosso mundo, a possibilidade sempre aberta de recomeçar. Por isso, estão lançadas à fronteira, pertencem à fronteira do mesmo modo que a fronteira lhes pertence. Elas vivem

---

[15] *El viento paráclito. Alfaguara.* Madrid, 1994. p. 19.

nas imediações da fronteira, têm a sabedoria, a coragem e a astúcia da fronteira. É possível que levem a fronteira dentro de si, que sejam elas mesmas a fronteira. Mas se trata de uma fronteira que só se fará visível, como obstáculo e também como promessa, no ato de atravessá-la.

Por isso, Voula, Alexandre – o menino que recebe a história do cometa – e o jovem albanês que espera embarcar são, apesar de estarem apanhados pelas fronteiras, imagens da liberdade. Um encontrou Orestes, o outro, o homem da fronteira, o último, Selim e o velho escritor no último dia de sua vida. Aprenderam a reconhecer outros fronteiriços mais sábios, mais experientes. Aprenderam a se apoiar neles. Mas todos eles sabem que têm que enfrentar a fronteira sozinhos.

Coda

A cinematografia iraniana também explorou o tema das crianças e das fronteiras em alguns filmes de interesse, ao menos entre os que foram distribuídos na Espanha. Talvez o mais conhecido seja *Tartarugas podem voar*, de Bahman Ghobadi, que explora a existência de um grupo de crianças na fronteira entre Turquia e Iraque, no Curdistão, nos dias anteriores à invasão norte-americana. O filme é estruturado sobre as relações entre dois meninos e uma menina. Há um personagem luminoso, o jovem Satélite, o comandante das crianças, o ingênuo representante da Modernidade que traz o Ocidente; há um personagem obscuro, cujas premonições oferecem uma imagem muito mais tenebrosa do que está passando; e completa o triângulo uma menina, mãe como resultado de um estupro, cujo suicídio, atirando-se ao vazio, fez com que o filme fosse comparado com *Alemanha, ano zero*, o filme já clássico, mas ainda imprescindível, de Roberto Rossellini. A fronteira, aqui, é só um cenário de guerra (as crianças sobrevivem recolhendo minas e vendendo-as a um mafioso que, por sua vez, as vende para as Nações Unidas) e, quando muito, o lugar de entrada iminente de algo que uns desejam e outros temem.

Mais interessante, talvez, seja o filme anterior de Ghobadi, *Tempo de embebedar cavalos*, protagonizado por um grupo de crianças em outro lugar do Curdistão atravessado por fronteiras, desta vez entre o Irã e o Iraque. O filme trata de uns irmãos muito pobres, sendo que o mais velho cuida do sustento dos demais fazendo contrabando. Aqui a fronteira cumpre uma dupla função. Por um lado, é um lugar de vida e de morte: o pai dos meninos morreu na montanha, despedaçado por uma mina; as crianças que fazem contrabando, exploradas pelas máfias e roubadas pelos soldados, têm que aprender a sobreviver nessas condições extremas; a fronteira tem também a forma de uma natureza hostil que exige das crianças esforços terríveis. Por outro lado, a fronteira é também o lugar da esperança: a última viagem para a fronteira, rodada de uma forma belíssima e enormemente dramática, é feita com o objetivo de salvar Mahdi, o irmão doente, cuja operação no Iraque pretende ser paga com a venda da mula que é a única posse dos meninos. O filme acaba no momento em que os dois irmão conseguem chegar ao alambrado, em um cume nevado.

Além disso, há o segundo filme de Samira Majamalbaf, *O quadro negro*, que trata, com imagens de grande beleza, da vida itinerante de alguns professores de escola, também na fronteira entre Irã e Iraque, um dos quais, interpretado por Ghobadi, tenta ensinar a ler e escrever um grupo de crianças que se fazem de mulas contrabandeando entre os dois lados. A fronteira é também, aqui, um lugar de vida, ou melhor, um lugar no qual se joga arduamente a sobrevivência. Além de se livrarem das minas, as crianças têm que fugir dos distintos exércitos que guardam a fronteira. O final da história é que a maioria dos meninos morre tiroteada quando eles tratam de passar com seus pacotes nas costas escondidos entre um rebanho de ovelhas e cabras.

Em todos esses casos, as fronteiras não são símbolos de começo nem de abertura. Não há nenhuma mitificação da fronteira, nenhuma filosofia, nenhuma literatura. As crianças atravessam a fronteira, para um lado e para outro, simplesmente porque vivem nela e dela. A fronteira não é disjunção nem conjunção, senão um território perigoso no qual as crianças têm que usar todo seu valor, toda sua habilidade e toda sua solidariedade para viver. A fronteira não é outra coisa que não uma greta em um espaço dividido que as crianças têm que atravessar uma e outra vez se quiserem seguir vivas. As fronteiras destes filmes não se problematizam, mas se atravessam, e se atravessam simplesmente porque se mora nelas, com todos os riscos que isso implica. E o que as fronteiras têm de perigo e de promessa não se refere a outra coisa senão à sobrevivência. A fronteira é um perigo para a sobrevivência e, ao mesmo tempo, uma oportunidade para a sobrevivência. As crianças fronteiriças do cinema iraniano arriscam a vida para continuar vivas, lutam pela vida. E isso sem deixarem de ser crianças.

Há uma cena em *Tempo de embebedar cavalos* na qual os contrabandistas da fronteira tentam escapar de uma emboscada. As mulas, às quais deram álcool misturado com água para que suportassem o frio, estão bêbadas. Transportam rodas pretas de caminhão por uma paisagem nevada. Entre os disparos, os homens e os meninos desatam as rodas e lançam-nas montanha abaixo. E correm atrás delas, entre elas. A força e a beleza dessa sequência está na mistura de uma situação dramática (salvar a vida entre os disparos) com uma imagem de infância (rolar por uma ladeira nevada).

Nota final

Enquanto escrevo estas páginas, os jornais informam o filme ganhador do último Festival de Cinema Ibero-Americano. Trata-se de um filme mexicano intitulado *Al otro lado*, dirigido por Gustavo Loza. A frase promocional diz que é um filme sobre a fronteira entre o México e os Estados Unidos "filmada a partir do olhar de umas crianças". Em um mundo atravessado por fronteiras, estas vão continuar sendo, sem dúvida, o cenário ou o tema de muitos filmes. Visto que as fronteiras são hoje obstáculo e promessa para milhões de pessoas, os homens e as mulheres desta época vão seguir vivendo, inventando e contando histórias de fronteiras. Muitas delas protagonizadas por crianças.

Já em 1949, André Bazin advertia sobre o caráter emocionalmente sensacionalista dos filmes com crianças. Não posso deixar de transcrever a entrevista, apesar de sua extensão:

> O mistério nos assusta e o rosto de uma criança provoca um desejo contraditório. O admiramos de acordo com sua singularidade e suas características especificamente infantis. Daí o sucesso de Mickey Rooney e a proliferação das manchas rosadas sobre a pele das jovens vedetes americanas. O tempo de Shirley Temple, que prolongava indevidamente uma estética teatral, está completamente terminado. As crianças do cinema já não devem se parecer com bonecas de porcelana nem com Meninos-Jesus renascentistas. Mas, por outro lado, gostaríamos de nos proteger contra o mistério e esperamos, inconsideradamente, que estes rostos reflitam sentimentos que conhecemos bem, precisamente porque são os nossos. Pedimos-lhes sinais de cumplicidade e o público se pasma e tira seus lenços quando uma criança traduz os sentimentos habituais nos adultos. Desta maneira, queremos nos contemplar neles: nós, mais a inocência, a lentidão, a ingenuidade que já perdemos. O espetáculo nos comove, mas não é certo que também choramos talvez por nós mesmos? Com muito raras exceções, os filmes sobre crianças especulam a fundo com a ambiguidade de nosso interesse por esses homens pequeninos. Refletindo um pouco se adverte de que tratam a infância como se precisamente fosse

algo acessível a nosso conhecimento e a nossa simpatia: foram realizados sob o signo do antropomorfismo.[16]

Na obra de teatro de Peter Handke da qual se extrai a citação que serve de epígrafe para este texto[17], ironiza-se sobre o sucesso infalível dos filmes com crianças, sobretudo em situações dramáticas. Filmes, ademais, que em caso de guerra, costumam estar subvencionados pelo exército do lado bom e vencedor. Peter Handke sabe muito de crianças e de fronteiras. E sabe também da enorme ingenuidade ou hipocrisia dos discursos que exploram a boa consciência dos espectadores, que buscam excitar o que na obra se chama "euforia moral", sobretudo quando essas mensagens são construídas segundo as regras do discurso eticamente legítimo.

Os filmes que comentei podem agradar ou não. Cada um tem seu catálogo de diretores e filmes. Angelopoulos já é um velho ícone do cinema europeu, um autor venerado por alguns e vilipendiado por outros, que costuma incitar os comentários irônicos de todos os que burlam dessa rançosa cultura de cine-clube que costuma consagrar filmes de teses, ou formalmente presunçosos. É verdade que a maneira de filmar de Angelopoulos é tão singular que um filme dele pode ser percebido, da primeira à última imagem, como "um filme de Angelopoulos". Talvez possa se dizer, com o risco das generalizações excessivas, que o cinema de autor está em franca decadência, que os velhos mestres desapareceram ou estão a ponto de fazê-lo, que muitas das novas firmas são altamente suspeitas de terem sido fabricadas pela indústria segundo padrões estilísticos e narrativos ultrapassados e convencionais, que o cinema europeu dos últimos anos está produzindo muitos filmes medíocres. Mas, em contraste com isso, o cinema de Angelopoulos, no meu modo de ver, construído segundo uma mescla muito particular de realismo e esteticismo, desvia-se muito bem do risco evidente de amaneiramento, de maneirismo, e continua sendo uma aposta ética e esteticamente muito interessante, apesar de já estar fixado em seus rasgos maiores.

Os cinemas periféricos, por sua vez, dão a impressão de haver se vinculado em massa às histórias dramáticas de estrutura de documentário

---

[16] *¿Qué es el cine?* Rialp. Madrid, 2004. p. 229-230.
[17] *El viaje en la canoa, o el guión para la película sobre la guerra.* Hondarribia (Guipúzcoa). Hiru, 2005.

rodado em paisagens impressionantes e abundantes em coloridos exóticos. Histórias que vendem bem e que parecem ter sido fabricadas para ganhar prêmios em alguns festivais e para impressionar espectadores sensíveis às misérias do mundo. Entre as causas dessas misérias, estão, muitas vezes, as fronteiras. Às vezes, as fronteiras são um obstáculo para escapar de condições de vida miseráveis, barreiras quase intransponíveis que uns erguem contra outros. Às vezes, são feridas que os conflitos abrem sobre os territórios e as populações e também, em algumas ocasiões, no interior das pessoas que as habitam. As fronteiras estão aí afora, mas atravessam também a subjetividade e o imaginário das pessoas que as enfrentam. O cinema, com mais ou menos sorte, continuará testemunhando e explorando as peculiares modalidades de dor, de solidariedade, de luta e de esperança que se produzem nas fronteiras e em suas imediações. Às vezes, a partir do olhar de crianças, tratando de explorar também sua própria condição fronteiriça, o que as crianças têm, em si mesmas, de fronteira.

Foi dito que o cinema contribui para a educação do olhar. A nós, resta-nos decidir até que ponto o cinema, e que cinema, nos pode ensinar a olhar para a infância com olhos limpos e assombrados, e não só como uma projeção de nossos estereótipos políticos, psicológicos, morais ou emocionais. Olhar para uma criança não é o mesmo que saber o que é uma criança, não é o mesmo que se identificar com ela. Uma criança é sempre algo diferente do que projetamos sobre seu rosto aberto, luminoso. Por isso, necessitamos do cinema: para que nos ajude a olhar para a infância em sua alteridade constitutiva, à justa distância.

Filmes citados

Paisagem na neblina (*Topio stin omijli*, Grécia, 1988), de Théo Angelopoulos.

Viagem a Citera (*Taxidi sta Kythira*, Grécia, 1984), de Théo Angelopoulos.

O apicultor (*O Melissokomos*, Grécia, 1986), de Théo Angelopoulos.

O passo suspenso da cegonha (*To Meteoro Vima tou Pelargou*, Grécia, 1991), de Théo Angelopoulos.

Um olhar a cada dia (*To Viemma tou Odyssea*, Grécia, 1995), de Théo Angelopoulos.

A eternidade e um dia (*Mia eoniotika ke mía mera*, Grécia, 1998), de Théo Angelopoulos.

Mouchette, a virgem possuída (França, 1967), de Robert Bresson.

Os rejeitados (*Sans toit ni loi*, França, 1985), de Agnès Varda.

Reconstituição (*Anaparastasi*, Grécia, 1970), de Théo Angelopoulos.

A viagem dos comediantes (*O Thiassos*, Grécia, 1975), de Théo Angelopoulos.

O sacrifício (*Offret/Sacrificatio*, Suécia, 1986), de Andrei Tarkovski.

Na idade da inocência (*L'argent de poche*, França, 1984), de François Truffaut.

Tartarugas podem voar (*Lakposhtha hâm parvaz mikonand*, Irã-Iraque, 2004), de Bahman Ghobadi.

Alemanha, ano zero (*Germania, anno zero*, Itália, 1947), de Roberto Rossellini.

Tempo de embebedar cavalos (*Zamani barayé masti asbha*, Irã, 2000), de Bahman Ghobadi.

O quadro negro (*Takhté siah*, Irã, 2000), de Samira Makhmalbaf.

Infância, memória e cinema:
nas imagens das origens, a origem da imagem

Maria Cristina Soares de Gouvêa

> E é com isso que sonho, imagem às faíscas, o sítio
> Selvagem, mas
> Suavíssimo, absoluto
> A imagem inabitável que eu habito, um dom
>
> *Helberto Helder*

Na produção estética ocidental, a memória constitui um tema que atravessa as diferentes linguagens e os diversos tempos históricos. A tentativa de compreender, ou melhor, o revisitar a história individual e a história coletiva materializa-se nas artes plásticas, cênicas e literárias, nas produções em que o autor, inscrevendo-se pelos signos e escrevendo-se na Arte, evoca o passado, ora com nostalgia, ora com idealização, ora com encantamento, ora com horror, mas sempre com melancolia, diante da impossibilidade de recuperá-lo.

A consciência da inutilidade do ato não significa, no entanto, a renúncia do revisitar. Ao contrário, afirma-se como móvel da inscrição/escritura da sua reconstrução e dá sentido à criação estética. Escrevemos numa folha em branco, numa tela, num papel fotográfico, o que for possível operar como registro: a narrativa de um passado em nós inscrito e possível porque somos seres de memória. É a partir da impossibilidade da realização que a infinitude do exercício da memória se afirma e se desdobra numa profusão de produções que se fazem cultura.

Há algo de imperativo na memória. O ato de rememorar impõe-se ao existir como se algo fosse lembrado em nós. São imagens que nos visitam e nos habitam e que falam da humanidade em suas expressões. A Mnêmon acompanhava Édipo em sua trajetória, para que ele nunca se esquecesse da terrível profecia. A inutilidade da memória aliada à sua peremptoriedade. Algo que em nós é inscrito e nos acompanha lembrando, mais que um destino, um fio que nos ata ao passado e confere sentido ao viver. A memória se constitui na tensão entre sua presença/falta, aquilo que se lembra constitui tanto objeto da memória quanto o que se esquece.

Em seu conto sobre Funes, o memorioso, Borges (1998, p. 543) nos mostra que a memória é também insuportável, em sua avalanche de imagens, trechos de falas, cheiros, cores, sons, algo que nos inunda e exaure pela profusão incessante: "[...] mais recordações tenho eu sozinho que as que tiveram todos os homens desde que o mundo é mundo." Para existirmos, precisamos a todo tempo registrar e apagar o vivido, diante do risco do esgotamento da memória, da perda de sua significação. Se tudo se lembra, a memória deixa de existir e perde-se num maquinário estéril de registros despovoados de afeto. Como diz o exausto personagem do conto borgiano, solitário prisioneiro condenado à febril rememoração: "minha memória, senhor, é como despejadouro de lixos."

Na herança de Freud descobrimos, no descentramento do sujeito da psicanálise, que para além do que julgamos, a partir do exercício da Razão, registrar e esquecer, somos todos despejadouros de lixos, compostos por restos, traços, rasgos, que, sob a égide do inconsciente, impõem sua irracionalidade delirante à memória. Esta afirma-se, como já indicava a literatura, não como ato voluntário de um sujeito que conscientemente se entrega ao exercício do evocar, mas como composta por traços, linhas que em nós irrompem, rompendo com a própria concepção do sujeito moderno, ancorado na força da Razão.

A memória toma como matéria-prima de seu fazer, a imagem (não as imagens), que em sua fugacidade se inscreve no indivíduo como origem perdida na construção de um sujeito da memória. "A escrita da memória é uma invenção do que não mais se inscreve [...] a memória é um traço gráfico, que reporta um traço anterior. Não há um acontecimento original, central e verdadeiro, no universo reconstruído que é o da memória" (Leitão, 2005, p. 65).

A vida contemporânea, em sua profusão de registros, dialoga com a tragédia do personagem borgiano. Diante do bombardeio de imagens televisivas, cinematográficas, fotográficas, pictóricas, computadorizadas, qual o lugar, afinal, da imagem? Seu excesso não indica hoje, na banalização, a sua perda de sentido?

Em nossa memória, a infância parece depurada pelo excesso, pelo bombardeio incessante, cotidiano e crescente da vida contemporânea. Na memória da infância é como se nos depurássemos de toda a carga inútil da imagem e nos defrontássemos com a suposta imagem primeira, a inútil origem do exercício do lembrar. Essa origem tem o tempo de narração na infância. Não é exatamente o tempo da infância, também com sua profusão (mesmo esmaecida), de palavras, cores, sons, cheiros, coisas que buscamos no exercício de resgate do passado, mas no cavar arqueológico das lembranças, a inútil origem do sujeito que em nós se fez.

Agamben (2005, p. 58) analisa a (im)possibilidade do registro da origem, na medida em que ela só se torna reconhecível na linguagem, que lhe assinala a distância:

> Uma experiência originária, portanto, longe de ser algo subjetivo, não poderia ser nada além daquilo que, no homem, está antes do sujeito, vale dizer, antes da linguagem: uma experiência "muda" no sentido literal do termo, uma infância do homem, da qual a linguagem deveria, precisamente, assinalar o limite.

Refletir sobre tal impossibilidade remete-nos a pensar sobre o lugar da imagem, na construção da memória da infância, no que esta tem de traço da origem. A imagem não é também linguagem? Ou quem sabe a imagem anuncia outras possibilidades de narração da memória, no limite do inenarrável, na borda extrema do que se faz (im)possível de registro?

Para Platão, só conhecemos aquilo que já vimos anteriormente. A memória afirma-se então, não como registro idiossincrático da vivência individual, mas como depositária da experiência humana. Manguel (2006, p. 20), em sua análise das imagens, retoma tal concepção e dialoga com Aristóteles, o qual afirma que todo processo de pensamento requer imagens. No dizer de Manguel:

> estamos todos refletidos de algum modo nas numerosas e distintas imagens que nos rodeiam, uma vez que elas são parte daquilo que somos: imagens que criamos e emolduramos, imagens que compomos fisicamente à mão e imagens que se formam espontaneamente na imaginação; imagens de rostos, árvores,

prédios, nuvens, paisagens, e imagens daquelas imagens – pintadas, esculpidas, encenadas, fotografadas, impressas, filmadas. (MANGUEL, 2006, p. 20)

O jogo demanda parceiros, e é nesse convite que o cinema promove o encontro entre as imagens da infância do autor e as do espectador. Essas imagens atravessam tempos e espaços, defrontam-se com a cultura. Infinitos lugares, tempos, objetos, rostos, palavras. Mas são sempre lugares, tempos, objetos, rostos, palavras, e é nesse encontro da matéria da memória que diretor e espectador se encontram, no exercício do lembrar, verbo intransitivo, jogo de trocas. Ali trocamos imagens e, ao aceitar o convite do diretor, sentimos que ele também partilha de nossas imagens, ao reconhecê-las na tela. Não, não é a mesma caixa que vemos projetada, a caixa que em criança acolhia nossas maravilhas, nem a mesma árvore solitária num alto de um morro vazio, onde o personagem se refugia e no decorrer da infância buscávamos tomar distância do mundo, como poderia sê-lo? Mas sempre houve, sempre há e sempre haverá uma caixa de papelão, uma árvore solitária a proteger e acolher lembranças. Essas imagens podem ser apenas projetadas, partilhadas, e não ser traduzidas; remetem-nos, em sua força, às bordas da linguagem.

É sobre os elementos infância, imagens e memória que busco refletir no visitar de algumas narrativas cinematográficas, em que o autor/diretor toma a sua própria infância como tema do narrar, não necessariamente para contá-la, mas para remeter ao que ela revela do tempo da origem.

Amarcord: infância, memória e cidade

> A cidade foi minha primeira musa
> As outras chegaram tarde demais
> *Eder Carneiro*

Em *Amarcord*, o ato da memória constrói a narrativa cinematográfica. Eu me lembro, propositadamente a evocar o dialeto vivo na infância do autor. O ato de narrar constitui o fio condutor das imagens resgatadas da sua infância e da sua juventude. Lembro: verbo tornado intransitivo, para indicar que, mais do que o conteúdo das lembranças, importa o ato de lembrar.

Não existe um narrador, não existe a história; apenas o ato do narrar: *Amarcord*, título imperativo. O filme não nos resgata as imagens do passado a partir do olhar da criança ou, mais propriamente, o jovem habitante de uma Rimini fantástica. O que se pretende não é o retrato da infância ou juventude, mas o revisitar da memória, o jogo do lembrar.

A narrativa das memórias do diretor situam-se num espaço/tempo: o espaço da cidade, no tempo cíclico das estações. A partir desses dois elementos, o filme é construído. Como já indicava Halbwachs, o tempo e o espaço é que constituem os quadros sociais da memória. No filme, registra-se o espaço que atravessa o tempo: o espaço da cidade; o tempo que atravessa o espaço: o tempo das estações.

Nem o personagem/autor, nem nenhum dos personagens são trabalhados em sua dimensão psicológica. Eles não existem como sujeitos dotados de uma subjetividade a ser descrita ou perscrutada pelo narrador. São tipos que em seu conjunto burlesco compõem o verdadeiro personagem da memória: a cidade. Assim é que Fellini tem como objeto na sua reconstrução da memória, sua dimensão coletiva, pública, não individual, psicológica.

O autor inscreve a narrativa num tempo definido pelo ciclo das estações. São elas que imprimem o ritmo da vida social. O tempo da narrativa é o tempo cíclico, aquele que se repete e percorre os acontecimentos. O filme começa com o fim do inverno. Atravessamos as estações até chegar a outro inverno que se encerra, e lá estão os mesmos personagens, no tempo que se repete, num espaço que também se reproduz, *quase* imóvel. No interior desse tempo cíclico desdobra-se um tempo histórico: uma Itália fascista, em que a figura do Duce, farsesca, ocupa corações e mentes. Ambos, tempo cíclico e tempo histórico, situam as imagens da memória.

No registro da memória, tais tempos se superpõem. Evocamos acontecidos e resgatamos a força do acontecimento, colados na lembrança da força da chuva que caía, do impacto do sol escaldante daquele dia, do singular cheiro da terra molhada, como explorou Prazeres (1989), ao refletir sobre o simulacro como experiência sensível do mundo em seu absurdo.

O tempo histórico, que traz a força do acontecimento, relata a infância/juventude numa Itália fascista. Porém, mais do que relatar esse acontecimento ou tentar compreendê-lo como fenômeno político, importa ao autor resgatar a imagem em sua espetacularidade, sua dimensão quase onírica projetando num Duce de papelão a figura mítica de um oráculo que acolhe desejos inconfessos de adolescentes mergulhados em afetos hormonais.

Os acontecimentos do filme aparecem como instantâneos, o que não quer dizer fugazes nem corriqueiros. Ao contrário, são como átomos que condensam a força do existir. Como indica Bachelard, a memória da infância situa-se na experiência do tempo instantâneo. "[...] la experiencia simple del instante, capta casi siempre como si tudo fuera immóvil. Todo lo que es sencillo y fuerte en nosotros, todo lo que es incluso durable es el don de un instante" (BACHELARD, 1932, p. 34 *apud* JEAN, p. 41). À semelhança da densidade do gosto das medaleines proustianas, Fellini retoma na infância/juventude a imensidade do branco da neve que caía numa Rimini tomada de excitação.

Não se narra uma história. As situações se deslocam em pequenos fragmentos, e em seu conjunto compõem o verdadeiro tema da memória: a cidade. E é da cidade-personagem que nos fala e evoca Fellini.

No interior dessa cidade-personagem, que pulsa freneticamente, os tipos se sucedem, entram na tela, e saem dela a passear pelo quadro da cidade. Os professores grotescos, a diva por quem todos suspiram, ela própria suspirando sua solidão, a menina feia, os ricos em seus castelos, os meninos e os rapazes em seus corpos desajeitados, o louco a bradar seu desejo, os fascistas, os utópicos, todos burlescos. Quem não os reconhece, na sua cidade da memória? É o encontro com os tipos de nossas cidades da infância que dá ao filme o fio condutor. Não importa que nossa cidade esteja situada em outro espaço/tempo: a memória, como nos ensinaram os gregos, se faz em nós, em matérias compostas a partir dos mesmos elementos; a memória que tem na infância a origem do narrar.

No interior dessa cidade, os rituais marcam, celebram a vida em suas dores, suas felicidades, perdas, encontros. É no espaço público da cidade que os sentimentos humanos, os acontecimentos que dão sentido ao narrar, encontram sua forma de expressão: na mãe que morre, vemos não o filho que sofre e chora sua perda em silêncio, mas a cidade que, num ritual fúnebre, celebra a morte como tempo da vida. No casamento da Gradisca, por quem a cidade suspira de desejo, vemos não o encontro como o noivo, a construção do amor, mas a comemoração: no ritual da festa, a cidade partilha a possibilidade de sua realização. Enfim, o humano se faz na cidade; ele se expressa nos ritos da vida social, produzindo o que Halbwachs denomina comunidade afetiva.

É na infância que tais ritos nos tomam em sua magia espetacular: explosão de imagens, cores, cheiros, música, através das festas e rituais coletivos da cidade. Assim, a criança constrói o maravilhamento do mundo, a expressão feérica com a qual em sonhos buscamos resgatar e inutilmente procuramos retornar em sua espetacularidade irremediavelmente perdida. Inútil exercício. As festas e os ritos da cidade da nossa infância nos revelam, ao retornarmos à vida adulta, seu caráter tosco, composto de figuras recortadas de papelão desbotado, imagens retorcidas de santos tristes, músicas mal tocadas em instrumentos desafinados. No entanto, mesmo assim, é o maravilhamento que revisitamos, tornado possível na visão do olhar de encantamento dos nossos filhos, numa infância que se faz no ato de maravilhar.

Cidade: memória de lugar, lugar de memória, no dizer de Pierre Nora (1985). É nesse encontro com a cidade felliniana que visitamos a memória da cidade, espaço que circunscreve o lugar de nossa memória. A cidade não constitui a única paisagem do filme, o espaço da Nação insinua suas marcas no registro de um país fascista, que imprime na cidade suas práticas. Noutro extremo, a casa inscreve a vida familiar, não tanto privada, mas no que ela tem de público em seus rituais, como a ceia. O quarto, refúgio da intimidade, não encontra no filme espaço de narração; apenas aparece no adoecer de um corpo adolescente, entre exausto e perplexo diante da força da sua sexualidade febril.

Entre tantos acontecimentos espetaculares, tocantes, ridículos, patéticos, melancólicos, lacrimejantes, o diretor passeia, rompendo escalas de medição da força dos afetos humanos, definidos de acordo com os códigos sociais. Importa tanto a morte da mãe quanto a corrida de automóvel que atravessa a cidade. Os dois acontecimentos ressurgem, numa sucessão de imagens fundadas numa estética quase onírica, retratados no que tem de insignificante e, por isso, grandioso.

Cine Paradiso: infância, memória e imagem

> Um espelho em frente de um espelho: imagem
> Que arranca a imagem, oh
> Maravilha do profundo de si, fonte fechada
> Na sua obra, luz que se faz para se ver a luz
> *Helberto Helder*

Em *Cinema Paradiso*, vemos também uma outra cidade: a Giancaldo da infância/juventude do autor, num outro tempo: o desenrolar da vida dos personagens. Embora falem do tempo da infância e da juventude, vividas em provincianas cidades italianas evocadas com nostalgia, as narrativas se constroem com base em projetos diversos e numa perspectiva diferenciada do narrar a infância. Se Fellini apenas apresenta o personagem, Tavianni não resiste a fazê-lo a partir de uma incontida idealização. Truffaut ao comentar a criança no cinema, faz interessante observação que em alguma medida se presta à interpretação crítica da obra:

> [...] em certos filmes a criança chega a ser traída por um vício de roteiro, isto é, escamoteada em benefício de um elemento julgado poético por antecipação [...] eu veria mais poesia numa sequência que mostrasse a criança enxugando a louça, que em outra com a mesma criança colhendo flores num jardim com música de Mozart. (TRUFFAUT, 2006, p. 35)

O personagem de *Cinema Paradiso* não é a cidade, ela é o cenário, circunscrito a pequena praça onde fica o cinema. O personagem é o menino/jovem/homem Totó/Salvatore em sua relação com as imagens. Ou o personagem é a imagem que, ao longo de sua trajetória, se inscreve no diretor.

A partir do olhar do diretor, as imagens ocupam o filme: imagens em movimento projetadas na parede da sala de exibição, na tela do cinema, nos muros das paredes da praça, no anfiteatro à beira-mar; imagens/fragmentos nos fotogramas do lixo do projetista, na caixa do menino, na montagem recuperada e presenteada ao adulto, no binóculo infantil.

Importa pouco o que as imagens projetam. Os beijos proibidos, as cenas de paixão não constituem, na verdade, o objeto de fascinação do menino, mas o espetáculo técnico (e pirotécnico) da projeção, a possibilidade de produção e reprodução de imagens que se destacam e ganham vida, imagens-coisas, que se pode apalpar na parede, guardar numa caixa e partilhar através do aparelho mágico de projeção. É a magia da imagem, o encanto com a técnica que fascina Totó e faz construir um sujeito definido pelo ver, produzir e reproduzir imagens, fio que conduz sua história.

Se o espaço do filme não é a cidade, mas os lugares onde as imagens se projetam, tampouco o tempo é o tempo cíclico que conduz a narrativa como em *Amarcord*. Aqui o tempo histórico narra a relação do personagem com as imagens, a origem de sua fascinação. Tempo histórico do narrador/diretor que, ao longo da vida, busca escapar da força da cidade/origem da imagem, para tornar possível não apenas sua reprodução com a manipulação do projetor, mas também sua construção pelo olhar da câmara. O distanciamento da origem da imagem é condição para sua produção/reconstrução. "Itabira é apenas um retrato na parede, mas como dói", já dizia Drummond.

Tal ruptura traz em seu bojo a ruptura com os laços afetivos da infância, para que se desprendesse desse tempo/lugar e tornasse possível o exercício da autonomia adulta. Se, por um lado, a imagem da cidade, dos personagens da infância do autor são muitas vezes tratadas no filme com certa romantização nostálgica, por outro, a melancolia se impõe ao exercício da nostalgia. As imagens da infância são também opressivas: ao se fazer em nós, exercem a crueza de sua imposição para além daquilo que julgamos dominar, decidir na nossa construção como história, na produção de nossa narrativa. A densidade da imagem da infância nos traz a nossa própria limitação como sujeitos. Somos presos a um passado que se fez em nós e que persiste com sua intensidade nas imagens tantas vezes perturbadoras que teimosamente evocamos/esquecemos e buscamos dominar.

A relação que o homem contemporâneo estabelece com as imagens da infância revelam sua inútil tentativa de controle. Obsessivamente retratamos a infância em todos os seus momentos. Expomos ao público corpos infantis, imagens que se destacam na produção fotográfica. Tais imagens, em sua reprodução incessante e corriqueira, nos distanciam, na verdade, da relação que, quando crianças, estabelecemos com as imagens, não como inúteis retratos do real, registro da banalização da experiência de um sujeito que brinca com uma bola, toma banho, corre, come, faz castelos numa praia, chora; imagem do instantâneo, (quase) eternamente condenado a fixar-se no papel/tela do computador. Esse retrato, produzido pelo olhar adulto, fala da relação que nosso mundo estabelece com as imagens, sob a ordem de banalização da experiência. Benjamin, ao se referir à relação do homem contemporâneo com a imagem, no exercício de sua reprodução, comenta:

> [...] a supressão do que é único em cada situação mediante a sua reprodução multiplicadora [...] a cópia diferencia-se da imagem. Na imagem, caráter único e durabilidade estão imbricados tão intimamente enquanto fugacidade e reprodutibilidade o estão na cópia. (BENJAMIN, 1985, p. 228)

A imagem reproduzida incessantemente nas fotografias da infância pouco dizem da relação que o olhar infantil estabelece com a imagem, a imagem única, perdida, mágica, nebulosa, envolta em brumas, que evocamos através da memória.

Fanny e Alexander: infância, memória e imaginação

> O privilégio da infância é podermos transitar livremente entre
> a força da magia e os mingaus de aveia, entre a alegria mais
> contagiante e o mais desmesurado medo.
>
> Ingmar Bergman

O filme *Fanny e Alexander*, definido como "ferozmente autobiográfico", ao narrar a infância e revisitar o tempo de criança do diretor, tem como questão central a imaginação. Bergman, ao falar sobre si mesmo na infância, retoma as visões que o invadiam: "eu sentia dificuldade em distinguir o que era imaginado e o que é real".

Distinção precária não apenas na infância do autor, mas na própria construção do infantil, entendendo-o como uma episteme em que o real e a imaginação estabelecem relações diferenciadas das que caracterizam a episteme adulta. Isso não quer dizer que tal forma de conhecer e significar o mundo reside apenas no corpo da criança. Ao contrário, a episteme infantil visita e habita o adulto, tomando forma no ato, na linguagem e no objeto da criação. Como o próprio cinema.

Falar de uma episteme da infância significa pensar que a compreensão da realidade dialoga necessariamente com sua transgressão por meio da imaginação, na construção do conhecimento do mundo. Para entender o real, precisamos significá-lo por meio da imaginação, investi-lo de maravilhamento. Como aponta Bachelard (1984), enquanto compreensão pela razão envolve um diálogo com o real, com as ideias socialmente construídas, a imaginação nos desliga do passado e da realidade imediata, liberta-nos do concreto e nos lança nas diferentes possibilidades de construção do mundo.

Mas o que é a imaginação? Grosso modo, imaginação é a capacidade de elaborar imagens, seja evocando objetos e situações vividas, seja formando novas imagens. A imaginação funda-se numa relação com o sensível ao mesmo tempo que o rompe, ao representá-lo através de imagens.

A imaginação no filme vai aos poucos invadindo a tela, tomando os espaços, atravessando a narrativa e tornando-se, ela própria, o tema da narração. Ela medeia o olhar sobre o mundo do personagem Alexander, projetando-se nas relações que ele estabelece com o mundo à sua volta, definidas pelo deslizar por diferentes espaços/casas, personagens/famílias. Em cada um desses universos caracteriza-se um singular equilíbrio entre a realidade e a imaginação. No dizer de Manguel (2006, p. 256): "as nossas habitações poderiam significar e sugerem ao leitor e ao espectador fábulas para viver e morrer sob certa noção de telhado." É, na verdade, da narração das vicissitudes do personagem Alexander, no tempo da infância, no seu transitar entre o real e a imaginação, de que fala o filme. Ou do resgate do ser da imaginação, que se fez em Bergman, no tempo da sua própria infância.

Importa a Bergman falar não do sujeito psicológico que se constituiu nas distintas experiências, no trânsito entre a casa paterna, a casa do padrasto e a casa do amante da avó. Importa ao autor narrar as desventuras do sujeito da imaginação, a imaginação em suas trajetórias, o equilíbrio por vezes poético, por vezes cruel, nas formas que o real adulto impõe à imaginação infantil. Diferentemente de *Cinema Paradiso*, que fala das imagens, analisando-as em sua materialidade, Bergman tem como tema a origem, a construção de um sujeito da imaginação.

O filme transita entre três espaços definidos por universos familiares distintos, em que as relações entre o real e a fantasia deslocam-se abruptamente. O espaço do filme não é o da cidade, embora a narrativa se situe na Usnana, cidade natal do autor, mas o da casa, espaço primeiro da imaginação, no dizer de Bachelard (1984).

É no espaço das sucessivas casas que a imaginação se exerce. Casa onírica no dizer de Bachelard (1984), para quem pemanece necessariamente na penumbra da memória.

> Las verdadeiras casas del recuerdo, las casas a las que nuestros sueños nos llevan, las casas ricas de un fiel onirismo, se resisten a qualquier descripción. Describilas equivaldría a hacerlas visitar. La casa primera y oniricamente definida debe conservar su penumbra. (BACHELARD, 1967, p. 31)

A incapacidade de descrição não significa a impossibilidade do ato de descrever; ao contrário, por ser impossível descrever o mundo da infância, é que o descrevemos incessantemente. E, ao ver na tela a imagem da casa primeira, ao mesmo tempo que estranhamos o mobiliário burguês, reconhecemos como nossa a mesa onde a criança se esconde para observar o mundo, para melhor fabulá-lo. Não é a mesma mesa em que nos escondíamos quando crianças, mas é o menino que também fomos, que se torna espectador do mundo, para compreendê-lo ou fascinar-se com sua estranheza.

A casa primeira, a casa onírica, a casa da avó acolhe e celebra a espetacularidade da imaginação. Para Bachelard (1967, p. 201): "a casa não vive somente o dia a dia, no fio de uma história, na narrativa de nossa história. Pelos sonhos, as diversas moradas de nossa vida se interpenetram e guardam os tesouros mais antigos."

O filme inicia-se com a celebração de Natal nessa casa primeira, a casa da avó, nessa casa onírica, como costumam ser as casas das avós. Nela, adultos e crianças indistintamente comemoram a data num ritual revestido de magia. A dança coletiva que atravessa todos espaços da casa, a leitura da história de Natal envolve crianças e adultos. Em toda a narrativa situada naquela casa, as fronteiras entre o real e a imaginação mostram-se tênues, na experiência tanto infantil quanto adulta. Vivos e mortos convivem e dialogam, embora nunca se rompa o limite do real.

A narrativa desloca-se justamente na ruptura das relações entre o real e a imaginação. O rígido pastor/futuro padrasto entra na história discorrendo para o menino sobre os perigos da imaginação, tornada mentira em seu discurso. Assim é que a fantasia infantil de ser vendido para o circo transforma-se, pelo peso do moralismo puritano, na perigosa produção da mentira. Produção a ser punida para que impere apenas a verdade/duplo do real. Imaginação, divaga o pastor na casa dos donos do teatro, é coisa para músicos, artistas e poetas. Para os demais, a força da verdade, a áspera dureza do real.

A partir daí, o espaço desloca-se. Não mais a casa burguesa, com seus excessos de formas, cores, objetos, a acolher devaneios e fantasias. Não mais os brinquedos em que se materializa a imaginação. Na mais que austera casa do padrasto, de paredes nuas, móveis duros e chão frio, só resta às crianças, exiladas do exercício da fantasia, a visão da janela gradeada e permanentemente trancada. A transgressora persistência da imaginação, agora tornada expressão da vingança infantil, é duramente punida. O real é impresso na carne do personagem, inscrito a sangue. Só resta, então, o triste mirar da janela, em que se anuncia um lento definhar da vida pelo limite imposto à sua transgressão.

Morre-se pelo peso do real, parece dizer o diretor. "Tire a ilusão de um homem, e ele é um morto de tédio", diz um dos personagens do filme. Morre-se pela impossibilidade do fabular. E é pelo temor do fim da vida, na impossibilidade do exercício da fantasia, que as crianças são resgatadas pelo amigo da avó, no trânsito para outra casa, onde a realidade toma nova significação.

Casa agora afirmada como espaço da imaginação delirante, com sua profusão de objetos feéricos, sem nenhuma função utilitária: candelabros de cristal, bonecos gigantes, castiçais, adereços que se espalham caoticamente pela casa onírica a anunciar ao espectador que explodem as relações entre real e imaginação. O inverso do minimalismo moralista da casa do pastor, a reduzir o mundo das coisas a sua utilidade prática. Não mais a celebração da imaginação como na casa da avó, não mais a destituição do ato de imaginar, como na do padrasto, agora o real submerge ante a força do maravilhoso na casa da família judia.

Nesse momento, a narrativa se quebra nas relações entre o real e a imaginação. Adentramos quando a porta do quarto de Ismael se abre, andrógino personagem, trancado em seu universo delirante, na qual Alexander penetra, entre inseguro e fascinado, num outro universo. Ali habita um real submetido ao fantástico. Para Jacqueline Held (1980, p. 26): "a essência do fantástico reside em certo clima em que, sutilmente, sonho e realidade se interpenetram, a tal ponto que qualquer linha de demarcação desaparece." No filme, o fantástico vai sutilmente insinuando-se no real, inscrevendo suas marcas, compondo um clima que, no espaço da casa habitada por figuras e objetos deslocados do cotidiano, em seus tempos e espaços, finalmente explode nas imagens quase oníricas da casa, no tempo também onírico do insólito personagem Ismael, a dialogar com o insólito que habita tanto Alexander quanto o espectador.

O diálogo se faz insuportável para Alexander, no que ele tem de perturbador, a anunciar o perigo da ruptura com o real, o ultrapassar dos limites da vida cotidiana, através da celebração da desrazão. As visões compartilhadas com Ismael também não acolhem Alexander; elas o assustam em sua fantasmagoria.

E, no retorno à casa da avó, investida de magia, Alexander reencontra o lugar onde a imaginação reveste o real de poesia. Lá se encontram todos reunidos, para celebrar a vida que chega, que toma corpo nas novas netas. Em torno do ritual de celebração da vida o autor celebra também a imaginação, sua sedução e seus poderes. No discurso do diretor de teatro[1]

---

[1] Lugar já ocupado por Bergman, que iniciou sua carreira artística como prestigiado diretor de teatro.

emerge a fala de Bergman, a dizer também de sua trajetória, já que o filme constituiu para o autor, a síntese de sua obra.

Ao dirigir-se aos convivas o diretor de teatro/cinema dirige-se ao espectador:

> Os Eckhael[2] não vivem para decifrar segredos. Vivemos no pequeno mundo e fazemos o melhor dele. Amamos nossas ilusões. Precisamos conhecer a realidade e deplorar sua melancolia [...] Precisamos de vocês. Vocês acordam nossa imaginação, fazem-na deslizar pela absurda realidade [...] Vocês acolhem nossa imaginação.

Bergman fala de um sujeito da imaginação, não exatamente de uma criança que fabula, ao mesmo tempo que visita a criança fabuladora que foi, tecendo pontes com o autor que cria. E termina, no colo da avó ouvindo o texto de Steinberg: "Tudo é sonho e verdade, sob a frugal visão da realidade, a imaginação tece sua teia e desenha novas formas, novos desenhos."

E faz-se cinema.

Referências

AGAMBEN, Giorgio. *Infância e história*. Belo Horizonte: UFMG, 2005.

BACHELARD, Gaston. *Poética do espaço*. Coleção Os Pensadores. São Paulo: Abril Cultural, 1984.

BENJAMIN, Walter. Pequena história da fotografia. In: *Benjamin*. São Paulo: Ática, 1985.

BORGES, Jorge Luís. *Obras completas v. 1*. Rio de Janeiro: Globo, 1998.

HALBAWCS, Maurice. *A memória coletiva*. São Paulo: Vértice, 1990.

HELD, Jacqueline. *O imaginário no poder*. São Paulo: Summus, 1980.

JEAN, Georges. *Bachelard, la infância y la pedagogía*. Cidade do México: Fondo de Cultura Economica, 1989.

LE GOFF, Jacques. *História e memória: memória*. Lisboa: Edições 70, 2000.

LEITÃO, Cláudio. *Líquido e incerto: memória e exílio em Graciliano Ramos*. Niterói: Universidade Federal Fluminense & Universidade Federal de São João del Rei, 2005.

LEITE, Miriam Moreira. Memória e família. In: *Estudos históricos* n. 3: memória. Rio de Janeiro: Vértice, 1989. p. 29-42.

MANGUEL, Alberto. *Lendo imagens*. São Paulo: Companhia das Letras, 2005.

POLLAK, Michael. Memória, esquecimento silêncio. In: *Estudos históricos* n. 3: memória. Rio de Janeiro: Vértice, 1989. p. 3-15 (páginas do artigo)

---

[2] Sobrenome da família de Alexander.

PRAZERES, Aniro. *A arte do simulacro*. Rio de Janeiro: Zahar, 1989.

TRUFFAUT, François. *O prazer dos olhos*. Rio de Janeiro: Zahar, 2006.

Filmes citados

Cinema Paradiso (1989), diretor: Giuseppe Tornatore, roteiro: Vanna Paoli & Giuseppe Tornatore, produção: Itália/França.

Amarcord (1973), diretor: Federico Fellini, roteiro: Federico Fellini & Tonino Guerra, produção Itália/França.

Fanny e Alexander (1982), diretor: Ingmar Bergman, produção: Suécia/França/Alemanha.

Aportes sobre a infância e o milagre em Tarkovski

Antonio Francisco Rodríguez Esteban

Tradução de
Carlos André Teixeira Gomes
Paula de Castro Diniz

Uma criança, geralmente muda ou autista, atua sobre o mundo. Seu silêncio é sua força, projeta-se como uma vontade pura, sem a mediação da linguagem. Existem filmes que representam a infância como uma potência de ação sobre o mundo, capaz de alterar o curso habitual dos acontecimentos, instaurando as condições do milagre. O que entendemos aqui como milagre e, em certo sentido, o que entendemos por infância? Não resultarão ser, de toda forma, palavras intercambiáveis? Não desembocará o olhar infantil, sua falta de preconceitos ou a ainda precária construção do eu, no estado preparatório ritual que o milagre requer e convoca? O certo é que o cinema, como dispositivo do olhar, como artifício milagroso, parece conjugar-se, em toda sua plenitude, no olhar da criança. O celuloide nos proporcionou uma afortunada genealogia de olhares "milagrosos": alguns encerram o dispositivo cinematográfico com a morte da criança (a menina Mouchette no filme homônimo de Bresson; o infante atirado do despenhadeiro de *Alemanha, ano zero* [Rossellini] ou o menino assassinado cuja morte parece diluir-se em suas últimas fantasias em *A infância de Ivan* [Tarkovski]); outros parecem ser testemunhas privilegiadas da possibilidade da ressurreição (a menina de *Ordet* [Dreyer em uma ressurreição física; a adolescente taciturna de *Eureka* [Shinji Aoyama] em uma ressurreição espiritual). Todas essas situações, inclusive o suicídio das crianças, podem ser consideradas respostas lógicas na estrutura "diegética" que as sustenta, e todas ocorrem em um sistema de representação de clara visibilidade: trata-se de mortes e milagres públicos referendados pelo olhar de personagens coadjuvantes ou que, em sua imperfeição, terão consequências detectáveis pelos habitantes do universo de ficção (ainda que nos escondam a descoberta da menina afogada em *Mouchette*, podemos supor que alguém, mais tarde, a encontrará).

Como oposição ao milagre público, há também o milagre secreto, de natureza escorregadia, efêmera, difícil de discernir, posto que, às vezes, transcorre na mente de um só indivíduo ou em uma radical privacidade (salvo para o espectador, que, como é notório, é o grande impudico no compromisso de credulidade que estabelece com o filme). Será inevitável recordar *O milagre secreto*, de Borges, em que Deus concede a Jaromir Hladik, poeta a ponto de ser fuzilado, um ano de trégua para concluir o drama em verso que o justificará ante o universo: um ano transcorrerá entre a execução da ordem e a ferida mortal, mas será um ano na mente do condenado à morte, pois o universo físico do resto da humanidade seguirá seu suceder habitual. Algo parecido ocorre em *Sacrifício*, de Tarkovski, em que uma hipotética guerra mundial é anulada – isto é, não só desaparecem seus efeitos, como também sua lembrança na memória – em troca da penitência de um só homem que será, para sempre, a única testemunha do acontecido: destrói sua casa e se separa de seu filho, fica recluso em um sanatório mental para "redimir" a ignorância da humanidade que nunca saberá, sequer, que esteve a ponto de perecer. Um dos votos que o protagonista profere é a renúncia à palavra; na última cena, seu filho autista – ou, ao menos, afásico – é absolvido e recupera, ou herda, a faculdade de falar de seu pai, justo quando este se emudecera para sempre. Em uma cena comovente, rega a árvore seca que ambos plantaram e, atirado aos seus pés, murmura: "No princípio era o Verbo, o que quer dizer, papai?" Recordemos que, segundo Ángelus Silesius, no *Peregrino querubínico*, "Deus fala o mínimo possível. Sem tempo nem lugar, ninguém fala menos que Deus: desde toda a Eternidade, pronuncia uma só palavra." É o filho quem atua e desenvolve o estranho rito prescrito pelo pai no início do filme: "O que ocorreria se todos os dias nos levantássemos à mesma hora, digamos às sete da manhã, e derramássemos um copo d'água no lavabo?." Ignoramos as eventuais consequências de um ato aparentemente casual, mas realizado observando uma vontade cega cujo impulso reiterado ultrapassa toda razão. O filho culmina no milagre secreto do pai, ancorando-o em um ritual público: regar a árvore e velar por ela, talvez suplicar o improvável crescimento desses galhos retorcidos, secos, em um ambiente hostil de charneca nórdica. Outro místico e teólogo – não deixa de ser desagradável redundar nesses nomes para explicar Tarkovski, desagradável para os místicos e para o cineasta; talvez essa seja uma contiguidade forçada, o mestre Eckhart escreve em um de seus sermões:

> Diz alguém que Deus é verbo, então é palavra; mas se alguém diz que Deus não é palavra, então é inefável. Mas ele é algo, quem pode dizer Verbo? Ninguém pode fazê-lo, exceto quem é esse Verbo. Deus é um Verbo que se fala a si mesmo. Onde sempre está Deus, ali ele diz este Verbo; onde nunca está, ali não fala. Deus é palavra e não é palavra. O Pai é uma obra que fala e o Filho uma fala que atua.

Traduzindo este último a *Sacrifício*, com suas ressonâncias cristológicas, o pai construiu uma obra em forma de renúncia e penitência: queimou sua casa e enlouqueceu, sua obra nos fala silenciosamente; o impulso do pai faz o filho falar, e é este quem atua, isto é, quem exterioriza o ritual que o pai lhe legou como último magistério.

A presença das crianças como testemunhas da morte e da ressurreição, e como último ponto de fuga que envolve o homem com seu passado, é um tema caro a Tarkovski e, de um modo diferente, também a Dreyer. Voltemos à menina de *Ordet* e ao milagre público do qual é uma testemunha privilegiada: a ressurreição de sua mãe. Situemos a cena: seu tio louco é o último a apresentar-se para dar os pêsames à família reunida. Sabemos que se acreditava na encarnação de Cristo na terra, sabemos que, durante a narração, se havia proposto ressuscitar quem iria morrer, mas só se alguém demonstrasse fé suficiente. Diante da cama da defunta, Johannes duvida, mas a menina se aproximará dele, pegará sua mão e lhe pedirá que cumpra sua promessa. Será sua sobrinha a única capaz de sustentar essa fé. Em uma imagem não isenta de notáveis repetições piedosas, Johannes, agora sereno, solicita suas forças perante o altíssimo e convoca ao seu lado a menina, a mediadora, o catalisador entre a energia divina e a humana (ele é só um sacerdote, um intermediário). O lento retorno à vida é saudado com um sorriso infantil, espectadora privilegiada que referenda o caráter público do milagre. A menina é a única que está livre do confronto entre as duas confissões, cristã e protestante, que ameaça a sociedade. Também se encontra à margem da frágil dialética entre razão e fé que representam o médico e o sacerdote rural. Frente à fé institucional do pároco, frente à devoção fundamentalista e arcaica da comunidade, sua fé privada de credos atua como impulso definitivo para romper a inexorável entropia entre a enfermidade e a morte.

Os milagres públicos servem para afiançar a fé da comunidade; erigem-se em referências iniludíveis da esperança inquebrantável; constroem, por caminhos imprevistos, os alicerces do dogma. Assim, pouco crível seria a ressurreição no dia do Juízo se não fosse mediada a ressurreição pública de Cristo. O milagre secreto, de outra parte, serve a outro propósito, mais íntimo, mais doloroso e talvez mais universal. Nele, o homem justo salva o mundo e só obtém solidão e loucura (*Sacrifício*). Outro exemplo de milagre secreto em Tarkovski é o que encontramos em *Stalker*. Uma civilização extraterrestre ou um deus distante construíram e presentearam os homens com um terreno baldio conhecido como a Zona, lugar a meio caminho entre a realidade e a ilusão, no qual há um quarto que cumpre todos os desejos, não os desejos superficiais, ainda que sinceros, mas sim as ânsias mais ocultas e enraizadas, aquelas que secretamente nos definem. Três personagens arquétipos empreenderão uma improvável busca: o Escritor, o Professor e o Stalker. Este último pertence à casta marginal de foragidos que, em troca de grandes somas de dinheiro, burla as defesas com que o exército blindou a Zona e conduz o povo a seu interior, em uma viagem semeada de armadilhas mortais. Será uma viagem falsamente pedagógica e falsamente iniciática, pois os delineamentos propostos no início serão minuciosamente solapados: funcionarão em um estrato mítico ou simbólico, mas, psicologicamente, serão invalidados pela obcecada perseverança dos personagens. O Stalker tem uma vocação marcadamente panteísta, é o único capaz de entrar em comunhão com a Zona: quando jaz na terra, os insetos e os vermes correm pela sua pele, reconhecem-no como parte da paisagem. É o único dos três visitantes que, ao fazer uma pausa para descansar, se deita no solo de bruços, abraçando a terra em um gesto contido de dolorosa submissão; inclusive um estranho cachorro, o único habitante desse local destruído, se aproximará dele enquanto dorme e o acompanhará no regresso. Cada personagem encarna uma visão do mundo: intelectual, científica e mística, e a Zona colocará à prova a solidez de suas convicções, o arraigamento de seus dogmas e, ainda, seu próprio juízo. Finalmente, quando chegam ao quarto dos desejos, ninguém formula nenhum. O professor trata de destruí-lo com uma bomba. O Escritor acusa o Stalker de se achar o senhor daquele maldito lugar agreste. Depois de uma demorada disputa, os três deitam-se, esgotados, contemplando como a chuva penetra no quarto milagroso. O demorado plano extasiado, em que a câmera os observa desde o quarto, pode ser interpretado como o silencioso olhar de Deus, ou de sua ausência, que confirma a impotência de suas criaturas e, por conseguinte, a sua própria. Todos voltam para casa sem ter pedido nada; a pedagogia redentora do Stalker foi censurada pela dogmática obstinação intelectual de seus companheiros. Também não foi uma viagem iniciática, porque nenhum deles muda substancialmente; todos conservaram seu estilo de vida, seus problemas e seus irredutíveis preconceitos. O Stalker se reúne com sua família e, enquanto sua mulher o deita, chora e critica a frieza desses homens que "têm o órgão da fé atrofiado, por não lhes ser necessário". Ato contínuo, a mulher, em uma interpelação direta ao espectador, fala de sua vida junto a ele: diz que não se arrepende de toda a vergonha e dos castigos sofridos (os stalkers passam muito tempo presos e sofrem a reprovação da sociedade); também assinala que as pessoas lhe diziam que era um homem simples, um bobo, o que abre as portas para uma outra interpretação do filme: a Zona não seria nada mais que um embuste alimentado por uma seita de fanáticos de tendências místicas e suicidas – os stalkers, e o quarto milagroso, apenas uma propaganda de "turismo espiritual", um impossível Santo Graal, um sonho de redenção zelosamente guardado pelo qual os habitantes desiludidos da civilização contemporânea pagariam fortunas; provavelmente, os stalkers venderiam uma redenção ilusória. Depois do discurso da mulher, aparece a filha, sozinha em um aposento, a cabeça apoiada em uma mesa. Dizem que os stalkers sofrem mutações que transmitem aos seus filhos – a Zona poderia ser um campo radioativo, testemunho de provas nucleares[1], e, por essa razão, sua filha é incapaz: necessita de muletas para caminhar. Em um determinado momento, observamos o rosto da menina deslocando-se em um local ermo; parece que caminha, mas a cena seguinte frustra nossa expectativa e desmente esse falso milagre: é seu pai quem a leva nos ombros. Ao final, porém, e em completa solidão, a menina reclina a cabeça sobre a mesa e, fazendo uso de seus ocultos poderes telecinéticos, desloca vários copos colocados em sua superfície. O milagre ocorre

---

[1] As mutações transmitidas de pais pra filhos também poderiam ser resultado de radiações causadas por um acidente nuclear; a Zona, nesse caso, seria uma região contaminada, isolada do mundo; Stalker poderia ser entendido/a como um funesto presságio da tragédia de Chernobyl.

na confluência do olhar admirado da menina, o som de um trem e um fragmento do "hino da alegria". É ela quem realiza um modesto milagre caseiro, anônimo, desmentindo assim as teorias prévias que os três homens, em um interminável passeio instruído através da Zona, elaboraram em uma espécie de diálogo platônico. Nem sequer seu pai, místico renegado e ingênuo, conseguira um pequeno milagre na Zona: extenuou, em vão, seu esforço prosélito, expôs sua fé ao martírio e não obteve nenhuma conversão. É a menina quem, com toda simplicidade, realiza um milagre que não é apenas secreto, mas também inútil: deslocar uns copos em uma mesa contradiz as exuberantes potencialidades do quarto da Zona, que afortunadamente realizaria qualquer desejo verdadeiramente arraigado. O pai Stalker constrói uma obra que fala: prega as bondades do santuário; intenta, por todos os meios, conseguir adeptos ao seu credo inadmissível. A filha é um silêncio que atua: com gesto pudoroso, altera as leis da Natureza ou introduz nesta um elemento que não conseguimos compreender. Parece que, na inocência, há um poder de ação engendrado justamente na vontade de não agir. A impotência pública da menina – sua incapacidade motora – traduz-se em uma potência privada – o movimento de objetos pela mera concentração da vontade.

Tanto *Ordet* como *Stalker* se constroem a partir da escassez de meios sobrenaturais; em seu decurso narrativo, ambos são suscetíveis de duas interpretações: uma mágica e outra mais "realista". Ambos podem ser explicados a partir de uma única hipótese sobrenatural; povoar a narração de um catálogo de milagres haveria diminuído sua eficácia. De algum modo, o final "mágico" de ambos os filmes é verossímil pela ausência prévia de transgressões às leis da natureza. Johannes, que se crê a encarnação de Cristo na Terra, pode ser o simples lunático que todos pensam que é; os stalkers podem ser charlatães ou ingênuos, contrabandistas de uma falsa salvação. Entretanto, o final de ambos os filmes abre o caminho para a explicação mágica: é possível a ressurreição no primeiro; é possível o milagre, mas privado e emudecido, no segundo. Não deixa de ser curioso o paralelismo que se pode estabelecer entre os personagens de ambos os filmes, no restante tão diferentes: em *Ordet*, uma menina e um adulto simples, o louco Johannes; em *Stalker*, a filha paralítica e seu pai, o simplório aventureiro, o ingênuo foragido que o Escritor e sua própria mulher denunciam. Em ambos os casos, um casal arquetípico: criança acompanhando o inocente.

Em *Nostalgia*, também de Tarkovski, o protagonista, um russo exilado na Itália, cumpre uma penitência, outro ritual secreto que, de algum modo, influirá nos desígnios do mundo. Tem que atravessar uma piscina vazia levando uma vela, enquanto seu duplo, o louco Domenico, imola-se em uma praça de Roma. Novamente ativa-se a dialética entre visibilidade e anonimato: a imolação pública será a outra cara, imprescindível, do ritual privado, executado em solidão. Mas não é esta uma solidão absoluta. Quando nosso homem, doente crônico, consegue atravessar a piscina e colocar a vela do outro lado, sucumbe ao cansaço de seu exílio, manifestado no que supomos ser um repentino ataque do coração. Sua queda ocorre fora de campo, e, em seguida, aparecem dois rostos que o observam: em primeiro lugar, o desdobramento ou imagem de seu eu infantil, uma figura recorrente que o assalta de vez em quando; em seguida, uma mulher com retardo mental, de olhar absorto, extasiado, que parece olhar o ocorrido sem compreender muito. Novamente o olhar "limpo" da infância estabelece uma continuidade com o olhar do inocente: ambos presenciam não o milagre, que, nesse caso, não se manifestará no mundo fenomênico, senão o ritual que o preludia. A queda e a morte do herói se escamoteiam do espectador em um exercício de discreta prestidigitação: só esses dois seres puros terão acesso a essa visão, não o espectador, que se poderia comover de acordo com uma sentimentalidade pré-fabricada (empatia diante da morte do herói). Fica insinuada, assim, a mácula inerente à condição de espectador.

Em *Sacrifício*, Alexander promete a Deus, na intimidade de uma oração despedaçadora, que entregará quanto tem para que tudo volte a ser como antes. Seu amigo, o carteiro, conta-lhe que uma mulher que conhece tem poder para realizar o milagre: Alexander apenas terá que dormir com ela. Visita-a em plena noite, e, depois de uma série de divagações nas quais Alexander debulha parte de sua infância, se deitam. Alexander busca nela a ternura de uma mãe: galanteia balbuciante, e ela o namora como a uma criança (o reverso dessa cena estaria em *Fellini 8 ½*, em que, em uma espécie de sonho, Mastroiani, convertido em criança, é simultaneamente mimado e embalado por todas as mulheres de sua vida). Enquanto repousam na cama abraçados, em uma cena totalmente despojada de erotismo, seus corpos levitam estranhamente. Isto já ocorria em *O espelho*, quando a personagem da própria mãe de Tarkovski, interpretada por Margarita Terekhova, submergia em um estado de levitação sonolenta. A ternura, o gesto da misericórdia cotidiana, alivia a gravidade dos corpos, emagrece o espírito e provoca formas metafóricas e reais de levitação. Talvez não seja presunçoso recorrer a Simone Weil: "Todos os movimentos naturais da alma regem-se por leis análogas às da gravidade física. A única exceção é o favor. [...] Sempre há que esperar que as coisas sucedam conforme a gravidade, salvo que intervenha o sobrenatural." O sobrenatural, ou a graça, não reside, nesse caso, na intervenção divina no mundo fenomênico, senão em uma discreta metamorfose operada pela ternura. Em outro lugar, Weil assinala: "Por que quando um ser humano dá mostras de ter alguma ou muita necessidade de outro, este se distancia? Gravidade." O milagre acontece quando duas pessoas violam essa lei tão demolidoramente anunciada, quando fica abolida a distância em relação ao outro, com o qual distancia-se do desejo; essa fusão produz uma alquimia das almas. A transfiguração cifra-se na limpeza de um gesto.

A ternura do menino-homem – ou do inocente – como categoria para avaliar as relações humanas não parece haver suscitado muita atenção, ao menos entre os pensadores (entre os artistas, é um tema amplamente elaborado na *chanson*, por exemplo, em letras como *Les coeurs tendres*, de Jacques Brel). No cinema, certos gestos de ternura última fecham o dispositivo de visibilidade do filme com um único golpe mestre, que unifica, em um mesmo movimento, catarse emocional e síntese da separação prévia. Para citar apenas três exemplos, isso é o que ocorre na última cena de *O buraco,* de Tsai Ming Liang: em uma Taiwan assolada por um vírus que altera a vida dos seres humanos provocando-lhes fotofobia e induzindo-os a se comportarem como baratas – uma revisão oriental do mito kafkiano, uma vez que preciso diagnóstico de solidão contemporânea, um homem e uma mulher vivem em um desabitado edifício de apartamentos; o andar dele está justamente acima do dela, e, graças a um buraco realizado pela imperícia de um encanador, ele pode espiá-la e assiste à progressiva degradação que a doença lhe causa. Na última cena, quando tudo parece perdido, o rapaz estende a mão e a ajuda a subir ao andar de cima. Fim. Temos um segundo exemplo em *O menino*, dos irmãos Dardenne: um rapaz marginal vende seu próprio filho sem o consentimento da mãe. Depois de diversas peripécias, é encarcerado e repudiado por todos. Sua namorada, mãe do menino, vai visitá-lo e ele começa a chorar. A essas alturas, o espectador já sabe que o menino não é o bebê que foi vendido e logo recuperado; o menino é ele, é a eterna infância corrompida na adolescência, incapaz de traçar um caminho de dignidade no opaco mundo dos adultos. A mulher, com lágrimas nos olhos, o abraça: o único gesto de humanidade que a "criança" recebe em muito tempo. Fim. Um terceiro exemplo: um dos últimos planos de *Dias de cão*, de Ulrich Seidl, mostra um velho e desprezível burguês austríaco acariciando seu cachorro morto. É um tipo cruel, retraído, insuportável, salvo para sua assistente, que, pouco a pouco, vai transformando-se em sua esposa defunta, transferindo para ela seu papel, seus jogos eróticos e inclusive sua roupa. Pois bem: o homem acaricia o cachorro morto em silêncio, e, ao mesmo tempo, a esposa-criada se aproxima pelas costas e acaricia o homem. Então, observamos que o idoso, no fundo, é uma criança, e que essa inocência residual é a que ativa o modesto, mas inequívoco milagre da ternura. A compaixão e a ternura movem esse gesto, que nem sempre é percebido assim pelo espectador: em síntese, boa parte do público acha a cena cômica e se limita a rir. Entretanto, quem se compadece dessa ternura derramada, desse milagre simbólico e talvez efêmero, não sorri: se "co-move", se "move-com", desloca-se na trajetória emocional dos personagens, que não é outra senão a de uma comunhão ensimesmada. O espectador que se comove é aquele que compreende e assimila a dimensão do milagre: o riso, por outro lado, permanece em um estrato mais superficial; obviamente, no exterior dessa estampa hierática, nesse quadro absurdo, há somente um velho aborrecível acariciando seu cachorro, e uma senhora idosa, pouco graciosa, acariciando o ancião, como se este não fosse outra coisa que não um animal moribundo. A compaixão, porém, desfaz o mecanismo do sorriso. Todos esses são pequenos milagres nos quais se faz necessária a condição prévia de uma certa inocência, de um despojamento dos estratos adultos na construção do eu. O mundo dos adultos é impenetrável; não se deixa "ler". O mundo sem companhia não se deixa verbalizar, não pode ser nomeado. Tampouco se podem nomear as efêmeras convulsões de uma alma em ruínas. Os gestos de ternura se realizarão, então, em silêncio, assim como os milagres induzidos pelas crianças costumam acontecer no silêncio prévio que estes propagam diante do espectador.

A inocência das crianças, em Tarkovski, parece ser o único impulso capaz de suscitar uma hipotética renovação. Renovação da vida e de suas energias passadas, esquecimento de um passado que nos prende. Essa inocência parece ser a única força capaz de alimentar as árvores-símbolo que povoam seus filmes. A árvore seca de *A infância de Ivan*, ao redor da qual as crianças, na ilusão da morte do protagonista, tramam seus jogos intermináveis, encontra seu eco na árvore de *Sacrifício*, junto à qual o menino jaz meditabundo e tenta compreender. Na música "Mon enfance", de Barbara, é a árvore, que acumula a memória do passado, que restaura as forças e preside uma intimidade cheia de pudor com o menino, ou a menina, que fomos:

> Eu me enganei, eu voltei/nessa cidade há muito tempo perdida/onde eu havia passado minha infância/Eu me enganei, eu quis rever/a colina onde deslizavam as noites/azuis e cinzas sombras de silêncio/E eu reencontrei, como antes,/ muito tempo depois/da colina, a árvore se erguendo/como no passado/Eu caminho as têmporas fervendo/acreditando abafar sobre os meus passos/As vias do passado que nos assombram/e voltam a tocar as badaladas./E eu me deitei sobre a árvore/e senti o mesmo odor eu/e deixei correr minhas lágrimas,/ minhas lágrimas./Coloquei minhas costas nuas na casca,/a árvore recarregou minhas forças como/no tempo de minha infância./E muito tempo eu fechei os olhos,/acho que rezei um pouco,/eu reencontrei minha inocência.

Em uma singular viagem de regresso, é a árvore que devolve a inocência, a única testemunha da meditação e da prece. Quiçá em Tarkovski, a viagem ainda está por fazer: com ele, não voltaremos ao território perdido da infância porque, talvez, nunca saímos dele.

Filmes citados

Alemanha, ano zero (*Germania Anno Zero*, Itália, 1948), Roberto Rossellini.

Mouchette (França, 1967), Robert Bresson.

Eureka (Japão, 2000), Shinji Aoyama.

Ordet (Dinamarca, 1955), Carl Th. Dreyer.

A infância de Ivan (*Ivanovo detstvo*, URSS, 1962), Andrei Tarkovski.

O espelho (*Zerkalo*, URSS, 1975), Andrei Tarkovski.

Stalker (URSS, 1979), Andrei Tarkovski.

Nostalgia (Itália-França-URSS, 1983), Andrei Tarkovski.

Sacrifício (*Offret*, Suécia-Reino Unido-França, 1986), Andrei Tarkovski.

Fellini 8 ½ (*Otto e Mezzo*, Itália, 1963), Federico Fellini.

O buraco (*Dong*, Taiwan, 1998), Tsai Ming-liang.

A criança (*L'enfant*, Bélgica, 2005), Jean-Pierre e Luc Dardenne.

Dias de cão (*Hundstage*, Áustria, 2001), Ulrich Seidl.

E o cinema devém criança...

Rosana A. F. Sardi

> Devir é jamais imitar, nem fazer como, nem se ajustar a um modelo, seja ele de justiça ou de verdade.
> Não há um termo de onde se parte, nem um ao qual se chega ou se deve chegar.
> Tampouco dois termos que se trocam.
> (DELEUZE; PARNET, 1998, p. 10)

Uma das primeiras imagens do filme *Onde fica a casa do meu amigo?*, de Abbas Kiarostami, mostra um grupo de crianças na saída da escola. A presença de um cabriolé de madeira parece convidativa e, rapidamente, os passos ganham mobilidade. A travessia de uma pequena poça d'água se converte em um trajeto crianceiro. Ante uma brincadeira aqui e uma correria ali, Mohammad Nematzadeh cai. Ahmad ajuda-o a se levantar, sem deixar de verificar o quanto Mohammad machucou o joelho. Juntos, vão até uma torneira. Ahmad apanha um pouco de água para limpar o sangue, que começa a imprimir uma nódoa no marrom desbotado da calça do amigo. Logo depois, cada um segue o caminho de casa. É então que, já no pátio de sua residência, Ahmad se prepara para fazer as tarefas escolares. Mas, para sua surpresa, ao abrir a pasta, se depara com o caderno de Mohammad, de modo que ele não poderia realizar o mesmo exercício que estava prestes a cumprir. Talvez isso não chegasse a ser tão grave, se Mohammad não tivesse sido, por três vezes, advertido pelo professor, justamente por não comparecer à aula com o dever devidamente resolvido no caderno. Angustiado, Ahmad insiste em explicar à sua mãe que se não pudesse devolver o caderno o amigo seria afastado da escola, por entregar, mais uma vez, a tarefa em uma folha solta.

Visto que Mohammad mora em Poshteh, um vilarejo vizinho, é para lá que Ahmad deve se dirigir, ao sair de Koker, atrás de pistas que possam levá-lo à casa do amigo. Mas, primeiro, ele precisa se isentar de algumas obrigações, tal como cuidar do irmãozinho. Necessitará, também, driblar a vigilância da mãe. E, como se não bastasse, já no trajeto Koker-Poshteh, o avô manda-o voltar para buscar cigarros. Diante disso, o curso da distante casa de Mohammad acaba por inseri-lo inteiramente no devir de um transcurso atravessado por encontros fortuitos. Há momentos em que as eventualidades que surgem tendem a bloquear a passagem de Ahmad. Em outros, fazem-no acreditar, equivocadamente, que está avançando em sua busca. É o que acontece quando Ahmad corre para alcançar um certo comerciante, também de nome Nematzadeh. Além de descobrir que não se trata de nenhum parente de Mohammad Nematzadeh, se vê forçado a emprestar o caderno, que não é seu, para esse senhor, homônimo do amigo. Seja como for, o caminho que, efetivamente, jamais o conduzirá ao Nematzadeh que lhe interessa, o incita a pensar. E, assim, o que é bem mais importante fica reservado ao eterno ziguezaguear da estrada, pois é por essa operação de ir-e-vir que a potência de que Ahmad é capaz se efetua e alcança novos limiares de intensidade.

O que fazer, porém, para escapar às forças que tentam proibir a passagem? Como atravessar esse território desconhecido? Como se localizar? Qual a direção a tomar? O tempo inteiro ecoam, daqui e dali, questões acerca do trajeto. De maneira que o que se vê nessa peregrinação até Poshteh é uma atenta construção cartográfica. Ou, o que dá no mesmo, a instauração de um plano que orienta, a cada vez, o itinerário a ser efetuado. À medida que explora a região, Ahmad faz avaliações, sempre provisórias, de seus deslocamentos. E todo novo encontro provoca, na constituição do seu mapa, não apenas um deslocamento, um rearranjo ou um impasse, mas também uma outra abertura. A série de conjunções inesperadas que, à primeira vista, o impediriam de prosseguir, mais abrem do que encerram as conexões estabelecidas, levando-o a atingir essa potência do devir que transpõe os limites.

Em suma, desde que se defrontou com o caderno de Mohammad junto ao seu material escolar, o protagonista mergulhou em um demorado procedimento de diagramação, passando a dedicar-se basicamente a selecionar os elementos convenientes à sua busca. Atento aos sinais que saltam aos olhos, ora detalha na descida uma escadaria; ora focaliza na subida uma porta azul. Com isso, vai integrando ao seu percurso certas matérias da rua mesma. No mais, segue solicitando auxílio a várias pessoas, inclusive um colega de classe; no entanto, ninguém consegue dizer-lhe algo suficientemente claro. Até que, entre uma e outra informação desajeitada, obtém, de modo preciso, o amparo de alguém. Trata-se de um velho ferreiro, que resolve acompanhá-lo pelas ruas de Poshteh, ainda que lentamente.

Todavia, nada esteve tão próximo de ajudá-lo, nem mesmo o ferreiro, quanto uma calça de um marrom desbotado pendurada em um varal. Uma vez que a avistou, todo o corpo de Ahmad se tornou "um puro ser de sensação" (DELEUZE; GUATTARI, 1992, p. 217). De pronto, ela transformava-se no signo a ser desvelado. E o garoto, totalmente voltado aos signos do amigo, foi atingido por uma pura matéria sensível, que o atravessava de um lado ao outro. Assim, garoto-calça-varal passam a compor um bloco completamente vazado, que produz um enquadramento de todo o campo, tornando-se apto a captar forças cada vez mais intensas. Ou seja, o varal, a calça, a escada, o miado do gato e tudo o mais já não se manifestavam em termos de formas. Antes, constituíam um campo de forças que se integrava às fibras sensíveis do garoto, afetando-o, fazendo-o devir. É como se, enfim, a casa do amigo se tornasse iminente no corpo daquele que a busca, através das sensações que se esparramam por toda parte, intensiva e extensivamente.

> — De quem é aquela calça que está pendurada? A calça marrom que está pendurada lá atrás. Venha comigo, deixe-me te mostrar...

Sozinho. E acompanhado também. Uma, duas, três vezes o garoto retorna à calça que é cuidadosamente revistada, revista, ou ainda, revisitada. A região do joelho é digna de toque, a atração é forte. E o instante dura. A ponto de se desgarrar do bloco, que aí se formou, uma espécie de névoa que se põe a sobrevoar, em infinita mobilidade, toda a imagem que já se tornara irredutível ao presente vivido. É nesse sentido que o problema colocado de modo algum se trata de saber de quem é a calça, o que remeteria meramente a um exercício de imaginação. Tampouco a calça se reduz a uma matéria-forma a ser reconhecida. Mesmo porque, àquela altura, ela explodira, tornara-se partícula indefinida, estava em todo o ar, estava em todo o varal, e faz Ahmad ver, entrever, crer entrever (BECKETT, 2004a), ali, subindo as escadarias, a casa do seu amigo. Se, em um instante, ele pergunta com convicção "Onde está você? Eu trouxe o seu caderno..." No outro, tudo não passa de uma porta azul no topo da escada, mal vista, mal dita (BECKETT, 2004b). Logo depois, "o olho retornará aos lugares de suas traições" (BECKETT, 2004b), enquanto o fracasso do reconhecimento conservará a casa do amigo em estado de virtualidade, em que tudo formiga, tudo inflama. E é assim que a casa do amigo permanece sempre, incansavelmente, a um passo de ser materializada, ainda por vir e já passada.

— Onde fica a casa do meu amigo?

Sem dúvida, quando é feita por Ahmad, o garoto do filme de Abbas Kiarostami, essa interpelação não só faz vibrar infinitas forças como também inscreve todo o problema sob *perguntas-máquinas* (DELEUZE; GUATTARI, 1997, p. 42), as quais, além de persistir através de todas as respostas, duplicam, indefinidamente, os trajetos percorridos. Se, porventura, a interrogação não cessa jamais, é porque Ahmad já se tornou, ele mesmo, a própria questão, e não para de se tornar. E mais, sempre que alguém volta ao filme, a pergunta *onde fica a casa do meu amigo?* retorna a latejar no caminho de Koker a Poshteh. Como *O jardim de veredas que se bifurcam* (BORGES, 2001), de Jorge Luis Borges, as estradas de Abbas Kiarostami, quando não se bifurcam, se fazem ziguezagueantes, acionam uma copossibilidade que afronta os mundos possíveis e os mundos reais, fazendo-os proliferar.

Daí decorre que qualquer impossibilidade de prosseguir ou de responder provém não de uma impotência dos personagens, mas de uma potência criadora que tensiona a possibilidade de prosseguir ou de responder, colocando-as em variação contínua e subtraindo, a cada vez, regimes de verdade que pretendam fixá-las. Portanto, embora o cinema de Abbas Kiarostami seja um cinema de deambulações, os seus personagens não ficam à deriva, para lá e para cá, sem saber mapear as próprias andanças. É, porém, o poder de afetar e de ser afetado que os leva de um ponto a outro. Visto isso, não há pontos que antecedam os trajetos, nem mesmo que configurem limites: são os trajetos que fabricam os pontos e se adiantam em suas direções.

Mas o que exatamente quer a câmera, que o próprio Abbas Kiarostami chama de câmera-caneta? O que faz o diretor iraniano ali, tomando notas relativas à trajetória de um garoto em busca da casa de seu amigo? Ora, ele acompanha Ahmad, atentando-se aos afetos que tomam o seu trajeto, para extrair daí o fulgor do devir-criança. Antes, um aprendizado acerca de uma política de vida crianceira, que bem propaga a arte de operar enquadramentos, de selecionar elementos que aumentam a potência, de recortar, detalhar, subtrair e combinar o que convém. Observa-se, nesse e em outros filmes, um expressivo interesse pelo mapeamento das forças, dos polos de atração e de repulsão, das linhas, dos fluxos. Contagiado por esse modo de intervir no mundo, Abbas Kiarostami perfaz as suas viagens e os seus filmes. Quando, por exemplo, esteve de passagem pelo Brasil, ao se sentir atraído pelos passos de uma menina de rua, passou a percorrer, imediatamente, os três quilômetros da avenida Paulista junto *com* esses pés crianceiros[1].

Quais elementos são imprescindíveis à composição do plano cinematográfico? O que suprimir? O que trazer à luz? Qual o enquadramento a ser feito? Qual a localização a ser explorada? De que é feito um espaço-tempo fílmico? É nessa perspectiva que a atividade cartográfica, tão potencializada pela crianceiria, captura Abbas Kiarostami, conectando o seu trabalho diretamente ao devir-criança. A câmera-caneta está nas mãos do cineasta, mas os pés que a conduzem são crianceiros. Se o corpo é de adulto ou de criança, pouco importa; basta que ele seja capaz de crianceirar, de entrar no devir desse acontecimento extratemporal, que recrudesce algum nervo embrionário e golfa pselismos à arquitetura de um por vir. Dessa maneira, mesmo quando os protagonistas não são crianças, como em *Gosto de cereja*, um fluxo de crianceiria se faz presente. Afinal, o que Badii[2] faz senão recorrer às suas próprias linhas, dispondo-as sobre o seu mapa, desembaraçando-as, diferenciando as *linhas de errância* e as *linhas costumeiras* (DELEUZE; GUATTARI, 1996), perguntando-se sobre sua linha de fuga, buscando-a num soldado ou num seminarista?

---

[1] Referência ao texto "Uma boa cidadã", escrito por ocasião de uma viagem do diretor a São Paulo, para a Mostra Internacional de Cinema de 1994 (cf. KIAROSTAMI, Abbas. *Abbas Kiarostami*. Tradução de Alvaro Machado; Eduardo Brandão. São Paulo: Cosac & Naify, 2004. p. 266-285).

[2] Badii é o protagonista do filme *Gosto de cereja*.

A pé, ou sob quatro rodas, Abbas Kiarostami detém-se apenas em experimentações, apontando tão somente para como algo devém. Nesse sentido, fazer cinema é, antes de tudo, instalar-se em meio às singularidades dos acontecimentos e, então, arrancar não formas que se revelam mediante a proximidade da luz, mas, sim; uma luminosidade liberada de enredo, puro jorro de luz em desdobramento ou diferenciação. Assim compreendida, a imagem crianceira não tem forma nem sede de forma. Vai além da criança vivida e não se afina com a busca de supostas essências que se dizem das crianças. Mesmo porque, tarefa assim é indigna de tudo que seja da ordem da duração (BERGSON, 1964, p. 44). Além de ser o que há de menos interessante para se fazer *com* as crianças.

Parafraseando Deleuze e Guattari, talvez se possa dizer que Abbas Kiarostami não é criança, mas entra em devir-criança, não para de devir, talvez "para que" a criança, que é criança, se torne ela mesma outra coisa e possa escapar à sua agonia (DELEUZE; GUATTARI, 1992, p. 141-142). Isso não coincide com uma evolução que objetiva puxar a criança em direção à adultez, hipotecando o seu presente na expectativa de um futuro brilhante e magistral. Ao contrário, trata-se de involuções criadoras, de experimentações de *um devir da personagem real* (DELEUZE, 2005, p. 183) que devém outra ao fabular *"uma" criança molecular* (DELEUZE; GUATTARI, 1997, p. 92), contrária à *criança molar da qual o adulto é o futuro* (DELEUZE; GUATTARI, 1997, p. 92), invocando, portanto, um povo crianceiro que falta. Se várias crianças percorrem os seus filmes, não é por nenhuma reverência à criança empírica. Muito pelo contrário. O que instiga o seu trabalho é a possibilidade de tornar visível uma crianceiria universal, apreendida independentemente das formas concretas nas quais se efetua. Ao mesmo tempo em que coloca o cinema em relação com uma crianceiria intempestiva, ele libera a imagem crianceira dos clichês que a cercam.

Abbas Kiarostami jamais se abstém de fabricar imagens livres de quaisquer atuações psicológicas; afinal, elas estão destinadas unicamente a extrair impressões emocionadas da plateia. O que ele faz funcionar nunca é uma interpretação da realidade nem uma representação de um suposto mundo preexistente, mas uma experimentação que "desenvolve sobre todo seu percurso um ato de constituir lenda, fabulação" (DELEUZE, 2005, p. 326-327), duplicando o que acontece e colocando em xeque as noções de verdadeiro e de falso. Tal cinema jamais se pronuncia *para o hoje, tampouco para o nunca* (NIETZSCHE, 1977, p. 243): convoca um povo que falta. E aqui, falta não é sinônimo de carência, mas antes de produção de possíveis. No ato de fabular, ambos, ator e diretor, contribuem para a invenção de um povo, e qualquer comunicação entre eles se dá segundo a função fabuladora.

Na África ou no Irã. Seja onde for, interessa-lhe, basicamente, ressaltar devires crianceiros, mais que histórias. Ora, a sua tarefa de cineasta, sob aspecto algum, sujeita-o a reproduzir realidades, eis que *ABC África*, mais uma vez, não restitui realidades, embora seja um filme que teria tudo para ceder às armadilhas de um enredo sobre crianças, ou então, pior ainda, em favor de uma certa inocência perdida. Em Uganda, excitava-lhe especialmente a oportunidade de testemunhar a vida que ali fervilhava, ao dar, a cada instante, visibilidade aos instantâneos daqueles rostos de crianças que passavam em frente à sua câmera-caneta. De fato, ele simplesmente registrava, mais que qualquer outra coisa, sempre sem emitir opiniões, sem tecer conclusões, nem nada significar, mesmo porque para ele a questão não é formar juízos, mas expor o que se passa por uma determinada zona, dando alguns indícios das relações de força que nela se exercem. Sem nenhuma pressa, como se dissesse *é preciso não se mexer demais para não espantar os devires* (DELEUZE, 1992, p. 172), Abbas Kiarostami circulou entre algumas dos 1,6 milhão de crianças ugandenses, ora órfãs da guerra civil, ou vítimas da AIDS. Sem deixar de resistir às imagens fáceis demais, buscou reter esse ou aquele traço de algo raro que merecesse, enfim, efetuar-se e dizer-se da crianceiria.

Com tudo isso, dizer que Abbas Kiarostami é um cineasta das crianças não é o mais apropriado. Quem sabe um cineasta do devir-criança. Quem sabe um cineasta do acontecimento crianceiro, o qual subsiste apenas como vibrações, reverberações, cintilações. O que o seu cinema faz ver não é, a bem dizer, nem sujeitos nem pessoas, menos ainda uma etapa da vida que se ajusta a um tempo cronológico. É preciso enxergar nas imagens que ele produz as forças vertiginosas do devir-criança, sempre se deslocando no tempo, com o tempo e se fazendo inesgotável. E aí está a crianceiria enquanto experiência, agindo a contratempo, coexistindo no cone invertido de Bergson (1999, p. 178), e eternamente diferindo de si, de modo que o passado, o presente e o futuro são matérias de experimentação dispensadas de compromisso com a verdade factual. Diante disso, "o passado pode ser verdadeiro sem ser, necessariamente, verdadeiro" (DELEUZE, 2005, p. 160), e o falso vem a ser a potência artística que fabula um povo crianceiro que uma imagem dominante de criança tornaria impossível, subtraindo qualquer ânsia pela verdade que queira penetrar e se incrustar nesse povo que falta.

Abbas Kiarostami persegue – ou será perseguido? – uma crianceiria absolutamente impessoal, que está para um tempo crônico, isto é, não cronológico e devém, ele mesmo, criança. Não a criança que ele foi, mas essa crianceiria-mundo, de ninguém em particular, o que nada mais é do que "extrair partículas infantis dos acontecimentos em que se entra" (CORAZZA, 2003, p. 97). Assim, em seus filmes, a força pura do tempo é acionada, não os conteúdos empíricos do tempo, convocando, isto sim, afetos crianceiros que transbordam o *ser* do que devém no tempo. No entanto, deve ficar claro, aqui, que as *crianças não são crianças por natureza*[3]; elas podem devir criança, como qualquer um, desde que haja muitos outros lugares para o devir-criança que não nas crianças, assim como há nas crianças lugares para outros devires.

Independentemente da situação, Abbas Kiarostami não se presta a restabelecer identidades perdidas. Em Uganda[4], Poshteh[5] ou em Gilan[6], o que quer o seu cinema? Crianceiria-enquadramento, num movimento de duplo-roubo, de dupla-captura, um arrastando o outro para devires ilimitados. E o cineasta devém criança, o cinema devém criança, enquanto a criança entra em outros devires, inclusive num devir-cineasta. No filme *E a vida continua*, há, precisamente, o olhar do cineasta devindo criança, através da presença de Puya, que, por sua vez, exibe um enquadramento com as mãos enquanto está deitado no banco de trás do carro. Abbas Kiarostami observa a peculiaridade do olhar dessa criança e conclui *que deveria ser também o de um profissional de cinema* (KIAROSTAMI, 2004, p. 137). Por um lado, a criança devém cineasta se ela selecionar o novo, o notável, o interessante (DELEUZE; GUATTARI, 1992, p. 143), ao produzir enquadramentos. E o cineasta, por sua vez, devém criança ao se abandonar aos passos crianceiros, a fim de experimentar o mundo por meio de trajetos dinâmicos.

Um duplo do outro. Um clandestino do outro. Um carregando o outro numa operação cheia de clarões, de apagamentos, de descentramentos. Pura conjugação de linhas que se inscrevem nesse *entre-dois*. Abbas

---

[3] DELEUZE, 2001, letra "g", de gauche, esquerda.
[4] *ABC África.* (KIAROSTAMI, 2001)
[5] *Onde fica a casa do meu amigo?* (KIAROSTAMI, 1987)
[6] *E a vida continua.* (KIAROSTAMI, 1992)

Kiarostami embarca nesse mundo de caminhos menores traçados por Puya. É, contudo, verdade que já não é um mundo de Puya, que já não é de ninguém. E ainda o é. Quem for do bando acaba por compor com Puya um diagrama constantemente em construção, destinado a orientar os encontros, a avaliar os afetos que aumentam ou diminuem a potência. O *em seguida* advém somente mediante os encontros efetuados. Nunca está dado de antemão. Se Puya quer fazer xixi, faz. Quando tem sede, logo localiza um refrigerante ou, então, uma torneira. Sem dúvida, ele abre e fecha contatos com imensa facilidade, seja com um gafanhoto, seja com uma mulher que lava roupa. Permanentemente atento ao que o rodeia, vez ou outra cata do chão o que chama a sua atenção. Existe aí, como em cada um que entrou nesse devir-criança-cartógrafo, um incansável decifrador de signos.

A região percorrida por Puya é Gilan, recém-devastada por um terremoto. Com ele está Fahrad, o seu pai, mas é Puya *o verdadeiro guia nessa viagem* (KIAROSTAMI, 2004, p. 236), embora não seja ele quem dirige o carro. Afinal, nada é capaz de bloquear a exploração geográfica do garoto: nem os turbulentos congestionamentos, nem a dor das pessoas feridas. Até esses elementos são materiais de experimentação. Tal como no relatório de Kafka[7], ele faz do seu registro cartográfico uma espécie de protocolo de experiência, no qual redistribui continuamente não só as quebras, os deslizes, mas também as ruínas fazedoras de mundos possíveis, de outros territórios, de novos enunciados.

À espreita, Puya segue pronto para reencontrar algo que não perdeu exatamente, mas que, ainda assim, *falta*, e arregimenta no seu mundo uma presença indelével. E mais: ele passa longe das linhas costumeiras, ou seja, sai do curso que se espera dele desde o mundo adulto. Talvez lide melhor com os destroços do terremoto justamente porque *no mundo adulto a criança é afetada por uma certa impotência motora, mas que aumenta sua aptidão de ver e ouvir* (DELEUZE, 2005, p. 12). Isso que confere a ele não só uma agilidade adversa à do seu pai, como também possibilita que as inquietações dos dois se diferenciem. Sim, pois enquanto Fahrad se

---

[7] Referência ao texto "Um relatório para uma academia" de Franz Kafka (cf. KAFKA, Franz. *Um médico rural: pequenas narrativas*. Tradução de Modesto Carone. São Paulo: Companhia das Letras, 1999, p. 59-72).

questiona: "O que se passou? O que pode ter acontecido? O que pode ter ocorrido com Ahmad e Babak?"[8] A pergunta de Puya é: "O que acontecerá? Como os sobreviventes poderão assistir ao jogo da Copa do Mundo, entre Brasil e Argentina?". Fahrad está preso ao fato, e Puya não cessa de inflamar o *em-devir*. Mas também aí, no problema que o garoto levanta, existe a certeza de que há sempre uma saída, apesar da aparente soberania de um terremoto. *A vida continua*. E encontrar uma saída, uma entrada ou uma adjacência qualquer, é uma questão de cartografia.

Referências

BECKETT, Samuel. *Como dizer*. (Tradução de Tomaz Tadeu da Silva). Disponível em: <www.tomaztadeu.net>. Acesso em: 15 abr. 2004a.

BECKETT, Samuel. *Mal visto mal dito*. (Tradução de Tomaz Tadeu da Silva). Disponível em: <www.tomaztadeu.net>. Acesso em: 15 abr. 2004b.

BERGSON, Henri. *A evolução criadora*. (Tradução de Adolfo Casais Monteiro). Rio de Janeiro: Delta, 1964.

BERGSON, Henri. *Matéria e memória*: ensaio sobre a relação do corpo com o espírito. (Tradução de Paulo Neves). São Paulo: Martins Fontes, 1999.

BORGES, Jorge Luis. *Ficções*. (Tradução de Carlos Nejar; Maria Carolina de Araujo; Jorge Schwartz). São Paulo: Globo, 2001.

CORAZZA, Sandra Mara. Infancionática: dois exercícios de ficção e algumas práticas de artifícios. In: CORAZZA, Sandra; SILVA, Tomaz Tadeu da. *Composições*. Belo Horizonte: Autêntica, 2003.

DELEUZE, Gilles. *Cinema 2*: a imagem-tempo. (Tradução de Eloisa de Araújo Ribeiro). São Paulo: Brasiliense, 2005.

DELEUZE, Gilles. *Conversações*. (Tradução de Peter Pál Pelbart). Rio de Janeiro: Editora 34, 1992.

DELEUZE, Gilles; GUATTARI, Félix. *Mil platôs — capitalismo e esquizofrenia*. (Tradução de Aurélio Guerra Neto; Ana Lúcia de Oliveira; Lúcia Cláudia Leão; Suely Rolnik). Rio de Janeiro: Editora 34, 1996. v. 3

DELEUZE, Gilles; GUATTARI, Félix. *Mil platôs – capitalismo e esquizofrenia*. São Paulo: Editora 34, 1997. v. 4.

DELEUZE, Gilles; GUATTARI, Félix. *O que é a filosofia?* (Tradução de Bento Prado Jr.; Alberto Alonso Muñoz). Rio de Janeiro: Editora 34, 1992.

DELEUZE, Gilles; PARNET, Claire. *Diálogos*. (Tradução de Eloisa Araújo Ribeiro.) São Paulo: Escuta, 1998

---

[8] Ahmad e Babak Ahmadpur são protagonistas do filme *Onde fica a casa do meu amigo?*.

KIAROSTAMI, Abbas. *Abbas Kiarostami*. (Tradução de Alvaro Machado; Eduardo Brandão). São Paulo: Cosac & Naify, 2004.

NIETZSCHE, Friedrich Wilhelm. *Assim falou Zaratustra*. (Tradução de Mário da Silva.) São Paulo: Círculo do Livro, 1977.

Filmes citados

Onde fica a casa do meu amigo? (*khane-ye doust kodjast?* Irã, 1987), de Abbas Kiarostami.

Gosto de cereja (*Tam'-e ghilas.* Irã, 1997), de Abbas Kiarostami.

ABC África (Irã, 2001), de Abbas Kiarostami.

E a vida continua (*Zendegi va digar hich.* Irã, 1991), de Abbas Kiarostami.

Celebração da revolta:
a poesia selvagem de Jean Vigo

David Oubiña

*Tradução de
Carlos André Teixeira Gomes*

> Deslocar ao plano da criação a fervorosa voluptuosidade com que, durante nossa infância, rompemos a pedradas todos os faróis da vizinhança.
>
> *Oliverio Girondo*

I

Barthes afirmava que os textos de Proust o emocionavam profundamente, portanto nada podia dizer sobre eles. Qualquer outro também deveria se calar diante dos filmes de Jean Vigo, porque raras vezes o cinema foi capaz de suscitar uma emoção em aparência tão pura, tão primitiva e tão incondicional como nesses filmes. Entretanto, é preciso dar conta dessa emoção. Não se trata de um afã cirúrgico – porque não existe nisso nenhuma pretensão de cientificidade – senão comunicar a própria emoção enquanto espectador. Não eliminar a subjetividade, a não ser fazer entrar a arbitrariedade da experiência privada no circuito dos discursos. É indubitável que pode haver tanta intensidade em um pensamento como em um gozo. E se negar a racionalizar as próprias emoções de espectador é se privar de exercer as paixões da interpretação.

Sobretudo em um filme em que se propõe um conceito absolutamente ideológico (quer dizer, não ingênuo) das emoções. "Pequenos diabos no colégio", diz uma das legendas de *Zero de conduta*. Não se trata aqui de nomear uma travessura, e sim de consignar seu valor político. Jean Vigo põe em questão as noções aceitas sobre o caráter inofensivo das crianças. Não que esses meninos percam a candura, senão que a candidez deixa de ser uma espécie de deficiência. "Conspiração de crianças", diz outra legenda. Este é um dos poucos filmes na história do cinema que possui um olhar subversivo sobre a infância, que a pensa como lugar da rebelião. Quero dizer: a meninice e a madureza não são aqui idades do desenvolvimento; são, sobretudo, categorias políticas enfrentadas.

II

O célebre Henri Langlois, fundador da Cinemateca Francesa, disse de uma vez por todas: "Se o cinema é uma arte onírica, só há um homem que possui a chave dos sonhos: Jean Vigo"[1]. A obra de Vigo é tão breve quanto luminosa. Morto prematuramente aos 29 anos, só conseguiu completar quatro filmes: os curtas-metragens *À propos de Nice* (1930) e *A natação por Jean Taris* (*Taris, ou La natation*, 1931), o média-metragem *Zero de conduta* (*Zéro de conduit*, 1933) e o longa-metragem *O atalante* (*L'Atalante*, 1934). Não obstante, esses poucos filmes testemunham com clareza a passagem do cinema francês entre as vanguardas dos anos vinte e o realismo poético dos anos trinta. Vigo é um ponto de condensação privilegiado, um momento de síntese na história do cinematógrafo. Ou, como afirmou François Truffaut, nele convergem as duas grandes tendências do cinema: realismo e esteticismo. Com efeito, não há beleza mais celestial nem lucidez mais terrena que as imagens dos filmes de Vigo.

Zero de conduta é um ensaio poético sobre o tema liberdade *versus* autoridade. Em um colégio interno, o cineasta confronta professores tirânicos com crianças revoltosas. Mas, sem dúvida, isso não diz muito sobre o filme. Proibido logo após sua estreia (foi acusado de "espírito antifrancês" e esteve proibido até 1945), *Zero de conduta* é um filme imprevisível. Uma celebração da revolta. Um poema surrealista em código anarquista, próximo – nesse sentido – a *Um cão andaluz*. Vigo concebe seu filme com o mesmo afã destrutivo com que seu admirado Luis Buñuel definia o seu: como "um desesperado, um apaixonado chamamento ao crime"[2].

---

[1] LANGLOIS, Henri. *Trois cents ans du cinéma*. Paris, Cahiers du cinéma/Cinémathèque Française, 1986, p. 257.

[2] Luis Buñuel, ao apresentar o roteiro do filme quando foi publicado por *La Rèvolution Surrèaliste*. Reproduzido em Jenaro Talens, *El ojo tachado*. Madri: Cátedra, 1986, p. 101.

Subversão é a palavra-chave em Jean Vigo. A subversão não é sistemática; é inconstante, impossível de ser recuperada pela instituição. E as crianças sabem – talvez de forma confusa – que não há maneira de entrar em acordo com as autoridades do colégio. Elas dizem: "Tudo se comparte (os conceitos de "compartir" – compartilhar, dividir, repartir – não se encaixam nessa frase. Alternativas: "se resume em", "simboliza um", consiste em um", representa um" "é um") em um complô", mas não se trata de cooperar em uma causa comum, que logo derivaria em um decente bem comum; trata-se de uma solidariedade sem estatuto e, portanto, de uma comunidade mais espontânea e mais intensa. Fugir à decência: em *Zero de conduta* há um motim de crianças, talvez uma horda infantil, mas nunca um espírito de corpo, muito menos uma corporação. Nada que chegue a se fixar.

Anárquica em seus postulados, surrealista em sua narração, a estrutura mesma de *Zero de conduta* atua como seus vandálicos protagonistas: desordenadamente e sem justificação. Muitas vezes destacou-se que a estrutura explosiva do filme é vaga, confusa, inclusive torpe. Mas tal qual explicou Maximilian Le Cain, o filme deveria formar parte de uma série de médias metragens de baixo orçamento e, como Vigo se excedeu na duração acordada, ele se viu obrigado a cortar:

> Frente a esta tarefa dolorosa, tinha duas opções. Uma era respeitar a claridade narrativa, e a outra era privilegiar os momentos mais poéticos. Ter escolhido este último caminho ajudou a dar a *Zero de conduta* essa forma que faz com que hoje seja tão excitante. Cada imagem e cada cena são uma surpresa, como se aparecessem para formar seu momento mais expressivo, dando a impressão de um filme escutado por azar ou, inclusive, espiado mais do que exibido diretamente diante dos espectadores. Isso cria um tipo de alerta pouco comum no observador, uma leve sensação de desconcerto, como se você estivesse vagando no sonho de outro. No contexto de uma história sobre um bando de crianças conspiradoras, isso evoca a experiência vivida e inquietante de estar acedendo a um mundo que é secreto e exclusivo delas. Esse universo infantil obedece a uma lógica própria, que não podemos aspirar a entender, mas temos o privilégio de observar com o profundo respeito que Vigo lhe confere.[3]

Há um certo caos narrativo, com efeito, porque o cineasta rompe com a estrutura de montagem causal de Griffth em que cada um é um componente diferenciado (ou seja, hierarquizado) de um todo. *Zero de*

---

[3] Maximilian Lê Cain, "Jean Vigo", em "Great Directors", *Senses of Cinema*. Disponível em: <http://www.sensesofcinema.com>

conduta pratica a atomização, um tipo de balcanização estética. Nenhuma convergência de sentidos; ou melhor, constitui-se a subversão do discurso lírico: Jean Vigo é o poeta da sedição.

III

O Diretor do colégio não é outra coisa senão um menino de terno e barba. Em que se diferencia dos demais? Em todo caso, quer se apresentar como um modelo de conduta. Pretenderá nos fazer crer que é a imagem daqueles em que as crianças se converterão como homens de bem. Por isso, sua retórica insistirá sobre as "responsabilidades morais" que o colégio tem para com os estudantes sob sua tutela. Mas é precisamente essa atitude paternal que o delata: o adulto prematuro é um menino cristalizado. "Vergonha para os que mataram na puberdade o que teriam podido ser – escreve Vigo – e buscam ao longo do bosque e da praia, onde o mar arroja nossas lembranças e nossas nostalgias, até a dessecação do que são quando chega a primavera"[4]. Sabemos, como as crianças, que a aparência amigável do Diretor é uma farsa ou uma emboscada. Não há nenhuma semelhança entre aquele indivíduo e as crianças; sua textura física similar não faz mais que acentuar a distância que os separa. Inversamente, o bedel Huget é um adulto infantil, que se diverte imitando Chaplin. Nas palavras do diretor: "O bedel Huget sucumbe ao encanto das crianças. É como se fosse uma delas". Um preceptor que não postula nenhum preceito de conduta, mas que se deixa arrastar pela torrente de desordem. E mais, a promove. O bedel Huget pode converter uma chata excursão de *boyscouts* em uma festa, só para perseguir uma dama: a multidão de crianças correndo desordenadamente atrás do apaixonado preceptor, alterando a calma dessas ruas da província, constitui a mais gozada assunção do caos desde aquela insólita invasão bovina que liderou Buster Keaton em *O Vaqueiro*.

"É necessário vigiá-las", diz o Diretor. Vigiá-las e castigá-las. Disciploná-las. Ou melhor, ordená-las e distribuí-las: cada indivíduo em seu lugar e em cada lugar um indivíduo. Foucault escreve: "Tática de antideserção, de antivagabundagem, de antiaglomeração. A disciplina fabrica assim corpos submetidos e exercitados, corpos dóceis"[5]. O que têm em comum

---

[4] VIGO, Jean. "El punto de vista documental. À propos de Nice". In: RAMIÓ, Joaquim Romaguera i; THEVENET, Homero Alsina (Eds.). *Textos y manifiestos del cine*. Madri: Cátedra, 1989, p. 137

[5] FOUCAULT, Michel. *Vigilar y castigar*. México: Siglo XXI, 1987, p. 147.

a escola, a cadeia e a fábrica é que são instituições disciplinares. A disciplina tem como função organizar os corpos. Regular os comportamentos de acordo com padrões estabelecidos. A escola (assim como a fábrica e a cadeia) é um dispositivo de autorreprodução, de autorrepetição e de autopreservação. Mas todo esse esquema se derruba quando se fazem perguntas adequadas, como as que formula Jean-Luc Godard em *France / tour / detour / deux / enfants*. Por exemplo; se alguém faz a tarefa, por que está em dívida com a escola? Por que a escola não deveria pagar para que alguém aprenda? Se as famílias visitam os presos na cadeia, por que então os pais não visitam seus filhos no colégio? Posto que as crianças gritam de alegria quando saem ao recreio, por acaso deveria ser entendido que não estavam gostando da aula? São perguntas muito simples, perguntas muito elementares, mas que têm o mérito de colocar em questão aquilo que não costuma ser questionado.

Godard é, sem dúvida, uma transformação contemporânea de Vigo. E também o é Deleuze, em certo sentido: "Às crianças se ministra a sintaxe do mesmo modo que se ministra aos operários instrumentos, para produzir enunciados conforme as significações dominantes. É preciso que compreendamos em sentido literal esta fórmula de Godard: as crianças são prisioneiras políticas. A linguagem é um sistema de ordens, não um meio de informação"[6]. Como em Godard, o axioma que subjaze ao filme de Vigo indica que toda instituição educativa (disciplinária) é, antes de tudo, uma instância de controle. O que é que se domestica na educação? A criança educada é uma criança sob controle? Encaminhar é "colocar no rumo"; portanto, define uma eficácia e uma utilidade. Em *Zero de conduta*, já foi dito, só há uma pulsão de desordem totalmente descontrolada. Ou melhor, comicamente descontrolada.

Na primeira cena do filme, veem-se duas crianças em um vagão de trem, regressando ao colégio ao final das férias. Como se quisessem celebrar o reencontro, como se quisessem se colocar em dia, mostram o que aprenderam durante o verão. Nada muito edificante, seguramente. São esses tipos de habilidades, entre ingênuas e descaradas, que não se aprendem na escola mas que fazem os saberes próprios da infância: soprar uma corneta com o nariz, fazer um truque de arrancar um dedo, simular dois seios com

---

[6] DELEUZE, Gilles. "Tres preguntas sobre Seis por Dos (Godard)". In: *Conversaciones*, Valencia: Pre-Textos, 1995, p. 67.

balões, colar penas por todo o corpo para imitar um galo. Cada um, em sua vez, dobra a aposta do outro. Como no capote de Harpo Marx, tudo cabe dentro dos sacos das crianças, e elas não deixam de extrair objetos em uma competição interminável. Finalmente, sacam dois cigarros enormes, que parecem transportá-las a outra dimensão e que enchem de fumaça o compartimento até imbuí-lo de um tom quase alucinógeno.

"A fantasia é a única coisa interessante da vida", disse o cineasta. "Gostaria de levá-la até a pura loucura"[7]. Como se quisesse desmentir o lamento de André Breton, Vigo afirma que o escândalo ainda existe.

IV

Em *À propos de Nice*, a descrição do documentário denunciava, através do ridículo, os costumes frívolos da burguesia opulenta e ociosa. De maneira similar, em *Zero de conduta* os questionamentos nunca perdem seu caráter lúdico. Como sustenta Paulo Emilio Sales Gomes,

> A divisão entre crianças e adultos no interior da escola corresponde à divisão em classes da sociedade: uma minoria forte que impõe sua vontade a uma maioria débil. A associação entre as crianças e seu cúmplice, Huguet, por um lado, e as pessoas do povo, a cozinheira e o moço do café, por outro, não a estabelece a ação – pois seria algo artificial – senão o próprio estilo realista da apresentação de um e outros, em oposição à estilização acentuada dos adultos que representam a autoridade.[8]

Não há aqui nenhum panfleto. "Abaixo os vigilantes", "Abaixo os castigos", "Viva a rebelião", anunciam os pequenos conspirados hasteando um estandarte com a caveira e as tíbias em cruz. Mas, em seguida, fica claro que só querem se divertir. Crianças apaixonadas enfrentando adultos hipócritas e autoritários. A infância não é aqui um estado de pureza passageiro. Esses meninos rebeldes não respeitam nada: são a pele de Judas. Enfrentam o Diretor, arruínam a celebração do colégio e batem no Intendente. Se não há nenhuma reivindicação, nenhuma alegoria sobre o poder, é porque a natureza combativa do filme não reside na confrontação dos bandos, senão na fúria libertadora do enfrentamento.

No prólogo de seu romance *La seducción*, o escritor Witold Gombrowicz escreve:

---

[7] GOMES, Paulo Emilio Sales. In: *Jean Vigo*. Barcelona: Circe. 1999, p. 176.
[8] *Ibid.*, p. 168.

> O homem, todos sabemos, tende ao absoluto. À plenitude. À verdade, a Deus, à inteira maturidade... Abarcar tudo, realizar-se integralmente – este é seu imperativo. Mas em *La seducción* manifesta-se, como creio, outro objetivo do homem, mais secreto sem dúvida, ilícito de certo modo: sua necessidade do inacabado... do imperfeito... do baixo... da juventude.[9]

Isso é o que Gombrowicz chama o *princípio de imaturidade*. Sempre há, na Arte, um resto caprichoso ou não assimilável, que resiste ao significado pleno e que, nesse ato de resistência, põe em questão a suposta verdade dos sentidos comuns. Vigo é, então, o cineasta da imaturidade. Poder-se-ia dizer que Truffaut também; mas seu olhar é mais compreensivo, inclusive, caso se queira, cúmplice. Para Vigo, diferentemente, a infância não é um tema senão uma perspectiva crítica. Um teatro de operações. Nesse sentido, seu herdeiro direto é Jacques Tati: em um e em outro, o que o cinema permite recuperar é a liberdade amoral da infância. Ou seja, a infância considerada na sua potência subversiva ou contestatória, como um momento pré-social, completamente alheio aos códigos e às convenções.

O cinema e a arte da infância. O que não significa que é uma arte infantil. Vigo nunca se confunde: "Com o pretexto de que o cinema acaba de nascer, estamos brincando como crianças pequenas, como esse pai que "balbucia" para que seu anjinho possa entendê-lo melhor"[10]. Trata-se de outra coisa. Se o cinema é o meio analógico mais bem capacitado para produzir a ilusão de uma reprodução fiel do mundo, também é o que, de maneira mais clara, permite desmontar esse automatismo perceptivo. Os filmes se organizam como resultado de uma batalha entre duas forças opostas: uma delas tende para a unidade da obra, portanto, torna possível perceber as relações dos componentes dentro de uma estrutura narrativa; a outra se coloca por fora dessas forças homogeneizadoras e consiste, basicamente, no excedente material da imagem que nunca pode ser dominada por completo por essas estruturas narrativas. Essa textura visual que tende ao disperso, ao heterogêneo, ao descontínuo e que resiste a se

---

[9] Witold Gombrowicz, "Prólogo" de *La seducción*. Barcelona: Seix Barral, 1982, p. 9. Essa inferioridade também define uma forma de ser estrangeiro: "Sou um forasteiro totalmente desconhecido – escreve Gombrowicz – careço de autoridade e meu espanhol é um menino de poucos anos que apenas sabe falar. Não posso fazer frases potentes nem ágeis, nem distintas, nem finas, mas alguém sabe se esta dieta obrigatória não acabará sendo boa para a saúde? Às vezes gostaria de mandar todos os escritores do mundo ao estrangeiro, fora de seu próprio idioma e fora de todos os ornamentos e filigranas verbais, para comprovar o que é que resultará deles então" (Witold Gombrowicz. Contra los poetas. In: RUSSO, Edgardo. Poesía y vida. Santa Fe, Universidad Nacional del Litoral, 1986, p. 9).

[10] VIGO, Jean, *op. cit.*, p. 134.

apresentar diante do sistema ordenado da representação, é um excedente que o cinema dominante necessita reprimir, mas que não deixa de observar desde as margens[11].

Nos filmes de Vigo, esse excesso poético adquire um protagonismo insolente, liberando-se das compelidas ataduras impostas pela tirania de uma história. O resultado é uma das obras mais radicais, mais inassimiláveis e mais belas na história do cinema.

V

"Tem-se o mundo que se merece", escrevia Vigo[12]. Aonde vão estas crianças que escapam pelos telhados depois de semear o caos? Não têm nenhum lugar aonde ir. Mas a ausência de teleologia não parece uma carência e sim uma emancipação. Livraram-se da ditadura que impõe uma direção: já não lhes ameaça a obrigação de ter que ir para alguma parte. Orgulho pela margem. Como Rimbaud, Vigo aposta em um razoável desarranjo de todos os sentidos. Ou em suas próprias palavras: trata-se de "ver com outros olhos que não os habituais".

Buñuel é terrível, disse o cineasta e há que se tomar isso como um elogio. É que Jean Vigo também acaba sendo terrível. É essa mesma poesia selvagem que o anima.

Filmes citados

À propos de Nice (Idem, Jean Vigo, 1930).

A natação por Jean Taris (Taris, roi de l'eau, Jean Vigo, 1931).

Zero de conduta (Zéro de conduit, Jean Vigo, 1933).

O atalante (L'Atalante, Jean Vigo, 1934).

Um cão andaluz (Un chien andalou, Luis Buñuel, 1929).

O vaqueiro (Go West, Buster Keaton, 1925).

France/tour/detour/deux/enfants (Jean-Luc Godard y Anne-Marie Miéville, 1977).

---

[11] Sobre a noção de excesso, ver HEALTH, Stephen. "Film, System, Narrative". In: *Questions of Cinema*. Indianapolis: Indiana University Press, 1981 y Kristin Thompson, "The Concept of Cinematic Excess". In: ROSSEN. Philip (Ed.). *Narrative, Apparatus, Ideology*. Nueva York: Columbia University Press, 1986.

[12] VIGO, Jean, *op. cit.*, p. 137.

A infância que olha e constrói:
breves notas sobre as crianças no cinema norte-americano

Carlos Losilla

Tradução de
Carlos André Teixeira Gomes

Miniaturas do mal

Em *Contra corrente* (2004), de David Gordon Green, dois meninos fogem do seu tio, que os submete a uma perseguição implacável entre os campos desolados da extensa América. Foi dito, não sem certa razão, que o filme é um *remake* de *O mensageiro do diabo* (*The Night of the Hunter*, 1955), o único trabalho de Charles Laughton como diretor e uma das grandes obras-primas do ilustre americano, mas por trás de sua aparência tersa esconde-se algo mais. Um dos produtores é Terrence Malick, o grande irredutível dos grandes cineastas surgidos na América do Norte nos anos 1970 e autor de apenas quatro filmes em mais de trinta anos, sua marca resulta completamente reconhecível no trabalho de Green: o alento poético da paisagem, as metáforas religiosas ocultas por trás da aparente trivialidade da trama, o retrato de uma América ainda virgem, intacta apesar do transcorrer dos anos. Não fosse isso o bastante, Malick é também o autor de *Terra de ninguém* (*Badlands*, 1974) e *Cinzas no paraíso* (*Days of Heaven*, 1978), em que duas meninas-mulheres, ou mulheres-meninas, debulham em *off* seu relato de uma queda, de suas próprias expulsões do paraíso, com uma aparente ingenuidade não isenta de malícia.

Com efeito, *Contra corrente* pertence a essa tradição inequivocamente anglo-saxônica, primeiro britânica e depois norte-americana, segundo a qual as crianças são seres destinados a sofrer a violência de um universo em ebulição, portanto são também agressoras em potencial, talvez portadoras do mal e da morte. Nessa categoria se encontra a menina mentirosa de *The Children's Tour* (1961), de William Wyler, baseada em uma obra de Lilian Hellman. Também o menino esquizofrênico de *The Other* (1972), de Robert Mulligan. E, seguramente, a adolescente demoníaca de *O exorcista* (*The Exorcist*, 1973), de William Friedkin, para citar só alguns dos exemplos mais evidentes. Daí parte, igualmente, a convenção genérica pela qual a infância não pertence ao reino da inocência, como querem os bons costumes e a religião judaico-cristã, senão a um território misterioso onde nada é o que parece, e tudo pode ter um revés sinistro. Em Literatura, para citar só dois casos que me são especialmente queridos, da aventura à novela de fantasmas, temos *Huracán en Jamaica*, de Richard Hughes, e *A volta do parafuso*, de Henry James, por sua vez, a semente de dois excelentes filmes: *Vendaval em Jamaica* (*A High Wind in Jamaica*, 1965), do grande Alexander Mackendrick, e *Os inocentes* (*The Innocents*, 1961), de Jack Clayton.

Não é de estranhar, segundo esses antecedentes, que a infância tenha se associado, sobretudo em determinado período da história do cinema americano, às tramas diabólicas ou a uma espécie de Mal metafísico no estado puro: uma criança é o assassino de *Halloween – a noite do terror*, no início do primeiro filme da saga (*Halloween,* John Carpenter, 1978) e, uma criança é o anticristo de *A profecia* (*The Omen,* 1976), de Richard Donner, que também deu lugar a uma extensa série de sequências. Não posso deixar de recordar, chegando a este ponto, o exército de meninos sem alma que aparece em *Village of the Damned* (1960), de Wolf Rilla, e, sobretudo, de seu excelente e amargo *remake A cidade dos amaldiçoados* (*Village of the Damned*, 1995), também de John Carpenter, um dos mais ásperos retratos jamais realizados sobre a alienação infantil e a indiferença adulta. A infância não é tanto o território da alegria infantil quanto o lugar onde se gestam as grandes tragédias da humanidade: em *Os meninos do Brasil* (*The Boys from Brazil*, 1978), de Franklin J. Schaffner, milhares de pequenos clones de Adolf Hitler se disseminam por todo o mundo para preparar a grande ditadura fascista do futuro.

De algozes a vítimas?

A tradição anglo-saxônica está repleta de infâncias desgraçadas, de crianças pobres e desamparadas, que se veem obrigadas a empreender a aprendizagem da vida por si próprias, sem nenhuma ajuda por parte dos mais velhos, que, pelo contrário, só constituem obstáculos em seu caminho. Há sempre exceções, é claro, e estas costumam ser as figuras paternas, homens em geral sensatos e resignados que servem de guia espiritual aos meninos em questão: é o caso de *Oliver Twist*, de Charles Dickens, em que o senhor da grande mansão se erige na salvaguarda da ingenuidade infantil de Oliver. Entretanto, já Robert Louis Stevenson, em *A ilha do tesouro*, alterou os papéis e outorgou a Long John Silver, o malvado, mas enternecedor pirata, o rol de ambíguo iniciador à vida, enquanto o menino protagonista se converte em sua inesperada nêmesis. É algo parecido com o que faz John Meade Falkner em uma novela igualmente poderosa, embora careça do prestígio da de Stevenson. Em *O tesouro do Barba Ruiva*, Falkner apresenta outra criança relacionada com um aventureiro, dessa vez um falso aristocrata que na realidade lidera um grupo de delinquentes que se dedicam a traficar tesouros encontrados em barcos naufragados nas costas britânicas. Também aqui o menino levará seu educador à perdição, involuntariamente, e ele desvelará, por sua vez, o verdadeiro sentido dessas ficções iniciáticas: metáforas sobre a paternidade, sobre a passagem do tempo, que aniquila os adultos enquanto leva as crianças a sua plenitude; essas relações entre gerações falam, na realidade, sobre o poder do olhar infantil, sobre a misteriosa vocação vampírica da pré-adolescência, capaz de organizar o mundo através de seus olhos, de *sugar* seu sentido convertendo seus semelhantes em espectros de seu peculiar universo. A infância desgraçada, pois, também pode semear a desordem ao organizar o relato segundo seu poder de convocação de objetos e personagens: pode existir imagem mais evocadora a este respeito que a de Antoine Doinel, do anglófilo François Truffaut, no final de *Os incompreendidos* (*Les Quatre Cent Coups*, 1959), quando crava seu olhar na câmera, no espectador, para capturá-lo em sua própria teia de aranha de confusão?

James Agee, escritor e roteirista, eventual e excelente crítico de cinema, é o autor de *Una muerte em la família*, uma das novelas imprescindíveis na elaboração do mapa da literatura norte-americana contemporânea. Nela, a voz fantasmagórica de uma criança, disfarçada de terceira pessoa, evoca os dias imediatamente anteriores e posteriores ao falecimento de seu pai, morto após estilhaçar seu carro contra uma árvore quando ia em socorro de seu progenitor enfermo, o avô do garoto. Essa arrevesada rede de relações familiares, de paternidades que desencadeiam outras e revelam a passagem implacável do tempo, a chegada da morte e a assunção forçosa da maturidade, começa com um estranho prólogo em primeira pessoa, dessa vez, sim, que se desdobra como uma ladainha: "Agora estamos falando dos entardeceres estivais em Knoxville, Tennessee, quando eu vivia ali disfarçado, proveitosamente ao meu entender, como uma criança". Os especialistas duvidaram por vezes da inclusão dessas páginas na novela, que terminou inacabada; porém, seja como for, não há maneira mais contundente de expressar a *otredad* da infância, desses pequenos corpos que alberga m mentes em constante evolução, às vezes involuntariamente defrontadas com seu entorno, inclusive com seus protetores, sejam pais, sejam figuras paternas. Voltemos aqui a Stevenson e a Falkner, principalmente, para falar da adaptação da novela de Falkner, *O tesouro do Barba Ruiva* (*Moonfleet*, 1955), realizada pelo cineasta alemão estabelecido em Hollywood, Fritz Lang.

O olhar enfrentado

Apesar de já estar há mais de vinte anos em Hollywood quando realizou esse filme, Lang não havia abandonado suas maneiras da Europa central. Assíduo praticante do cinema negro, com suas luzes e sombras inequivocamente expressionistas, defrontou-se ali com seu primeiro filme de aventura realizado nos Estados Unidos, ainda que fosse um gênero que praticara com assiduidade durante sua etapa muda, na Alemanha pré-Hitler. Dessa maneira, *Los contrabandistas de Moonfleet* é, simultaneamente, uma iniciação e um retorno. Curiosamente, é também um filme que começa com um retorno simbólico e termina com uma iniciação culminada. No princípio, o pequeno John Mohune *volta* ao povoado onde reside um estranho cavaleiro, Jeremy Fox, que supostamente tem que tomar contar de John depois da morte de sua mãe, que havia sido amante de Fox. Pode ser que Fox seja o pai do menino, segundo nos dá a entender, mas o que importa é que, de fato, termina sendo. E não precisamente à base de uma comunicação fluida entre ambos, pois sua relação fundamenta-se melhor nos silêncios e nos subentendidos, senão através, uma vez mais, do olhar infantil, que converte o simples contrabandista em um herói. O trágico destino de Fox começa a germinar a partir da atividade desses olhinhos incansáveis, uma visão que violenta a realidade a ponto de transformá-la, de obrigá-la a transitar por rumos distintos daqueles que em princípio pareciam-lhe próprios.

Uma das primeiras imagens que John vê ao chegar a Moonfleet é a estátua de um anjo cego. Na noite escura, perseguido por fantasmas imaginários, chega a um cemitério onde essa figura o aguarda com o olhar posto em parte alguma, quem sabe, em sua própria alma de menino perdido. Pois bem, esse primeiro enfrentamento com o vazio, com um buraco que há de preencher, o de sua própria experiência, e com um mistério que deve afrontar, o da vida e da morte, o obrigam a tomar posições e a adotar, a partir de então, uma atitude aparentemente passiva, na realidade uma atitude de inimaginável agressividade. De imediato, depois do encontro com o anjo, cai em um sono profundo cujo sentido só é capaz de explicar depois de acordar. Em um plano subjetivo de terrificante abstração, Lang mostra, desde o ponto de vista do pequeno, um círculo de cabeças diabólicas que o observam, um grupo de contrabandistas que o capturaram assim que chegara ao povoado. O plano é fantasmagórico, pois os rostos parecem suspensos no vazio, abstraídos de qualquer contexto, o que os converte em invenções da imaginação infantil, deformações da realidade, que não podem se identificar com nenhum tipo de referente no mundo do cotidiano. Nesse sentido, não é de estranhar que a primeira aparição de Jeremy Fox aos olhos de John Mohune seja contemplada como uma irrupção no cenário que a criança está começando a configurar, uma figura legendária, que ele mesmo convoca a partir de sua ideia do que deve ser um cavaleiro e um pai protetor, invenção inevitavelmente tingida de certa violência associada com a força e o poder que deve possuir uma figura desse tipo: o personagem entra no quarto onde se encontram o rapaz e os contrabandistas dominando tudo o que pode abarcar com sua vista, chicote na mão e passos firmes que ressoam através de suas botas. É assim como John quer ver o homem que sua mãe designou como seu protetor e, em consequência, desde esse momento, seja como for, Fox está condenado a desaparecer, engolido pelos desígnios da ficção infantil.

Trata-se de uma estratégia que o cinema americano utilizou em numerosas ocasiões, sem dúvida herdada da novela de aventuras: a figura adulta magnificada, mas, de uma só vez, sentenciada pelo olhar de uma criança. Em *O sol é para todos* (*To Kill a Mockingbird*, 1962), de Richard Mulligan – baseado na novela de Harper Lee – o pai, que responde pelo nome (de inspiração mítica) de Atticus Finch, é observado como um ente superior, quase divino, modelo de bondade e outras virtudes, mas, ao mesmo tempo, seu *desgaste*, à medida que avança a ficção, o transforma em um ser dolorosamente próximo, tão humano como o pobre negro que defende. Em *Um mundo perfeito* (*A Perfect World*, 1993), de Clint Eastwood, o delinquente Robert "Butch" Haynes vai perdendo pouco a pouco suas faculdades diante do contato cotidiano como o menino que sequestra, até que ao final sucumbe frente a seus poderes de transfiguração. Em *O tesouro do Barba Ruiva*, John, como dizíamos, vampiriza pouco a pouco Jeremy Fox, extrai dele os fluidos vitais, a vida que surge a borbotões ao início do filme, e o deixa transformado em um farrapo ferido gravemente, que só se vê capaz de buscar um lugar apropriado para encontrar a morte. Com efeito, há dois momentos decisivos nesse processo de vampirização através do olhar. No primeiro, John observa por uma janela como Fox se relaciona com as pessoas da alta sociedade envolvidas em seus negócios sujos. Uma bailarina sobe na mesa e dança para os presentes, enquanto eles bebem e discutem seus assuntos. No segundo, o rapaz desce ao buraco onde os contrabandistas liderados por Fox guardam seus tesouros e contempla suas atividades desde um esconderijo, até que em certo momento aparece o falso cavaleiro e começa a dar ordens a torto e a direito. Em outras palavras, o garoto *desmascara* a dupla personalidade de Jeremy Fox, deixa-o descoberto diante de seu próprio olhar infantil e frente a si mesmo, transmite-lhe – de alguma maneira furtiva e misteriosa – que não é aquela pessoa que disse ser, que não é nada, só um disfarce vazio.

Daí o magnífico final do filme: a cena que transcorre na cabana frente ao mar, outro dos esconderijos do contrabandista, e que desata o relato como se tratasse de uma trama espectral, lá no reino das sombras. John jaz em uma cama, enfermo depois de suas intensas aventuras, enquanto Fox, ferido de morte após seu confronto com um de seus elegantes companheiros por causa do garoto, se dispõe a desaparecer da cena da maneira mais elegante possível. O garoto desperta e fala com o homem, que lhe diz que a única solução é que ele, Jeremy Fox, se vá e desapareça da sua vida. O garoto fica contemplando como o contrabandista sai pela porta da cabana e consuma seu sacrifício final, entra no mar com seu barquinho para não regressar jamais, engolido pelo sonho de uma criança inocente. O impostor descobre sua verdadeira essência espectral e se dispõe a fazer dela realidade, a abandonar todas as máscaras e assumir sua condição, revelada pela perversa atividade escópica do pequeno John Mohune, que de novo o contempla da janela. Para Lang, para o classicismo hollywoodiano em sua fase maniqueísta, aquela que se inicia após a Segunda Guerra

Mundial, a irrupção do olhar no plano é mais um elemento de um processo de *descalcificação* que mina a transparência clássica para dar a entender que o cinema já não depende de um só ponto de vista: a onisciência se desbarata a partir da turbulência do olhar infantil.

O olhar que une

Mas há outra forma de abordar essa crise do classicismo que se produz em Hollywood, sobretudo, entre as décadas de cinquenta e sessenta. Se *O tesouro do Barba Ruiva* mostra o lado obscuro desse olhar infantil, sua vertente mais relacionada com o mito, uma comédia aparentemente inócua como *Papai precisa casar* (*The Courtship of Eddie's Father*, 1963), de Vincente Minnelli, decanta-se melhor por seus poderes curativos, pela maneira como pode suturar uma ficção ferida, marcada pelas pegadas da morte. É o processo inverso ao interior, pois, enquanto no filme de Lang uma trama que se conserva precariamente unida fica completamente desmantelada por completo após submeter-se ao olhar infantil, aqui um universo descomposto se unifica novamente, para continuar cumprindo, ainda que desde o território dos bons sentimentos, os papéis sociais que lhe foram atribuídos. E se *O tesouro do Barba Ruiva* procede da tradição da pirataria, da aventura que se introduz no reino dos mortos, *Papai precisa casar* prefere aditar-se à comédia melodramática com referentes exclusivamente teatrais e cinematográficos: uma tradição que vem de Chaplin e de *O garoto* (*The Kid*, 1921), de King Vidor e *El campeón* (*The Champ*, 1931), para apontar apenas dois exemplos.

Papai precisa casar conta a história de um menino, o Eddie do título, cuja mãe falece fora de campo, antes que Minnelli dê início ao relato, e fica só com seu pai. O que começa a partir de então é um processo de recomposição, com o qual o garoto pretende que tudo volte a ser como antes, reconstruir a unidade familiar com uma mulher que ele decidiu que deve ser sua nova mãe. O pai, por sua conta e risco, procura novas aventuras, conhece novas mulheres, mas sempre é boicotado por seu filho, que lhe reenvia constantemente à mãe substituta que ele elegeu, uma enfermeira doce e paciente que cumpre todos os requisitos para ser o novo objeto do desejo infantil. Porque, com efeito, se *O tesouro do Barba Ruiva* é um filme sobre os poderes da imaginação, *Papai precisa casar* prefere se concentrar nos poderes mágicos do desejo, na vida que começa depois da morte, graças, de novo, ao olhar de uma criança. Seguramente, há um elemento de origem claramente sexual nessa eleição, posto que o pai encanta-se por uma mulher morena, misteriosa, distante, que responde, nas margens da comédia, ao modelo da *femme fatale* surgido dos códigos do cinema negro. No meio, como possibilidade nunca contemplada, aparece uma ruiva, mas de poucas luzes, ingênua e sentimental, ainda que de físico explosivo, que se situa no plano do companheirismo e da cumplicidade, tanto para o filho quanto para o pai, ainda que para este, evidentemente, trate-se também de um objeto sexual impossível para um homem de sua posição e moral. E, no outro extremo, nos sonhos do garoto, aparece, como um anjo, como o outro lado da moeda do anjo cego de *O tesouro do Barba Ruiva*, a loira virginal, mãe sempre em potencial, que dispara todos os seus mecanismos de fabulação em meio à recomposição da família tradicional.

Dessa maneira, essa fábula sobre o desejo inocente é também uma metáfora sobre a infância como salvaguarda dos valores conservadores. Porém, para Minnelli, isso não é mais que um desejo de estabilidade, que só pode se cumprir no mundo dos sonhos, ou seja, no território do cinema. E daí essa prodigiosa cena final, na qual Eddie *costura* literalmente a figura paterna com a idealização da materna e as dispõe para o vínculo matrimonial final, que, também como a morte da primeira mãe, se produz inevitavelmente em *off*, uma vez finalizada a ficção posta em marcha pelo garoto. Vejamos. Eddie desapareceu, irritado consigo mesmo e com seu pai, impotente diante do que vê como um inevitável fracasso de seu desejo. Ao fim o encontram, mas isso desata uma azeda discussão entre seu progenitor e a virgem loira, que têm opiniões contrárias sobre como educar ao garoto. Eddie, então, idealiza uma estratégia: põe em contato telefônico os dois amantes em potencial, enquanto ele, no descanso, contempla o resultado de sua operação com as portas abertas, pois o pai e a moça vivem no mesmo andar. Minnelli concentra, então, o plano em Eddie, que *olha* para um e outro lado, enquanto as vozes do casal que ele uniu se suavizam, e começam a rir e a brincar, o que se prefigura como o início de um romance. A música sobe de volume e a ficção finaliza-se com a câmera focada nesse olhar infantil, ao mesmo tempo conservador da moral tradicional e transgressor da lógica, capaz de atravessar dois espaços distintos para unir os dois seres que ele elegeu como responsáveis por seu futuro imediato. Ao contrário do que sucede em *O tesouro do Barba Ruiva*, os olhos de um garoto provocam não a entrada no reino das sombras, mas a fuga de uma nebulosa chamada orfandade através de sua própria retórica visual.

Em todo caso, nos dois exemplos, circulação do imaginado e do desejado pelas reviravoltas de uma realidade inóspita, que deixa assim descobertas suas múltiplas cicatrizes: transgressão, pois, do cinema clássico, da plenitude de sua infância, em busca de uma modernidade, de uma maturidade, que se encontra além de todas as janelas e todas as portas.

Filmes citados

A cidade dos amaldiçoados (*Village of the Damned*, 1995), de John Carpenter.

A profecia (*The Omen*, 1976), de Richard Donner.

Cinzas no paraíso (*Days of Heaven*, 1978), de Terrence Malick.

Contra corrente (*Undertow*, 2004), de David Gordon Green.

Halloween – a noite do terror (Halloween, 1978), de John Carpenter.

O campeão (*The Champ*, 1931), de King Vidor.

O exorcista (*The Exorcist*, 1973), de William Friedkin.

O garoto (*The Kid*, 1921), de Charles Chaplin.

O mensageiro do diabo (*The Night of the Hunter*, 1955), de Charles Laughton.

O sol é para todos (*To Kill a Mockingbird*, 1962), de Richard Mulligan.

O tesouro do Barba Ruiva (*Moonfleet*, 1955), de Fritz Lang.

Os incompreendidos (*Les Quatre Cent Coups*, 1959), de François Truffaut.

Os inocentes (*The Innocents*, 1961), de Jack Clayton.

Os meninos do Brasil (*The Boys from Brazil*, 1978), de Franklin J. Schaffner.

Papai precisa casar (*The Courtship of Eddie's Father*, 1963), de Vincente Minnelli.

Terra de ninguém (*Badlands*, 1974), de Terrence Malick.

The Children's Tour (idem, 1961), de William Wyler.

The Other (1972), de Robert Mulligan.

Um mundo perfeito (*A Perfect World*, 1993), de Clint Eastwood.

Vendaval em Jamaica (*A High Wind in Jamaica*, 1965), de Alexander Mackendrick.

Village of the Damned, (1960), de Wolf Rilla.

Filmar uma criança:
a construção
de um espaço comum

Núria Aidelman Feldman
Laia Colell Aparicio

Tradução de
Maria Antonieta Pereira

Entre a criança e nós, os adultos, estendem-se as palavras e os signos, o pesado salva-vidas de tudo o que já sabemos, os programas, as horas e os dias, os costumes, as formas e as leis. Estendem-se o balbucio dos sons estalando em busca da palavra ou da frase, o íntimo assombro diante do olhar de um cão, as sombras que rondam o sonho escondidas na noite, as solidões e angústias das quais ainda não se conhece o nome. Entre nós, os adultos, que cremos já saber tantas coisas do mundo, e elas, as crianças, estende-se também nosso passado abandonado, nossas lembranças diluídas entre o imperceptível passar dos dias e a obediência a uma vida cotidiana que só observamos. Nas brincadeiras, nos risos, nos prantos, nos silêncios, nos medos escondidos, nos prazeres vislumbrados das crianças pulsam nossos "não já", nosso exílio daquele mundo infantil que, quem se lembra, foi o nosso. Talvez por isso, em nossa relação com a infância, a perda é uma figura central. Os minúsculos universos infinitos das crianças são para o adulto uma *terra incógnita* que, entretanto, o habita.

Em *Mortal y rosa*, que Francisco Umbral escreveu durante o último ano de vida de seu filho morto aos três anos, o escritor o expressa assim:

> Nunca levamos uma criança pela mão. É sempre ela quem nos leva, quem nos traz. Aprender a deixar-se levar pela criança, confiar-se à sua mão, lótus que emerge nos tanques da infância. A criança nos leva até os reinos do pequeno, remete à nossa própria infância adormecida, arrasta-nos pela trilha

mais estreita, transitada só pela formiga, a sansanica, pelo cravo solitário e pela pedra rodadora. Ir com ela pela rua, pelo campo. E nos dá a medida de nosso exílio, porque ele sim pertence aos céus viajantes, à luz do dia, à explosão da hora, e nós já não pertencemos. Nós nos distanciamos disso com o pensamento, a reflexão, a impaciência e a ordem.[1]

Quando um adulto cineasta decide fazer um filme de crianças, com elas e aproximando-se delas, começa necessariamente do exterior: ele já não é daquele mundo. A pergunta fundamental em todo ato de criação cinematográfica, de onde começar a filmar, é particularmente complexa: como dizer o outro? E ainda mais: como falar precisamente sobre esse outro que é o reverso de si mesmo? A criança, efetivamente, é nosso outro essencial porque é aquela que percorre as terras sem se resguardar nos conceitos, que toca as coisas antes de nomeá-las. Como, pois, dizer sobre a criança e seus mundos? Como dizê-lo sem trazê-la a nossos terrenos semeados de palavras e conceitos? Como falar, enfim, de um mundo em que já não estamos? A pergunta concerne especialmente ao cinema porque, ao contrário das outras artes, requer a presença real das coisas e das pessoas, faz-se de e com elas. Por isso, a pergunta "como filmar uma criança?" arrasta outra, talvez, mais radical: "Como estar junto a uma criança? Como atender às suas verdades?"

O cineasta parte, no início da viagem que é o filme, carregado de ideias, imagens, personagens. Mas os filmes se tecem nas múltiplas encruzilhadas do encontro e o desejo do cineasta necessita de realidades que o povoem e lhe abram o caminho. Cada plano se constrói na tensão entre o desejado, imaginado e planejado pelo cineasta e as rugosidades, os limites e as surpresas dessas realidades. Após o encontro, tudo se fez possível e tudo ainda está por se fazer. O desejo do cineasta de filmar uma criança, de criar um personagem, deve encontrar-se com a criança que o torna realidade ao mesmo tempo que o transforma: o personagem será, em proporção distinta segundo o cineasta e o filme, aquela que surja do encontro entre a criança e a ideia prévia do diretor. Essa criança (à qual podemos chamar ator) não encarna o personagem, conforma-o.

Nos filmes protagonizados por crianças, a relação entre diretor e ator adquire um valor especial: no processo de construção do personagem, nas explicações sobre o que lhe acontece, no trabalho de recriar suas

---
[1] UMBRAL, Francisco. *Mortal e rosa*. Cátedra: Madrid, 1995. p. 73-74.

emoções, produz-se uma aproximação entre eles que pode abrir algumas brechas nos muros que separam o adulto da criança. Quando isso ocorrer, o filme não só será capaz de dar testemunho das vivências e emoções de uma criança (de ficção), mas também em alguns casos, e esses são os que nos interessam especialmente, estará realmente impregnado de emoções, sensações, olhares e gestos da infância (sonhada, recriada, compartilhada). É assim que, em *Ponette*, Jacques Doillon entra, pela mão de sua pequena atriz, no universo das crianças. Mas existem muitas maneiras de aproximar-se desse seu mundo. Nas páginas que se seguem, vamos assinalar alguns desses espaços percorridos em dois filmes que, ainda que de formas muito diferentes, constroem-se a partir de uma aproximação do mundo das crianças: *Ponette* e *Nadie sabe*.

O projeto de Jacques Doillon partia de uma ideia quase transparente: queria fazer um filme sobre a vida de uma criança após a morte de sua mãe em um acidente de tráfego. Desde o princípio soube que tão importante como a filmagem seriam os meses de preparação. Uma equipe de assistentes andou por centenas de colégios de toda a França pedindo às crianças de três e quatro anos que fizessem um desenho da morte e o comentassem. Como uma prova desse empenho, diremos que ao final dessa primeira etapa havia uns seis mil desenhos. Depois, a partir deles, Doillon foi ao encontro de algumas das crianças e filmou uma série de conversas com elas. Finalmente encontrou Victoire Thivisol. Só depois desse longo processo, Doillon escreveu o roteiro do filme. Fê-lo rapidamente e com facilidade, porque, segundo o próprio diretor numa entrevista com Alain Bergala, já estava impregnado das crianças: "Estava guiado pelas crianças [...] Não sou uma criança de quatro anos, mas estou cheio delas no meu espírito"[2]. O roteiro, e com ele a ideia do filme, crescia a partir do que lhe haviam dito as crianças e por haverem estado a seu lado, por suas conversas sobre a morte, e também, seguramente, por suas maneiras de ficar frente à câmera.

Ponette parte de uma circunstância extrema: a morte da mãe. O roteiro, além disso, dramatiza-a inclusive de maneira um tanto excessiva deixando Ponette absolutamente sozinha frente à incompreensão de todos os adultos com os quais mantém um contato real. O pai a deixou nas mãos de sua tia

---

[2] Encontro de Jacques Doillon com Alain Bergala realizado para a edição do DVD (MK2) em 2004.

já na segunda sequência. Mais tarde, a tia levará Ponette junto com seus primos para um internato cujos professores tampouco saberão atender às suas demandas. Para suas perguntas, todos os adultos parecem ter respostas já preparadas: exceto no caso do pai, os demais recorrem à religião. À angustiada busca de Ponette, os adultos respondem sem deixar que a pergunta surja também neles, sem entrar, portanto, num verdadeiro diálogo com ela. Ponette está sozinha em sua pergunta, em sua busca e também na expressão da dor. As histórias com as quais a tia e as professoras respondem à sua preocupação (desde a reencarnação de Cristo e a ressurreição do dia do Juízo Final, até a suposta consolação de que sua mãe a estaria vendo e escutando no céu) não fazem mais que aumentar seu isolamento e seu desconcerto. Num determinado momento, cansada de não conseguir falar com sua mãe, apesar de lhe terem dito que ela a escutava, cansada de que tudo o que lhe diziam não se cumpria, Ponette responde enfadada a uma das professoras: "Não gosto que vocês me contem histórias".

Mas, inclusive nos momentos em que os diálogos se tornam mais duros, quando vemos Ponette encurralada em sua solidão ou imersa em seu desconcerto (inclusive chegando a dizer para seu primo, que é de sua mesma idade e o único que a compreende realmente, que quer morrer) não é pela palavra, que Doillon escreveu com tanto esmero, que o filme nos comove. O que é emocionante em *Ponette*, o que desperta em nós um sentimento profundo, não é o que se diz, nem sequer o que sucede ou o que supomos que Ponette, a personagem, está sentindo. A força de *Ponette* reside no pequeno corpo da atriz, em seus movimentos, nos seus olhares, nos seus gestos, em seu pranto.

Após a estreia do filme, alguém perguntou a Victoire como havia feito para chorar, e ela respondeu simplesmente: "É normal que Ponette chore: está pensando em sua mãe, que morreu". Quando conheceu Victoire, ela tinha três anos e meio; quando começaram a filmagem fazia mais de um mês que havia cumprido os quatro. A filmagem se adaptou a ela, a seus costumes, a seus ritmos, a suas necessidades, e durou doze semanas porque pela tarde só podiam trabalhar com Victoire a partir das seis, a hora em que despertava de sua sesta. Caroline Champetier, diretora de fotografia do filme, explica como diretor e atriz tiveram que encontrar uma linguagem comum. Como, por exemplo, para indicar-lhe o que requeria de sua interpretação, Doillon mostrava a Victoire com as mãos a "quantidade" de interpretação que havia alcançado na tomada, e estendendo os braços, a que requeria para a tomada seguinte.³ Mas a linguagem comum para inventar Ponette é também a dos intercâmbios, a que se constrói com aquilo que o cineasta se apropria da atriz ou com o que a atriz recusa do cineasta. No primeiro dia de filmagem, Victoire negou-se a dizer o texto que Doillon havia escrito para o diálogo no hospital; tempos depois, o diretor reconheceria que tinha sido um acerto da atriz. Com Victoire inventou frases e dela usou gestos, como esse, tão próprio agora de Ponette, em que encolhe os ombros e guarda entre eles a cabeça: Doillon o tinha visto um dia em Victoire e o converteu num refúgio para Ponette. E é que, como escreveria tempos depois Champetier,⁴ afinal o trabalho com a atriz não difere daquele dos atores adultos, põe às claras todos os temores da relação entre diretor e ator, tão vulneráveis – eles e a relação – ao mundo, aos desejos, à intempérie dos sentimentos.

O processo de criação de *Ponette* não passa somente pelo trabalho com Victoire, também é um trabalho para encontrar a forma de filmá-la, a forma de olhar seu rosto, a forma de recordar seus gestos e seus movimentos, a forma de captar sua relação com o que a rodeia. Desde a segunda cena do filme, surge entre Ponette e o espectador uma relação que se prolongará ao longo de todo o filme. Enquanto dirige pela mesma rodovia na qual ocorreu o acidente, o pai culpa e insulta a mãe diante do olhar de Ponette, que acabará por exclamar: "Ela não fez de propósito. Não é uma imbecil!" Após essa discussão, o pai detém o carro no alto de uma colina, caminha com sua filha nos ombros e, segurando-a pelas mãos, pede-lhe que jure que não vai morrer nunca. Depois, assenta Ponette no capô do carro e lhe diz que sua mãe morreu: "Tua mãe morreu. Sabes o que isso significa?" Apesar de que, uma vez mais, o diálogo se coloca a serviço de uma concepção dramática ancorada na mentalidade adulta, começa aqui um dos momentos mais maravilhosos do filme. Justamente depois do final da primeira frase do pai, Doillon salta de um plano com ambos de perfil para um primeiro plano de Ponette, ainda acompanhada pelo ombro e por um fragmento da face do pai. Nesse plano, o rosto da menina põe em movimento as infinitas ondulações do sentimento: seus olhos vacilantes e seus lábios, que mesmo sem palavras não deixaram de se expressar, nos atraem desde o momento da mão, para que acompanhemos Ponette em

---

³ Entrevista a Caroline Champetier realizada para a edição do DVD (MK2) em 2004.
⁴ Caroline Champetier, "Jouer", *Cahiers du cinéma* nº 599, março de 2005, p. 8-9.

sua solidão. À pergunta "Sabes o que isso significa?", Ponette dá a volta e sobe até o teto do carro para voltar a sentar-se de frente para seu pai e também de frente para nós. A câmera acompanha essa ascensão. Sentada no ponto mais alto do carro responde: "Sim, voa com seu espelho mágico". E se deixa cair pelo tobogã em que se converteu o para-brisas, enquanto a câmera, num novo plano, acompanha seu movimento. O pai volta a gritar "Está morta!", após o que explica a Ponette que ele também confiava que sua mãe estaria sempre com eles. Ponette permanece em silêncio. Quando o pai termina, ela volta a subir no teto do carro para, daí de cima, com a voz completamente trêmula, tentar dizer uma frase que não terminará até que volte a descer até seu pai e, já tocando-o, pergunte a ele: "Podes cuspir?" Agora é ela que, com o pranto nos lábios, pede a seu pai que jure que não morrerá. Ponette se estira em cima do capô e cospe no solo. O pai senta-a e cospe em sua mão. Ponette, com a respiração entrecortada, chora. À pergunta de seu pai sobre se poderá recuperar-se, só responde que sim, que conseguirá. E volta a aproximar-se dele, chorando de forma que mal consegue respirar, e após dizer "Consolarei nós dois" abraça forte seu pai, que a toma nos braços. A câmera está tão próxima que quase sentimos os ombros do pai assim como a própria Ponette. A câmera, e com ela nós, espectadores, consegue compartilhar suas emoções e seus sentimentos.

 Na entrevista já citada, Doillon fala da importância do movimento nessa cena e, no geral, em todo o filme. O ritmo do corpo é essencial à expressão das crianças e o movimento as ajuda a pronunciar suas frases. As crianças, aponta Doillon, conhecem o movimento do corpo e o movimento dos sentimentos. Elas sabem que o mais difícil que se lhes pode pedir é que fiquem quietas em um mesmo lugar. Tão importante como o movimento dos pequenos atores – e com ele o dos personagens – serão os movimentos da câmera. Porque desde a primeira cena no carro, cria-se uma harmonia, no sentido musical do termo, entre a menina e a câmera: entre seu corpo e nosso olhar de espectadores, a câmera consegue estabelecer um mesmo ritmo.

 A essa harmonia corresponde também a posição da câmera, que se situa sempre à altura da menina, aproximando-nos assim de sua percepção do mundo; raramente vemos os adultos de corpo inteiro. Caroline Champetier conta a complicada instalação que a escolha dessa perspectiva requereu, o que a obrigou a filmar ajoelhada ou estirada sobre o solo e inclusive, em algumas ocasiões, a enterrar a câmera: "Era necessário que eu fosse menor que a menina". Também as distâncias se tornam pequenas. Como espectadores, nos relacionamos com as coisas e com as pessoas a uma distância que não é a do nosso dia a dia de adultos: tudo parece estar muito mais próximo e as mãos se tornam um instrumento de exploração do mundo: adivinhamos a robustez dos ombros do pai, sentimos o frescor do rosto do primo de Ponette (que ela tantas vezes acaricia), apalpamos a rugosidade da parede frente àquela que roga a Deus para poder falar com sua mãe...

Essa intimidade entre a câmera e a menina, que irá se manter ao longo de todo o filme, não só nos aproxima de sua maneira de ver o mundo e de sentir as coisas, como também permite que, em certa medida, o compartilhemos com ela. Enquanto o discurso dos adultos insiste em enfatizar sua solidão, a câmera permite que nós a acompanhemos não só em seu périplo emocional como também em seu dia a dia corporal.

Se em *Ponette* a entrada no mundo das crianças passa pela filmagem e pelo trabalho com a atriz, em *Nadie sabe*, a infância se compõe: as imagens, os sons, os objetos, a luz, os ritmos, a música, os movimentos foram meticulosamente compostos para dar lugar a um mundo no qual reconhecemos as sensações da infância.

Nadie sabe parte de uma história real ocorrida em 1988, em Nishi-Sugamo: quatro crianças foram abandonadas por sua mãe e viveram escondidas em um andar durante vários meses até que uma das meninas morreu acidentalmente. Kore-Eda conviveu com esse projeto durante quinze anos antes de torná-lo realidade. O filme narra a vida de quatro irmãos (de pais diferentes) desde o momento em que se mudam para um novo andar. Os três pequenos não poderão sair na rua e deverão esconder-se dos vizinhos porque vivem à margem da sociedade: seu nascimento nunca foi declarado e não vão à escola. Essa necessidade de ocultar-se é tão grave que os dois menores chegarão ao andar dentro de duas malas; a irmã do meio deverá esperar em plena noite de Tóquio até que Akira, o mais velho, de doze anos, vá buscá-la. Desde o princípio do filme percebemos a atitude irresponsável e inclusive frívola de uma mãe jovem que, apesar de amar seus filhos, não é capaz de dar-lhes o mínimo necessário e que, inclusive, acha uma insignificância que lhe peçam para irem ao colégio como as outras crianças. Após uma primeira ausência demorada, a mãe acabará por abandonar definitivamente as crianças deixando-as aos cuidados do mais velho. Apesar da trágica história, o diretor encontra nela a possibilidade de explorar o mundo das crianças a partir de uma situação que as isola do mundo adulto. "Esse sucesso fez com que me fizesse várias perguntas. A vida dessas crianças não pode ser unicamente negativa. Devem ter desfrutado de momentos de cumplicidade, de alegria, de tristeza e de esperança. Não queria mostrar o inferno visto de fora, mas também a riqueza de suas vidas vista de dentro."[5]

Na origem do filme encontramos, portanto, o desejo de entrar no mundo das crianças, de ver as coisas como elas. É esse mesmo desejo, essencialmente impossível, o que impulsionará o cineasta a realizar um trabalho de imaginação extremamente rigoroso e ao mesmo tempo extraordinariamente livre. Se falamos aqui de trabalho da imaginação o fazemos entendendo por tal a criação de imagens a partir da rememoração de sensações e experiências vividas, a recriação das realidades atendendo ao que efetivamente são, e também ao que um dia despertaram em nós e ao que ainda podem despertar. Kore-Eda escreveu um roteiro muito detalhado, elaborou um meticuloso planejamento de cada uma das cenas e inclusive desenhou um *story-board*: imaginou até os mínimos detalhes do filme. Mas, e aí reside uma das maiores potências do cinema quando está em mãos de um verdadeiro cineasta, o que essa construção tornará possível é justamente um contato mais rico e mais intenso com as coisas. Porque, longe de recriar seu filme imaginado com os olhos fechados, Kore-Eda os abre, grandes, ao mundo que filma: ruas, plantas, luz, rostos, mãos, sons...

Inclusive podemos dizer que *Nadie sabe* é um filme interior feito da superfície das coisas, porque explora sua beleza a partir de uma intimidade com elas, porque constrói um olhar para aproximar-se delas e compõe uma imagem do mundo e da vida que tem sua origem no próprio desejo e na própria memória. "Quando era criança plantava flores, frutas e verduras, inclusive uma mexeriqueira que continua no terraço de minha mãe. Esse filme não só se nutriu das crianças com as quais trabalhei, como também da minha infância, a partir de detalhes e sentimentos que me afetaram então (a ansiedade enquanto esperava o regresso de minha mãe, a tristeza ao perder um amigo). Muitos anos me separam do protagonista, mas nasci em Tokio e sempre vivi aqui. Por isso creio que é o lugar que posso descrever melhor. Conheço o universo dessas crianças e tive sensações similares às suas. Por isso, e seguindo esse espírito, deixei parte de mim mesmo no filme."[6]

---

[5] Extrato da conferência de imprensa realizada por Kore-Eda no Festival de Cannes 2004.
[6] *Ibidem.*

Nadie sabe é um filme povoado de imagens da própria infância e também, porque não, de uma infância sonhada pelo cineasta adulto que encontra nela a possibilidade de voltar a ver as coisas com um olhar novo e ao mesmo tempo arcaico. "Quis fazer reviver esse tipo de lembranças que todos compartilhamos."[7] Ao ler a evocação de Kore-Eda de quando era criança e plantava flores, voltam-nos à memória as crianças de *Nadie sabe* gozando, também eles, com as plantas que eles mesmos semearam e que ocupam tantas cenas do filme: as crianças pegarão as sementes da rua, encherão bolsas com terra, pintarão cada uma seu vaso – um pote de plástico de alguma comida pré-cozida – e escreverão nela seu nome com canetinhas coloridas, regarão as plantas inclusive quando já não tiverem água corrente em casa. Vamos vê-las crescer no balcão. Mas o espectador-adulto que somos, que conhece os mecanismos da ficção e se compraz em antecipar-se à ação, seguramente acreditará prever o desastre que se avizinha na terra e nessas plantas. Do contrário, porque lhes dedicar tanto tempo e tantos planos? O maravilhoso (e arriscado) de *Nadie sabe* é que a própria pergunta não tem sentido. Porque se trata, justamente, não apenas de pre-ver, mas também de ver, de voltar a ver, de ver de outra maneira. Kore-Eda nos devolve a sensação da terra fresca nas mãos: nos oferece uma imagem de sua lembrança pessoal, mas também, com ela, abre uma janela para as nossas.

Nadie sabe não é um filme construído sobre o sentido, mas uma composição visual e emocional que joga – como se joga quando se toca piano – com os sentidos. Kore-Eda, com extrema delicadeza, cria um mundo impregnado de sensações: os pés na ducha e o som da água caindo sobre o solo, a tênue luz que acompanha o som à primeira hora da manhã, as cores vivas das coisas, o profundo prazer de sentir a mãe penteando nosso cabelo... Os planos curtos com os quais o cineasta compõe os dias dos irmãos, reclusos no andar, aproximam-nos tanto de suas coisas que quase as tocamos; por meio das mãos e dos pés das crianças, que pontuam quase todas as cenas, sentimos a matéria das coisas, a textura da roupa, o frescor do solo, a temperatura da água, o pó invisível da luz. Os sons povoam o espaço e nos adentram até submergirmos no mundo que é o andar para essas crianças presas e obrigadas a permanecerem escondidas das pessoas. Inclusive nos chega o cheiro das coisas por meio de algumas

---
[7] *Ibidem.*

frases: sabemos que o tatami cheira muito bem, a folhas caídas; sentimos o cheiro dos lençóis estendidos ao sol e Akira se surpreende que sua mãe diga que eles ficam empestados ao sol.

Kore-Eda, muito além de conseguir criar imagens que trazem consigo nosso passado de crianças, muito além de despertar em nós sensações de uma íntima beleza, cria, por meio de sua composição, uma simpatia que se mantém flutuando ao longo de todo o filme. Como no dia do aniversário de Euki, a irmã pequena, quando ela sai passeando pela cidade com Akira. Já de noite, a câmera se detém um momento atrás deles: Euki deixou de andar e olha para cima. No negro amplo e profundo da noite na cidade, vemos passar uma fileira de pequenas luzes brancas que iluminam suavemente seus rostos. "É o monocarril"[8], diz Akira. Começam a soar as primeiras notas da melodia instrumental que pontua todo o filme; segue-se uma série de planos nos quais só importam o rosto de Akira e as luzes brancas, desfocadas, às quais se somaram outras poucas, azuis e vermelhas, dançando na noite. E é formoso. Kore-Eda compartilha com as crianças, e também conosco, espectadores, sua emoção de cineasta. O mesmo ocorre quando o que enche a tela são as árvores da primavera em flor ou a sombra de uma árvore desfolhada estendida no solo de um parque de inverno.

O cineasta também participará da intensidade do júbilo de seus personagens quando, após muitos meses, os quatro irmãos encerrados no andar, saem à rua pela primeira vez. Após alguns segundos de uma emoção condensada, nos quais Akira prepara cuidadosamente os sapatos para seus irmãos enquanto esses o observam, ainda incrédulos de enfim poder sai, o sorriso de Akira observando-os dará entrada à música e aos pés correndo no corredor do imóvel. Lá fora espera-os o sol, tão brilhante, tão diferente da suavidade da luz que passa pelo balcão; o vento, entre as flores das árvores, parece saudá-los: e tudo lhes sorri. As crianças correm, gritam, saltam. E a câmera junto delas. Também o espectador respira um ar novo e o mundo parece explodir de alegria e vida. Voltam para casa: cortaram-lhes a luz. Nas folhas verdes das árvores, anuncia-se o verão e o sol brinca entre os ramos. Shigeru, o irmão mais novo, sai correndo do banheiro público do parque e seus irmãos se lavam e limpam a roupa na fonte. As árvores são bonitas, as nuvens correm pelo céu azul detrás das

---

[8] Monocarril é um metrô de superfície que tem apenas uma via. [N.T.]

plantas do balcão, voam pelo ar anjos de algodão e os irmãos correm e saltam para pegá-los. É triste e é belo: "a vida também nos sujeita precisamente porque não é como a esperávamos".⁹

Talvez porque seja feito de lembranças e sensações, porque seja um filme interior, *Nadie sabe* tem um certo tom elegíaco, certo sabor de canto pelo que foi perdido: é um canto à vida e a uma forma de habitá-la, de vê-la, de vivê-la. Porque também é um filme sobre a passagem da infância para a idade adulta. "Queria mostrar um personagem no umbral da adolescência, que vacila entre continuar sendo criança e converter-se em adulto. Quando joga *base-ball*, é a última vez que é uma criança. E porque se permitiu jogar *base-ball*, não pode proteger sua irmã pequena. Esse drama o faz converter-se em adulto. Ao perder sua irmã nesse momento, perde sua inocência. A maturidade é um pouco isso: para se tornar adulto tem-se que perder algo."¹⁰ É interessante a oscilação do protagonista entre o que ainda tem de criança e a necessidade imperiosa de converter-se em adulto, o dispositivo que gera a própria situação narrativa do filme. Enquanto seus irmãos pequenos estão obrigados a ficar em casa escondidos, Akira tem que ir à cidade em busca de comida. Será precisamente no exterior onde, apesar de ter que cumprir diariamente com a obrigação de ir comprar ou, mais adiante, de buscar comida, Akira encontra um espaço de liberdade: é nas ruas da cidade onde realmente oscila entre o papel de adulto que lhe foi imposto pelo abandono de sua mãe e o estalo espontâneo da criança que ainda corre e salta e ri e brinca quando por casualidade encontra uma bola no parque. Efetivamente, o umbral entre a infância e a adolescência, momento em que se concentram e se confundem o "não já" e o "ainda não", é um momento privilegiado para se ver não tanto a infância, e sim como ela foi. Nesse umbral, Kore-Eda encontra o espaço para compor uma imagem íntima e pessoal da infância que ressoa em nós e nos oferece um lugar para que compartilhemos seu canto, elegíaco e vital, triste e fresco, delicado e intenso.

Talvez a pergunta com a qual abrimos o texto – como dizer o outro que é a criança? – não requeira respostas, mas alguém que a leve consigo. Porque, finalmente, talvez o que importe não é ser capaz de falar ao outro,

---

[9] Jaime Gil de Biedma, "Noches del mes de junio", *Las personas del verbo*. Seix Barral: Barcelona, 1999.

[10] Extraído da conferência de imprensa realizada por Kore-Eda no Festival de Cannes 2004.

mas sim de falar com ele. E isso é o que fazem Jacques Doillon e Hirokazu Kore-Eda em seus filmes: deixar-se levar pela mão (das crianças, de suas lembranças de criança) e criar com elas um espaço. Porque não se trata de fazer do filme uma ponte para entrar no mundo das crianças (entrar sempre é algo que vem de fora, de um distanciamento demasiado), mas sim de fazer um caminho levado pela mão do outro, de construir, com os utensílios e as atenções de cineasta, um espaço comum. E posto que o filme é ao mesmo tempo a construção desse espaço e o próprio espaço no qual se produz o encontro, ao vê-lo, o espectador poderá, ele também, compartilhá-lo com elas.

Filmes citados

Nadie sabe (*Daremo shiranai / Nobody Knows*, Japón 2004) de Hirokazu Kore-Eda, com Yuya Yagira, Ayu Kitaura, Hiei Kimura, Momoko Shimizu, e Hanae Kan.

Ponette (*Ponette*, França, 1995) de Jacques Doillon, com Victoire Thivisol, Delphine Schiltz, Matiaz Bureau Caton.

Salvem as crianças!
Ou a infância como horizonte de certo cinema contemporâneo

Àngel Quintana

Tradução de
Carlos André Teixeira Gomes
Paula de Castro Diniz

Nos melhores filmes do cineasta de Hong Kong, John Woo, desde *Bala na cabeça* (*Die xue jie tou*, 1990) até *A outra face* (*Face/Off*, 1997) – todos eles rodados na década de 90, depois dos inevitáveis tiroteios que os principais grupos de mafiosos enfrentam – costuma-se abrir uma oportunidade para a ternura e para a humanidade. Os protagonistas, filhos de uma sociedade na qual a violência parece que tudo determina, reconhecem a imperiosa necessidade de salvaguardar, em meio à corrupção da sociedade em que vivem, um espaço para a inocência. Por esse motivo, buscam alguma solução para proteger as crianças, estabelecem pactos explícitos de cessar fogo e lutam para resgatar seus filhos esquecidos. Nos filmes de John Woo, as pistolas deixam de disparar, os personagens interrompem suas brigas, enquanto se abre um curioso parêntese para proteger as crianças.

O exemplo não é absolutamente banal, visto que nos introduz em uma questão-chave para poder entender como a infância é representada em certo cinema de consumo e estabelece um curioso debate sobre a tomada de consciência que o tema da infância começou a adquirir no interior de certas ficções. Os filmes, além de sua condição de espetáculo de massas, parecem se converter em um cuidadoso espelho sobre como determinados universos marcados pelo materialismo econômico recorrem à infância como caminho para acabar limpando sua má consciência. Nos anos 50, na mítica parábola que Charles Laughton elaborou em O *mensageiro do diabo* (*Night of the Hunter*, 1955), a velha Lílian Gish rogava ao espectador que, frente a um mundo corrupto, se impusesse a necessidade de salvar ou de proteger as crianças. Nos anos 80, em *Na idade da inocência* (*L'Argent de Poche*, 1978), de François Truffaut, o professor de escola recordava que as crianças eram a assinatura pendente da sociedade de consumo; sua problemática não interessava aos políticos porque elas não tinham direito a voto. O eco dessas súplicas se estendeu até nossos dias, nos quais a infância não é só um problema que surge como espaço central em determinados filmes articulados desde uma clara consciência social ou desde uma determinada busca de valores humanitários, como também chegou a atravessar os registros mais diversos do cinema contemporâneo, até o ponto de converter-se em um fator alegórico.

Para compreender como as sociedades capitalistas começaram a considerar o problema do desenraizamento da infância como uma questão chave, até o ponto de marcar algumas de suas ficções mais representativas, estabeleceremos três caminhos possíveis, que são a ideia da recuperação da infância como utopia, o tema da tomada de consciência de que a degradação da vida adulta converte-se em uma herança perversa para as crianças e a observação de como o ato da adoção e busca do filho se converteu em um novo território de busca de identidade. A partir de caminhos estéticos contrapostos e de culturas heterogêneas, veremos como alguns dos mais destacados autores contemporâneos começaram a recorrer ao tema da infância e vislumbraram-no como uma questão chave para repensar a deriva de um presente que tem sido capaz de realizar apostas de futuro.

O problema da infância não é resultado das observações concretas de alguns diretores, senão um tema que parece atravessar diferentes estilos e escolas do cinema contemporâneo até o ponto de se converter em uma questão fundamental, que começou a tomar força em algumas obras apresentadas no festival de Cannes de 2004 e que, desde então, não deixou de marcar a paisagem audiovisual. A preocupação pelo tema da infância se manifestou também no território do documentário, em que os problemas morais derivados dos abusos às crianças e as acusações públicas de ações pederastas foram transformados em temas de máxima atualidade. Como exemplo desse território, basta observar os documentários *De nens*, de Joaquim Jordà (2003), sobre o julgamento por atos de pedofilia no bairro de El Raval de Barcelona, e *Na captura dos Friedmans* (*Capturing the Friedmans*, 2003), de Andrew Jarecki, sobre o escândalo surgido quando o pai de uma família de classe média americana foi acusado de pederasta, e a ficção *O lenhador* (*The Woodsman*, 2004), de Nicole Kasell, sobre um pedófilo que regressa a sua cidade natal depois de ter sido condenado a 12 anos de prisão.

As crianças como utopia

Se os filmes de John Woo, como obras representativas de certo modelo de cinema de consumo surgido de uma megalópole como Hong Kong, são algo mais do que um simples divertimento articulado como um brilhante exercício de colocação em cena, é devido a sua condição de metáfora sobre um mundo à deriva. Sua importância assenta-se em sua condição de relatos sobre a crise das relações humanas geradas por uma determinada cultura da megalópole, na qual a violência fora provocada pela crise que a noção de identidade experimentou dentro de um meio marcado pelo ritmo do capitalismo selvagem. Em meio a esse mundo, no qual determinadas cidades asiáticas se converteram em autênticas urbes impessoais de cimento e vidro, sustentadas pelo frenesi do estresse e pela ambição de riqueza, é lógico pensar que os grandes perdedores e os principais esquecidos são sempre as crianças.

O processo de destruição que determinados excessos de riqueza sofrem tem provocado, a partir da não crença no futuro e da inexistência de qualquer tipo de reflexão sobre a herança, um esquecimento progressivo de sua condição. Atualmente, em um mundo ocidental marcado pelos desajustes de riqueza, as crianças têm de aprender a crescer em uma selva urbana na qual nada, nem ninguém, parece se preocupar com o mundo que vão acabar herdando, nem com a criação de utopias que permitam desenhar alguma esperança de futuro. Os tiroteios transformam-se em silêncio no cinema de John Woo para certificar a raiz dessa crise vital, enquanto o cinema contemporâneo não cessa de construir uma série de fábulas estimulantes sobre o esquecimento da infância. Uma preocupação que não para de atuar como pano de fundo de outras fábulas do cinema de ação, inclusive no campo da ressurreição de determinadas formas épicas. Assim, ao final de *Sete espadas* (*Chat Gim*, 2005), de Tsui Hark, os sete guerreiros que lutaram para proteger um povoado da tirania de um despótico general, que proibiu as artes marciais, dão-se conta de que sua luta não foi em vão e que os autênticos necessitados são as crianças porque só elas podem construir um mundo melhor. A questão da recuperação da infância adquire o caráter de desenho de uma nova utopia. As crianças são a alternativa de futuro; elas marcam um horizonte para o qual os diferentes modelos de heróis devem se dirigir para buscar o descanso, a paz e conseguir escapar de um presente voltado para si mesmos.

O problema das consequências, que pode chegar a gerar, no interior do tecido social, a inexistência de um autêntico legado para as crianças, constitui a grande preocupação de fundo que emerge ao final de uma obra aparentemente tão distanciada da realidade como Kill Bill – Volume 2, de Quentin Tarantino. No filme, o espectador pode descobrir, com certa perplexidade, que o motivo central da vingança perpetrada por essa *revenant* chamada Beatrix Kiddo, apelido *A noiva* (Uma Thurman), que viaja dos Estados Unidos para o Japão em busca do homem que a humilhou, deixou-a em estado catatônico e arrancou sua filha no dia de seu casamento, não é outro que a busca de um caminho que lhe permita desenvolver sua própria condição de mãe. A Noiva mata todos os capangas do grupo de Bill, luta com crueldade para impor seu lugar em um entorno de violência e, uma vez perpetrada a vingança, decide conquistar um novo paraíso junto a sua filha. Ao final, enquanto conduz um carro conversível, a sanguinária Beatrix não se sente satisfeita porque resolveu sua vingança, senão, sobretudo, porque recuperou sua filha desamparada, porque a afastou do entorno mafioso no qual ela foi educada e porque juntas podem chegar a projetar seus desejos de futuro em um mundo melhor, orientando-os para certa utopia na qual a infância não se encontra pendente dos caprichos da violência organizada. Enquanto nos filmes de aventura clássicos o herói encontrava a heroína e juntos marchavam rumo a um paraíso tranquilo no qual emergia a esperança de casamento, o paraíso prometido no cinema contemporâneo é um mundo com infância, no qual as mães podem recuperar junto de seus filhos esse tempo de convivência que haviam perdido.

O que os adultos deixam como herança

A cineasta Ásia Argento parece se converter no autêntico reverso da boa mãe em *Maldito coração* (*The Heart is Deceitful above all Things*, 2004); não tem nada a ver com a pessoa que busca tranquilidade de espírito a partir da recuperação da filha perdida, porque em seu universo não há saída para nenhuma utopia. O filme, dirigido pela própria atriz, é fundamentado em uma série de relatos curtos de J. T. Leroy, baseados na difícil situação autobiográfica que viveu durante sua infância, até que acabou se prostituindo. O livro foi considerado uma espécie de reflexão catártica sobre seu próprio inferno. O filme começa quando um menino de sete anos, Jeremiah, é arrancado da família que cuidava dele. Sua mãe, Sarah – personagem que a própria Ásia Argento interpreta –, uma jovem prostituta toxicômana, conseguiu recuperar sua guarda. Juntos pegam o caminho para Jackson (Tennesse), onde residiam. A partir desse momento, a vida do jovem se nutre de violência, a decadência física e moral de um meio que quer ser uma espécie de reflexo dos resíduos tóxicos da própria sociedade americana. O filme não pretende julgar as condutas de seus personagens; quer se converter em uma crônica do pesadelo americano, a partir de um retrato de uma série de vidas esfarrapadas, de algumas histórias de amor que surgem nas piores circunstâncias e de uma reflexão sobre uma mulher que tenta ser mãe, mas que continuamente é traída por seus piores impulsos. A sórdida história de Jeremiah e sua mãe Sara acaba estabelecendo um problema-chave, que vai além da recriação que se realiza a partir de um fato verídico: o problema do legado. O grande drama de Sara reside em sua incapacidade para educar seu filho porque seu presente a convertera em uma mulher sem futuro possível. Por não poder se vislumbrar nenhuma utopia possível, *Maldito coração* acaba sendo uma reflexão sobre como uma determinada sociedade se enterrou em seus próprios cimentos, convertendo os filhos em vítimas de seu próprio presente.

David Cronenberg, em *Marcas da violência* (*A History of Violence*, 2005), também reflete sobre a questão da herança, mas o faz a partir de uma imagem aparentemente plácida da América profunda e a partir da dissecação ao redor de como a violência dos pais é transmitida por múltiplas vias hipotéticas ao mundo dos filhos. O protagonista do filme é Tom Stall – Vigo Mortensen –, um personagem de passado turvo, que esconde sua vida anterior trabalhando em um bar de qualquer tranquila cidade americana. O passado volta representado em uns *gangsteres* que querem fazer um ajuste de contas com o personagem, e esse fato desencadeia a irrupção de algo obscuro que estava latente por trás de uma máscara plácida do personagem. O problema de *Marcas da violência* que interessa para nosso discurso não está no ato de queda das máscaras dos personagens que escondem passados turvos, senão no modo como a história de Tom Stall aparece pontuada por outra história paralela, que tem como protagonista seu filho, um estudante do ensino médio que acabará se aproximando do mundo das armas. Em um momento terrível do filme, quando o filho empunha uma pistola, o pai compreende que algo se perdeu definitivamente e que os exercícios de redenção talvez não o conduzam para nenhum caminho claro porque a violência forma parte de uma herança social que se transmite, forma parte de um mundo fechado em si mesmo, do qual não é possível sair porque a corrupção dos pais se transmite aos filhos.

O pessimismo com o qual a sociedade americana observa sua decadência moral, a partir do abandono da infância, encontra seu contraponto no modo com que outra sociedade opulenta, como o Japão, também pode observar o problema da ausência de futuro para as crianças. Um dos filmes mais cruéis sobre a infância, que nos ofereceu o cinema japonês, é *Nadie sabe* (*Daremo shiranai*, 2004), de Hirokazu Kore-Eda. O ponto de partida é um caso real, centrado em uma mãe que vive em um apartamento no centro de Tóquio junto com suas quatro crianças, todas filhas de pais diferentes e que nunca foram à escola. Um dia, a mãe abandona seus filhos e deixa que os maiores busquem diferentes meios de subsistência para alimentar seus irmãos. A luta pela subsistência dos jovens e a construção de uma vida sem educação são os eixos centrais em torno dos quais se constrói o relato de Kore-Eda, uma história que nos mostra um mundo adulto que tem vivido de costas para a infância e como as crianças buscam alternativas para sobreviver em um presente em que não se vislumbra nenhum futuro possível.

Adotar o filho

Um dos filmes mais inovadores e desconcertantes, oferecido pelo cinema francês nos últimos anos, é *Reis e rainha* (*Rois et Reine*, 2004), de Arnaud Desplechin. O tema central do filme é o problema da adoção de uma criança que, por culpa da crise dos adultos, não encontra um espaço para a felicidade. Nora, uma mulher ambiciosa, se separou de Ismael para ir viver com um homem rico. Esse fato comove o pequeno Elias, filho de Nora e de um pai morto antes de seu nascimento, que sente um grande afeto por Ismael, o ex-companheiro de sua mãe. O momento culminante do filme é uma cena no *Musée de l'Homme* de Paris, na qual Ismael – Mathieu Almeric – explica ao pequeno porque não pode viver com ele e lhe pede que lute para encontrar um mundo diferente. Arnadud Desplechin nos mostra os delírios afetivos e sentimentais de alguns personagens que se movem entre a ambição e a loucura, para acabar nos mostrando como os filhos são as vítimas de um mundo no qual os desejos dos adultos repercutem em suas relações vitais.

O mesmo problema da adoção de uma criança atravessa outro filme francês, *Clean* (2004), de Olivier Assayas, no qual uma mãe usuária de heroína procura mudar de vida para obter a guarda de seu filho depois da morte de seu pai, vítima de uma overdose. O problema de uma mãe com as veias cheias de droga e que não sabe como educar seu filho também poderia parecer uma extensão do apontado em *Maldito coração*, de Asia Argento; entretanto, a deriva de Assayas vai para outros caminhos e, como indica seu título, no fundo, o que mostra é a história de um caminho para a redenção cuja fase final reside no desejo de recuperar o filho perdido. Emily Wang – Maggie Cheung –, a mãe que perdeu a guarda de seu filho, tenta procurar uma segunda oportunidade se desprendendo de seu próprio lado obscuro, tentando limpar sua própria vida. Ao final, o caminho para a salvação passa definitivamente pelo reencontro com o filho e pela afirmação de sua maternidade.

Em princípios dos anos 80, diferentes ficções delineavam o problema da busca do pai. A queda do Murro de Berlim, a decomposição do comunismo, a crise dos grandes relatos utópicos converteram a questão da crise de identidade em um dos temas mais centrais do cinema contemporâneo. Em um mundo à deriva, a busca do pai convertia-se em metáfora da necessidade de consolidar um novo horizonte de crenças. Dez anos depois, o cinema que surgiu no novo milênio tem transformado sua busca e convertido o tema da necessidade do encontro do filho em uma questão vital. Em *Flores partidas* (*Broken Flowers*, 2005), de Jim Jarmursh, observamos a patética imagem de um indivíduo – Bill Murray – que descobre, em sua maturidade, que é pai de uma criança surgida de seus antigos amores de juventude. O pai decide empreender um caminho para a busca do filho com a consciência de que alguma coisa fundamental se perdeu pelo caminho e que seu desconcerto com sua geração se saldou com um filho perdido, que, no fundo, não é mais que o reflexo do desarraigo moral gerado pela crise de seu próprio presente. A metáfora de Jarmursh constitui-se em uma lúcida reflexão sobre a mudança de referentes do mundo contemporâneo; a solução já não se estriba em buscar um pai adotivo para o qual se projetar, senão em buscar um filho perdido que possa ajudar a recuperar esse tempo definitivamente perdido.

Por que, de repente, uma série de cineastas de culturas diferentes e concepções divergentes do cinema convenceram-se da necessidade de converter a infância em uma metáfora capital do cinema contemporâneo? Ainda que seja difícil achar uma clara e definitiva resposta para a questão, tudo parece indicar que o cinema não faz mais do que refletir as múltiplas contradições geradas em meio ao desgaste relativo à geração. Em um mundo ocidental deslocado, em crise perpétua de identidade, marcado pelos excessos da abundância e no qual a inocência tem estado continuamente pervertida, as crianças se converteram nos grandes esquecidos, e sua existência se transformou no vetor que impulsiona a recuperação de certa consciência de futuro. As crianças estão desatendidas porque os adultos estão obcecados em viver ao limite seu presente e estão despreocupados em criar um legado coerente. Ante essa crise, o cinema não tem feito mais do que começar a se perguntar como salvar as crianças, idealizando uma curiosa cruzada imaginária com os recursos próprios da ficção.

Filmes citados

Bala na cabeça (*Die xue jie tou*, Hong Kong, 1990), de John Woo, com Tony Leung e Jackie Cheung.

A outra face (*Face/Off*, Estados Unidos, 1997), de John Woo, com Nicholas Cage e John Travolta.

O mensageiro do diabo (*Night of the Hunter*, Estados Unidos, 1955), de Charles Laughton, com Robert Mithcum e Lilliam Gish.

Na idade da inocência (*L'Argent de Poche*, França, 1976), de François Truffaut, com Jean François Stevenin, Nicole Félix e Chantal Mercier.

De nens, de Joaquim Jordà (Espanha, 2003). Documentário.

Na captura dos Friedmans (*Capturing the Friedmans*, Estados Unidos, 2003), de Andrew Jarecki. Documentário.

O lenhador (*The Woodsman*, Estados Unidos, 2004), de Nicole Kasell, com Kevin Bacon e David Alan Grier.

Sete espadas (*Chat Gim*, Hong Kong, 2005), de Tsui Hark, com Leon Lai e Charlie Chegunt.

Kill Bill – Volume 2 (*Kill Bill: Vol. 2*, Estados Unidos, 2004), de Quentin Tarantino, com Uma Thurman, John Madsen e David Carradine.

Maldito coração (*The heart is a decetful above all things*, Estados Unidos, 2004), de Asia Argento, com Asia Argento, Jimmy Bennet e Peter Fonda.

Marcas da violência (*A History of Violence*, Estados Unidos, 2005), de David Cronenberg, com Vigo Mortenssen, Maria Bello e Ed Harris.

Nadie sabe (*Daremo shiranai*, Japão, 2004), de Hirokazu Kore-Eda, com Yuya Yagira, Hei Kimura e Ayu Kitaura.

Reis e rainha (*Rois et Reine*, França, 2004), d'Arnaud Desplechin, com Emmanuel Devos, Mathieu Amalric, Catherine Deneuve e Mathieu Garrel.

Clean (França, 2004), d'Olivier Assayas, com Maggie Cheung, Nick Nolte, Béatrice Dalle e Jeanne Balibar.

Flores partidas (*Broken Flowers*, Estados Unidos, 2006), de Jim Jarmush, com Bill Murray, Sharon Stone e Julie Delpy.

SEGUNDA PARTE

A língua das mariposas:
a inocência perdida

José de Sousa Miguel Lopes

> A liberdade estimula o espírito dos homens fortes.
> (Fala de Don Gregorio, o professor,
> no filme *A língua das mariposas*)

Baseado em três contos de Manuel Rivas, o filme *A língua das mariposas* mostra, com sensibilidade, como a guerra pode degenerar tudo o que há de mais puro nas relações humanas.

No decorrer do filme, são reveladas cenas em preto e branco do cotidiano, principalmente do mundo do trabalho e da educação, na Espanha, às vésperas da Guerra Civil (1936-1939), que foi o acontecimento mais traumático ocorrido antes da Segunda Guerra Mundial. Nela estiveram presentes todos os elementos militares e ideológicos que marcaram o século XX.

São dois os personagens principais: o cativante garoto Moncho (interpretado por Manuel Lozano), de aproximadamente sete anos de idade, dá uma leveza ao filme, o que a princípio parece impossível, já que trata de um tema tão carregado, e seu mestre Don Gregorio (interpretado por Fernando Fernán-Gomes), que está à beira da aposentadoria. Eles protagonizam o belíssimo drama espanhol, dirigido por José Luís Cuerda, que narra de maneira delicada as fascinantes possibilidades do processo ensino/aprendizagem, com ênfase na cumplicidade entre professor e aluno. A trama tem como pano de fundo a ascensão do regime fascista de Franco e as consequências desse processo em uma pequena cidade daquele país, representada por uma população atemorizada e desprovida de mecanismos para exercer e/ou apoiar a resistência então praticada por um pequeno grupo de opositores ao sistema opressor, do qual fazia parte o professor Don Gregorio.

Em termos educacionais e com atenção no contexto histórico no qual se passa a ação do filme, não podemos esquecer que imperava o modelo da escola tradicional, em que o professor era a figura central, o único detentor do saber, que em geral ensinava de forma autoritária. Eram frequentes os castigos corporais; por isso, instalava-se o medo entre os alunos. Era um ensino fundamentado na memorização, e não se forneciam de ferramentas intelectuais que permitissem aos alunos fazer suas descobertas e construir seus conhecimentos. As turmas não eram mistas, mas separadas por sexo. Havia uma forte interferência da Igreja católica no sistema escolar. Porém, como teremos a ocasião de observar no filme de Cuerda, isso não impedia que houvesse professores que, em muitos aspectos, rompessem com esse modelo.

A língua das mariposas tem como foco a relação professor-aluno. Estabelecendo a imagem do professor humano, caloroso, próximo e paciente, mostra-nos sua atitude de erudito, que lê, pesquisa, conversa regularmente com muitas pessoas e é admirado pela comunidade.

O filme centra seu enredo nas primeiras épocas de um ser humano, no conflito em adaptar-se às responsabilidades, inserindo-se no aprendizado que prosseguirá até à fase adulta. Focaliza-se na imagem do mestre, o modelo que se quer alcançar, o paradigma para um futuro exemplar, dotado de experiência e sabedoria.

O protagonista do filme, Moncho, tem dificuldade de se adequar ao dia a dia da escola de sua cidade. Recebe, então, incentivo do professor, que o incentiva a esforçar-se nessa adaptação. Ele segue, no decorrer da obra, um caminho de socialização e progresso. Parece-nos, certamente, um grão portador da capacidade de alcançar o fruto, pronto para junção de sua pureza infantil com o saber da humanidade.

Don Gregorio é um mestre exemplar, apaixonado pela vida e pela liberdade. Ele vai usar a metáfora da língua das mariposas para ensinar a Moncho literatura, amor, vida. Republicano, compartilha dos mesmos ideais políticos do pai de Moncho e vai introduzir o menino num mundo de descobertas sem fim. Ao aposentar-se, faz um discurso que exalta a importância da liberdade. É o que ensina a Moncho, usando a língua das mariposas.

Por mais que o cinema seja uma atividade criativa de muitos, esteticamente, o filme tem um autor: o diretor. Pois Cuerda fez um bom, um belo filme, talvez, o mais forte e triste a surgir nos últimos tempos sobre o tema da inocência perdida.

Trata-se da inocência de um garoto. A inocência: grande marca do ser livre, da criança que nasce e conhece um mundo inconstante, uma existência de limites. Uma semente prestes a resplandecer em raiz, a gerar folhas, a surpreender com flores e frutos, a contribuir para uma crescente evolução do desenvolvimento humano. Grão que absorve, suga a razão do universo, a convivência, o auxílio mútuo. Apreende a vida, estabelecendo sua permanência em sociedade. Depreende a lógica, obedecendo ao padrão gerado pelo antagonismo entre o certo e o errado.

Como veremos, a semente personificada por Moncho germinará em vias distintas do esperado.

O ovo da serpente

A Espanha, ainda nos 1930 era um anacronismo histórico. Enquanto a Europa ocidental já possuía instituições políticas modernas há, no mínimo, um século, a Espanha era um oásis tradicionalista, governada pela "trindade reacionária" (o Exército, a Igreja Católica e o Latifúndio), que tinha sua expressão última na monarquia burbônica de Afonso XIII. Vivia nostálgica do seu passado imperial grandioso, ao ponto de manter um excessivo número de generais e oficiais (um general para cada cem soldados; o maior percentual do mundo), em relação às suas reais necessidades.

A Igreja, por sua vez, era herdeira do obscurantismo e da intolerância dos tribunais inquisitoriais do Santo Ofício. Era uma instituição que condenava a modernidade como obra do demônio. E, no campo, finalmente existiam de dois a três milhões de camponeses pobres, *los braceros*, submetidos às práticas feudais e dominados por uns 50 mil *hidalgos*, proprietários de metade das terras do país.

Como resultado da grave crise econômica de 1930 (iniciada pela quebra da bolsa de valores de Nova Iorque, em 1929), a ditadura do General Primo de Rivera, apoiada pelo caciquismo (sistema eleitoral viciado que sempre dava seus votos ao governo), foi derrubada e, em seguida, caiu também a monarquia. O Rei Afonso XIII foi obrigado a exilar-se, e proclamou-se a República em 1931, chamada de *"República de trabajadores".*

A esperança era que, dali em diante, a Espanha pudesse alinhar-se com seus vizinhos ocidentais e marchar para uma reforma modernizante que separasse Estado e Igreja e que introduzisse as grandes conquistas sociais e eleitorais recentes, além de garantir o pluralismo político e partidário e a liberdade de expressão e organização sindical. Mas o país terminou por conhecer um violento enfrentamento de classes, visto que, em decorrência da crise, a sociedade viu-se mergulhada numa profunda depressão econômica, provocando a frustração generalizada.

O clima de turbulência interna motivado pela intensificação da luta de classes, especialmente entre anarquistas e falangistas, provocou inúmeros assassinatos políticos e contribuiu para criar uma situação de instabilidade que afetou o prestígio da Frente Popular. Provavelmente, as desavenças internas dos integrantes da Frente Popular, mais tarde ou mais cedo fariam com que o governo desandasse.

Mas a direita espanhola estava entusiasmada com o sucesso de Hitler, a que se somou ao golpe direitista de Dolfuss na Áustria, em 1934. Derrotados nas eleições, os direitistas passaram a conspirar com os militares e a contar com o apoio dos regimes fascistas (Portugal, de Oliveira Salazar; Alemanha, de Hitler; e a Itália, de Mussolini). Esperavam que um levante dos quartéis, seguido de um pronunciamento dos generais, derrubaria facilmente a República.

De um lado se posicionaram as forças do nacionalismo e do fascismo, aliadas às classes e às instituições tradicionais da Espanha (o Exército, a Igreja e o Latifúndio) e, de outro, a Frente Popular, que formava o Governo Republicano, representando os sindicatos, os partidos de esquerda e os partidários da democracia.

Para a direita espanhola tratava-se de uma cruzada para livrar o país da influência comunista e da franco-maçonaria e restabelecer os valores da Espanha tradicional, autoritária e católica. Para tanto, era preciso esmagar a República, que havia sido proclamada em 1931, com a queda da monarquia.

Para as esquerdas era preciso dar um basta ao avanço do fascismo, que já havia conquistado Itália (em 1922), a Alemanha (em 1933) e a Áustria (em 1934). Segundo as decisões da Internacional Comunista, de 1935, as Esquerdas deveriam aproximar-se dos partidos democráticos de classe média e formar uma Frente Popular para enfrentar a maré de vitórias nazifascistas. Dessa forma, socialistas, comunistas (estalinistas e trotskistas), anarquistas e democratas liberais deveriam unir-se para chegar e inverter a tendência mundial favorável aos regimes direitistas.

No dia 18 de julho de 1936, o General Francisco Franco insurge o Exército contra o governo republicano. Ocorre que, nas principais cidades, como a capital Madrid e Barcelona, a capital da Catalunha, o povo saiu às ruas e impediu o sucesso do golpe. Milícias anarquistas e socialistas foram, então, formadas para resistir ao golpe militar.

Em pouco tempo o país ficou dividido numa área nacionalista, dominada pelas forças do General Franco e numa área republicana, controlada pelos esquerdistas. Nas áreas republicanas ocorreu, então, uma radical revolução social. As terras foram coletivizadas, as fábricas dominadas pelos sindicatos, assim como os meios de comunicação. Em algumas localidades, os anarquistas chegaram até a abolir o dinheiro.

Em ambas as zonas, matanças eram efetuadas através de fuzilamentos sumários. Padres, militares e proprietários eram as vítimas favoritas dos "incontroláveis", as milícias anarquistas, enquanto sindicalistas, professores e esquerdistas em geral, eram abatidos pelos militares nacionalistas.

É nesse pano de fundo que José Luis Cuerda nos conta o drama de uma família em um vilarejo na Galícia, nos momentos que antecedem a Guerra Civil Espanhola. Em 18 de julho de 1936, as forças militares do General Franco rebelaram-se contra o governo republicano eleito. A trama do filme ocorre um ano antes, no contexto de prenúncio do terrível conflito que está por vir, do ovo da serpente, que já está em gestação.

O retrato duma família espanhola às vésperas da Guerra Civil

Logo no início do filme, com lentos movimentos de câmara, o diretor José Luis Cuerda nos conduz à casa onde vive a família de Moncho. Somos levados para o interior de um quarto com baixa luminosidade. O relógio na parede marca meia-noite, e a câmara nos conduz até uma criança, Moncho que, sentado na cama, folheia um livro. Recusa-se a dormir, com medo do que o amanhã lhe reserva. Está tenso, preocupado e repleto de expectativas, preparando-se para o maior desafio de sua vida. Está apenas a algumas horas de seu primeiro dia de aula. Ouviu falar que o professor tem o hábito de bater nos alunos. Na cama ao lado, encontra-se Andres, o irmão adolescente, e Moncho quer ter a certeza se os professores batem nos alunos. Pergunta ao irmão se lhe bateram na escola. Perante a resposta afirmativa do irmão, exclama: "Então não quero ir à escola. Eu já sei ler e não preciso de ir. Vou para a América como fez o meu tio para não ir à guerra. Não quero apanhar do professor. Ele tem cara de malvado".

A recepção na escola não é das melhores. Porém, as sensações da má experiência vivenciada pelo garoto Moncho conseguem, como veremos depois, ser rapidamente dissipadas e transformaram-se numa grande surpresa, graças à habilidade, à generosidade e à extrema dedicação de seu professor, o velho mestre Don Gregorio.

Através de vários planos ao longo do filme, Cuerda vai nos mostrando o universo das relações dessa família.

Trata-se de uma família composta por Ramón, o pai, alfaiate, comunista, ateu, e a mãe, doméstica e profundamente católica. Têm dois filhos: o adolescente Andres e o menino Moncho, de sete anos de idade.

Numa sequência, Moncho, ao chegar a casa, relata à mãe e ao irmão que o professor não bate e que devolveu dois frangos que lhe tinham sido oferecidos por um homem rico, pai de um colega.

Num outro momento, Moncho começa a se soltar e a dialogar com seus familiares. Está em uma fase de importantes descobertas sobre a vida, tem a curiosidade típica das crianças de sua idade sobre tudo e sobre todos, e vive às voltas com sua imaginação bastante fértil. Apaixona-se pela escola e passa a se dedicar com grande vontade às tarefas e atividades propostas por Don Gregorio. Ele quer mostrar como se sente bem aprendendo novas coisas. Pergunta ao pai se sabe de onde vinham as batatas. O pai responde "do campo, ora!". Moncho, com ar seguro, diz "da América, disse Don Gregório, pois na Espanha antes de Colombo, não havia batatas, as pessoas comiam castanhas. Também havia milho". Após uma pausa afirma: "Eu gosto do meu professor".

A questão religiosa é colocada em discussão. É um diálogo elucidativo entre Moncho e a mãe. Esta lhe pergunta se rezou na escola, e Moncho disse que o professor falou em Caim e Abel. "Nunca acreditei que Don Gregorio fosse ateu", diz a mãe, ao que o filho pergunta: "O que é ateu?" A mãe responde: "Quem não acredita em Deus. O papai também é ateu. Ele diz que não está nem aí para Deus. Bem, isso é só um pecado". O menino reflete um pouco e fala: "Claro que o papai acredita que Deus existe, como todo o homem bom. E o diabo existe?" "Claro que existe" diz a mãe, "era um anjo que se rebelou contra Deus. Expulso para o inferno, foi empalidecendo. Agora é o anjo da morte". "Se era tão mau, porque Deus não o matou?" interroga Moncho mais uma vez. "Deus não mata", conclui a mãe.

Numa cena no quarto dos pais de Moncho a esposa diz para o marido que está muito feliz por ele ter feito o terno para o professor, pois é uma pessoa muito boa. O marido responde que os professores não ganham o que deveriam, pois eles são a luz da República. Setenta anos se passaram, e a assertiva do pai de Moncho continua válida na maior parte do mundo, incluindo em muitos países centrais.

Numa outra cena, a família está jantando quando tocam a campainha. Andres vai atender e diz que é uma moça cuja mãe acabara de morrer. O pai de Moncho vai atendê-la, enquanto a mãe manda os filhos para o quarto, interrompendo-lhes a refeição e dizendo-lhes para levarem a sobremesa para o quarto. A moça fala com o alfaiate, enquanto os dois irmãos, escondidos, escutam o diálogo. A moça diz que não tem as 45 pesetas necessárias para realizar o enterro. O alfaiate retorna para junto da esposa que se encontra entristecida. No quarto, Moncho pergunta ao irmão a razão pela qual não podem ver a moça. Andres diz ser um segredo e, mesmo quando o irmão lhe pede para contar, ele se recusa. Moncho diz, então, que também tem um segredo sobre Carmina, ao que Andres lhe pergunta: "Quem lhe disse que ela se chama Carmina?" Moncho diz ao irmão para lhe contar o segredo, pois, assim também ele lhe contará o seu. Andres revela então que a moça é filha de papai. O menino pergunta então, porque ela não vive com eles. O irmão diz-lhe que o pai teve essa filha com a falecida antes de conhecer a mamãe. "Como a conheces?" pergunta agora Andres. Moncho refere que uma vez, junto com seu amigo, seguiram um moço até à casa de Carmina. E viram os dois pelados e a transar. Andres diz que "por isso a mamãe não quer que a vejamos, pois é uma prostituta". "E o que o papai acha disso?" indaga Moncho. "Nada. O que querias que ele dissesse?" responde o irmão. No dia seguinte Moncho, escondido, observa o funeral, onde o pai se encontra presente.

A família está jantando, e Moncho diz que foi com o irmão à Fábrica de Chocolate, onde a orquestra faz os ensaios. Mostra aos pais uma caixa de chocolates. Na fábrica os músicos promovem as vendas de chocolate no intervalo das músicas com o *slogan* "Chocolate Expresso, que rico é". É uma troca. A mãe diz não lhe parecer uma coisa séria. "E porque uma banda de baile deve ser uma coisa séria", diz o pai. "Quanto vais receber?" "O Senhor Marcos disse que iria ver e que depois conversaríamos", responde Andres. Moncho diz, então, à mãe que não quer tocar piano e que o Senhor Macias lhe iria ensinar a tocar bateria.

Nas cenas finais, começa a gestar-se o "ovo da serpente", na feliz expressão de um título de um filme de Ingmar Bergman, anunciando a chegada do fascismo hitleriano. O medo vai-se instalando.

A mãe, muito preocupada, retira um cartaz da parede da sala e diz ao marido para jogar fora os jornais. Ela suspira de alívio quando vê chegar Moncho, acompanhado do irmão. Pede ao marido o cartão de membro do Partido Comunista e em seguida vai queimá-lo na lareira, junto com alguns livros. O pai diz que os militares se rebelaram.

A mãe chama Andres e diz-lhe que se lhe perguntarem, diga que o papai nunca critica padres, nem nunca foi republicano. Chama depois Moncho e diz-lhe com voz firme e assustadora: "Preste muita atenção: papai nunca deu nenhum terno ao professor". Mas Moncho diz que sim, que o papai ofereceu um terno ao professor. A mãe então sacode Moncho e, desesperada, gritando, pede-lhe para repetir que o papai nunca deu nenhum terno ao professor. Moncho segue atento e perturbado todas estas cenas. As turbulentas transformações pelas quais passava o país colocam o velho e honrado professor em situação delicada devido a seus posicionamentos políticos. Em quem deve acreditar Moncho?

O menino repete assustado algo que lhe parece uma monstruosidade, uma mentira está sendo imposta a ele. O pai, enraivecido perante a tensão que se instalou, joga para o chão os jornais de oposição.

Dois homens batem à porta de casa de Moncho. A mãe vem atender e eles estão procurando seu marido. Diz não saber onde se encontra. Pedem-lhe que o avise, pois o prefeito quer falar urgentemente com ele. Escondido, o marido respira aliviado quando os homens se vão.

Com o advento da guerra, o mundinho fantástico de Moncho começa e desmoronar, principalmente quando ele descobre que seu amado professor é um dos perseguidos políticos, pelas suas convicções revolucionárias, que aos olhos de Moncho pareciam tão inofensivas.

Vê a mãe parada junto à janela, com um olhar vazio e distante. O menino vai para o quarto e refugia-se na leitura de *A ilha do tesouro*. À noite, tem dificuldade de dormir e chama pelo irmão, deitado na cama ao lado, mas que dorme profundamente. Vai até à janela. Estupefato, assiste a uma cena chocante: um grupo de homens está entrando em algumas casas e arrastando violentamente para fora delas alguns dos seus moradores. O irmão acorda e vê também assustado o que se passa na rua.

As fascinantes possibilidades do processo ensino/aprendizagem

José Luiz Cuerda retratou com grande sensibilidade os primeiros passos do menino Moncho nessa grande aventura de ingressar na escola.

Ir à escola pela primeira vez é um grande desafio para uma criança. Não importa a idade, independe do país e mesmo do contexto histórico no qual está inserida a criança. A superação da insegurança só acontece após alguns dias, depois de uma lenta adaptação, através da qual o menino ou menina vai conhecendo seus colegas, compreendendo a dinâmica do ambiente escolar e travando o necessário e primordial contato com seu professor.

Nesse aspecto, a figura do professor é definidora não apenas no sentido da ambientação. Os mestres respondem pela própria paixão a ser despertada nas crianças. Parte deles toda a energia vital que, necessariamente, contagia os alunos e faz com que eles não apenas se sintam bem na escola, mas também, que alimentem certa paixão pela aprendizagem, pelo conhecimento, pela pesquisa...

O professor Don Gregorio jamais agiu agressivamente em relação a algum de seus alunos. Pessoa de fala mansa, de grande tranquilidade e de postura elegante, apesar de toda a simplicidade, garante sua credibilidade perante seus alunos a partir do conhecimento que possui e da calma com que resolve os pequenos problemas do cotidiano.

Vemos a mãe acompanhando o filho à escola. No pátio, ela o apresenta ao professor. Este, de modo afável diz: "Ah! Então é ele! Já sabe ler, não é isso?" A mãe responde que foi o pai que lhe ensinara quando estava doente com asma, mas que sente vergonha por isso.

No primeiro dia de aulas, o professor pega afetuosamente na mão de Moncho e o leva para a sala de aula, pedindo-lhe para dizer o nome. Ao dizer "Pardal", todos os alunos se riem. O menino, profundamente tímido e envergonhado, sai correndo debaixo de fortes gargalhadas. A fuga de Moncho possibilita que o diretor nos presenteie com uma sequência de paisagens deslumbrantes e de intensa luminosidade, onde riachos serpenteiam por entre o arvoredo. Pelo caminho, a criança é interpelada por uma mulher que lhe pergunta o que se passa, mas ele foge. Durante muito tempo, fica desaparecido, causando preocupação aos pais e a muita gente da cidade que o procuram de noite, à luz de lampiões, até que o encontram sozinho, sentado debaixo de uma árvore.

Ante a resistência de Moncho em frequentar as aulas, o velho professor Don Gregorio resolve "investir" no garoto, fazendo-lhe cotidianas visitas até convencê-lo de que seu lugar é na escola, onde poderá descobrir muito mais sobre a vida.

Moncho fica fascinado pelo professor, por sua sabedoria "sobre todos os assuntos", por seu caráter, por sua destreza na arte de lecionar, enfim, Don Gregorio vira um verdadeiro ídolo para Moncho. Juntos, os dois iriam realizar descobertas que marcariam para sempre a vida do garoto.

O professor visita a casa de Moncho e, na presença dos pais, pergunta-lhe de forma suave porque é que ele acha que os professores batem nos alunos. Tranquilizou-o, afirmando que ele não tem esse procedimento. Mas Ramón, o pai de Moncho, intervém e diz que, quando andava na escola, o professor lhe batia. Don Gregorio pede desculpas pelo que aconteceu na sala de aulas e pede à criança para perdoar aos colegas que riram dele, pois haverá oportunidades em que Moncho também se rirá deles.

O filme mostra-nos Don Gregorio como uma figura ímpar dentro do contexto educacional retratado no filme. Nunca é demais lembrar que a atitude desse educador contrasta com posicionamentos mais autoritários de um número significativo de professores da época.

Além disso, a preocupação em ensinar e cativar as crianças não se restringe a demonstrar todo o conhecimento obtido a partir de leituras e pesquisas. Don Gregorio representa o educador íntegro, que se percebe como referência (e que, nem por isso, se envaidece) e que, ciente de suas responsabilidades a partir de então, se mostra sempre sereno, altivo e elegante.

Mais que teorias, ele ensina a seus alunos novas posturas perante o mundo, segundo as quais as pessoas devem se respeitar, ter sensibilidade e jamais abandonar seus ideais.

No primeiro dia de aula, visando quebrar a timidez de Moncho, o professor pede-lhe que se sente próximo, enquanto solicita a um aluno para ler um poema de Antonio Machado, presente no livro *Memórias infantis*. À medida que o aluno vai lendo, Don Gregorio, de forma didática, vai interpretando o poema com novas imagens, sensibilizando os alunos para o universo da Arte.

Um pai surge na sala de aula e acusa o filho de ainda não saber fazer contas e solicita ao professor que lhe bata. Oferece ao professor dois frangos. No final da aula, o professor pede ao aluno para levar os frangos, com o curioso e afetuoso argumento de que seu médico lhe tinha proibido comer carne de aves.

Don Gregorio coloca uma situação problemática à turma: "Se um galo põe um ovo na fronteira entre a Espanha e a França, a que país pertence o ovo?" Alguns alunos dão respostas erradas. Moncho, surpreendentemente, toma a palavra pela primeira vez, afirmando que os galos não põem ovos, no que é saudado pelo professor.

No pátio da escola, Moncho se envolve numa briga com um colega até que o professor surge e interrompe a luta. Em seguida, no interior da sala de aula, Moncho comenta com um colega que, apesar da briga, continuava a ser amigo do outro menino.

O professor diz que, como havia chegado a primavera, daria a sua aula de História Natural ao ar livre. "A natureza é o espetáculo mais surpreendente que o homem pode presenciar. Sabem que as formigas têm rebanhos que lhes fornecem leite e açúcar?" diz Don Gregorio. Moncho encanta-se com as histórias contadas pelo velho mestre e se anima ainda mais quando algumas aulas são dadas ao ar livre. Paralelamente às suas realizações escolares, o menino acompanha os acontecimentos da vida cotidiana da pacata cidade onde vive. O rosto de Moncho mistura surpresa e encantamento com as informações que recebe. E novos aprendizados vão surgindo. "Sabem que algumas aranhas inventaram submarinos há milhares de anos atrás? Sabem que as mariposas têm línguas? A língua das mariposas é como a tromba de um elefante, mas muito fina e enrolada como a mola de um relógio?"

Numa outra cena, o professor vai com os alunos para o campo completamente coberto de flores e inundado de mariposas. A paisagem é lindíssima, sustentada por um tratamento fotográfico primoroso. E vai começar mais uma aula de Don Gregorio. "Lembram-se de lhes ter falado na língua das mariposas? Que têm uma língua como uma mola de relógio? Sabem por quê? Para poderem sugar o néctar das flores. As mariposas sugam da flor a sua substância mais relevante. Assim fazem os mestres, retirando da criança as principais potencialidades, os caracteres que a diferem de outras espécies pela simples elaboração do raciocínio.

Vamos com cuidado para não incomodá-las. "O que é néctar?", pergunta um aluno. "É um suco doce que atrai os insetos. Em troca, os insetos espalham as sementes das flores". De forma bem didática, o professor continua suas explicações, sob o olhar curioso dos alunos. "Atenção, olhem aquela mariposa. É como se nós colocássemos um dedo molhado num açucareiro. A língua delas é como se fosse o nosso dedo molhado. Cheirando o néctar, a borboleta desenrola a sua língua e alcança o fundo do cálice da flor". De repente, um aluno diz que viu um formigueiro, e todos correm, mas Moncho fica para trás e se sente mal. O professor o toma nos braços e o mergulha parcialmente na água do riacho. Ele melhora e, em seguida, Don Gregorio o acompanha a casa.

Os pais manifestam os agradecimentos ao professor, por ele ter tido a ideia de mergulhar Moncho na água e oferecem uma sopa para aquecer o professor. Na conversa, o professor afirma que o pai de Moncho é republicano, o que ele confirma. Então, o pai de Moncho diz a Don Gregorio que gostaria de lhe tirar as medidas para lhe fazer um terno. Ele agradece, mas informa-lhes que seus princípios não lhe permitem aceitar tal oferta. O pai diz que entre amigos não valem os princípios e, enquanto lhe tira as medidas, Moncho vai anotando-as num papel.

Posteriormente, Moncho leva o terno à casa do professor. Don Gregorio elogia o pai dizendo-lhe que ele é um artista e que se sente muito elegante com o terno. O menino observa o porta-retrato onde está a foto de uma jovem mulher. É a foto de minha falecida esposa. Se foi quando tinha 22 anos. Como dizia o poeta "Deixou uma cama deserta, um espelho velho e um coração vazio". Ele repete o poema olhando fixamente o rosto de Moncho. E conclui: "Significa que acabei totalmente sozinho".

Don Gregorio pergunta a Moncho se ele gostava de ler. Ele afirma que sim, os gibis. "É o momento de começares a ler livros. Eles são como um lar. Nos livros podemos refugiar nossos sonhos para que não morram de frio". Entrega-lhe o livro *A ilha do tesouro*, de R. L. Stevenson, e diz-lhe que tem a certeza de que irá gostar de lê-lo. Oferece-lhe igualmente algo que Moncho não sabe para que serve. O professor desembrulha o presente e leva o menino e mais um outro colega para o campo para lhes ensinar como apanhar suavemente as mariposas, sem machucá-las.

Moncho apanha uma, e o professor diz tratar-se duma Íris, que possui quatro asas. É linda, pois a cor do brilho vem das escamas sobrepostas. E o diálogo prossegue:

- E a língua?
- A língua chama-se "tromba espiral".
- Podemos vê-la?
- Não. Ela está enrolada. Só poderíamos vê-la com um microscópio.
- O que é um microscópio?
- É um aparelho para ver as coisas pequenas. Eu pedi a Madrid um para a escola, mas as coisas andam lentamente. Quando o enviarem, se o enviarem, poderemos observar a língua.

O colega de Moncho diz ter ouvido o som de um grilo, um "Grilo Príncipe". Vamos apanhá-lo. Como sabes que é um "Grilo Príncipe?" Porque canta melhor que um "Grilo Rei". Enquanto o professor se senta numa pedra, os dois garotos continuam na busca do grilo, que Moncho acaba encontrando.

Numa outra cena, Moncho vai para o bosque, onde encontra o professor, que lhe oferece uma maçã. Revela-lhe que vem de um funeral e pergunta ao professor. "Quando as pessoas morrem, elas morrem mesmo, ou não?" Don Gregorio pergunta-lhe o que dizem em sua casa, e o menino responde que a mãe diz que os bons vão para o céu, e os maus, para o inferno. O pai sustenta que, se houvesse Juízo Final, os ricos iriam com advogados, mas a mãe não acha graça. O professor pergunta-lhe o que pensa sobre o assunto, e Moncho afirma ter medo. Então, Don Gregorio pergunta-lhe se é capaz de guardar um segredo, que ficará entre os dois. Perante a concordância de Moncho, diz-lhe: "O inferno não existe. O ódio e a crueldade é que são o Inferno. Às vezes, nós mesmos é que somos o Inferno". E, ao pronunciar esta última frase, o professor olha fixamente os olhos de Moncho.

Moncho descobre a sexualidade e o amor

Num bar, Moncho e dois colegas escutam escondidos a conversa entre dois homens, na qual um deles relata suas façanhas sexuais com uma moça da cidade.

No dia seguinte, o menino mais e colega caminham pelo bosque e se aproximam da casa da moça citada na conversa dos dois homens. Acabam vendo o casal se acariciando e fazendo amor. Moncho, num misto de perturbação e de grande entendido no assunto, diz: "Dizem que eles transam porque se amam, mas eu acho que não".

À noite, enquanto Andres toca saxofone, Moncho, que está com um livro escolar aberto inicia uma conversa com o pai "Sabes que existem raças", ao mesmo tempo em que lhe mostra o livro. O pai afirma que gosta dos chineses, e o menino diz que o professor fala que entre raças, todos somos iguais. Depois se dirige ao pai e pergunta-lhe se ele sabe por que os homens transam com as mulheres. O pai, surpreso, pergunta-lhe se o professor também lhe tinha ensinado isso e, em seguida, manda-o ir dormir.

O professor de música pede a Andres para segurar o saxofone como se estivesse segurando uma moça. "Firme, mas docemente". Moncho interroga o professor "Como se fosse uma amante?" "Exatamente", responde ele, e continua: "A música tem o rosto da mulher que vai te amar. Feche os olhos e imagine seu cabelo e seus olhos".

A caminho de casa os dois irmãos vão conversando. "Sabes onde fica a Austrália?" pergunta Moncho. O irmão responde que fica na América, e é emendado pelo menino, "Na Oceania". "Sabes o que é um tilonorrinco? É um pássaro que vive na Austrália. Quando está apaixonado dá uma orquídea para a fêmea. É uma flor muito bonita e que custa muito dinheiro".

Durante um show ao ar livre da Orquestra Azul, Aurora, colega de Moncho, tapa-lhe os olhos com as mãos e pede-lhe que adivinhe de quem se trata. Ele diz apenas que ela é bonita e, em seguida, dança com ela. Don Gregorio os vê dançando e exclama carinhosamente "Muito bem, Pardal".

Don Gregorio e Moncho estão de novo no campo em busca de insetos. Don Gregorio, como sempre fez, continua ensinando os nomes dos insetos que vão encontrando. Pega uma mariposa e informa o menino que agora vai ser possível ver a língua ao microscópio. São surpreendidos por barulhos próximos, e Moncho corre para ver o que se passa.

O diretor vai-nos transportar, então, para uma das mais belas cenas do filme. O menino observa, fascinado, um grupo de meninas tomando banho numa lagoa. Uma delas o localiza e o convida para tomar banho. Vendo a timidez de Moncho, Don Gregorio encoraja-o a aceitar o convite da menina, pedindo-lhe para não se esquecer do tilonorrinco, aquele pássaro que levava uma linda flor para a noiva. E Moncho afirma que essa flor era uma orquídea, o que é confirmado por Don Gregorio. Perante a hesitação de Moncho, de novo o encoraja: "Vai, sê um tilonorrinco". O menino responde. "Mas esta flor não é uma orquídea." Finalmente, Moncho decide-se a entrar na água e oferece a flor à menina, enquanto Don Gregorio, discretamente se retira. A menina pede a Moncho que feche os olhos, dá-lhe um beijo e se afasta. Don Gregorio, que tem na mão uma mariposa, a lança no ar, para que ela voe livremente. Que bela, a metáfora com que somos brindados por esse "jovem" professor! "Vai Moncho", parece dizer o professor, "vai como a mariposa que agora lanço ao infinito, constrói tua liberdade, busca, procura, perde o medo, deixa de lado a timidez, descobre o amor, encontra a felicidade, sê tu próprio". O menino percebe-se no meio de um emaranhado de relações políticas e sociais, mesmo não entendendo exatamente o significado desses acontecimentos. O homem é tanto mais livre quanto mais alargado for o campo dos seus possíveis e quanto maior for a consciência em relação ao caráter moral das suas escolhas. Claro que essa consciência representa, inevitavelmente, um acréscimo de incomodidade e de desassossego. A maturidade do ser livre implica a responsabilidade. Ser livre é saber que a liberdade está em perigo. Uma lição de liberdade. Uma lição de vida.

Na praça da cidade, a Orquestra Azul começa a tocar, e algum tempo depois o chefe da orquestra anuncia que irão tocar noutra cidade. Os dois irmãos manifestam vontade de ir também. A Orquestra, com Moncho à frente segurando o estandarte, desfila rumo à outra cidade. Aqui os dois irmãos são recebidos por um casal que lhes dá guarida. A mulher, que é muda, vai mostrar-lhes o quarto dos hóspedes. Andres fica perturbado com a beleza dela e diz ser a garota chinesa do Dicionário, no que Moncho concorda. Ao jantar, só a jovem mulher não se senta à mesa, para espanto de Andres. O dono da casa diz que ela já comeu, que ela come como um pássaro. E diz para os dois irmãos que irão ver uma coisa esquisita. Chama a jovem mulher e baixa-lhe a alça do vestido, revelando as costas cheias de cicatrizes. Informa que foi um lobo que a mordeu quando ela tinha quatro anos. Ele tinha ido cuidar do gado e a levou junto. Os lobos famintos o tinham enganado. Os dois irmãos ficam estupefatos perante relato tão trágico. Ele continua contando mais pormenores sobre o fato tão insólito. Os mais velhos sustentam que a mordida foi para silenciá-la. Para que não pedisse socorro. Ela estava bem, mas nunca mais falou. Moncho pergunta então porque ela é chinesa. O homem pergunta: "Quem?" e Moncho responde: "Sua filha". E perante a surpresa dos dois irmãos, ele revela-lhes que ela não é sua filha, mas sim sua esposa.

É noite na Feira Popular. A moça "chinesa" percorre sozinha a feira e vai deparar-se com a orquestra onde está tocando Andres. Fica de longe observando e Andres, perturbado, percebe a presença dela. Empenha-se em produzir um belo solo de clarinete, na verdade, um presente velado para moça "chinesa". Encantada com a *performance* de Andres a moça chora emocionada e sai correndo do local. Corre pelos campos. Algum tempo depois podemos observá-la perto de uma estrada, onde está circulando o ônibus que está levando os dois irmãos de volta para casa. Dá um último adeus, numa cena impregnada de profunda tristeza. Um amor bruscamente interrompido? Os sinuosos e imprevisíveis caminhos da solidão? O que não foi e poderia ter sido? Os caminho e descaminhos do ser humano na busca da felicidade? Uma dessas coisas ou um pouco de todas elas? Quem poderá com mão segura traçar as rotas que o destino tantas vezes teima em contrariar? Na sua inocência, mas já revelando uma enorme e delicada sensibilidade, Moncho toma a palavra e afirma que se lembra do que lhe dizia o seu professor: "A cama, o espelho, o coração, tudo fica vazio. Em outras palavras, você está completamente só".

Espaço público e política

No átrio da igreja, a mãe de Moncho conversa com amigas. Uma delas comenta que os republicanos queimaram igrejas em Barcelona, do que a mãe de Moncho discorda, afirmando que foi graças aos republicanos que as mulheres passaram a votar. A outra responde: "E daí? Eu só voto em Cristo-Rei". A mãe de Moncho comenta: "Reis não são eleitos".

Um outro grupo de homens conversa sobre a tensa situação que se vive na Espanha. Um deles afirma que as coisas vão mal e que a solução será "ferro e fogo em Madrid".

Don Gregorio e o padre conversam. Este último chama Moncho, a quem faz várias perguntas do catecismo. Perante as dificuldades que a criança revela, o sacerdote faz uma crítica contundente: "Logo que começou a escola, perdeu o interesse pela Igreja". Don Gregorio responde: "Você insinua que eu sou o responsável?". O padre diz então: "Os fatos falam por si", perante o olhar atento do menino. Entretanto Aurora, uma colega de Moncho, convida-o para passear e, no diálogo que continua entre o professor e o sacerdote, este critica em latim a liberdade do garoto. A resposta de Don Gregorio é dada também em latim "A liberdade estimula o espírito dos homens fortes".

Num palco ao ar livre, está a Orquestra Azul. Seu líder, de forma bem humorada, anuncia que vai começar a atuação da orquestra e que vai falar em castelhano, pois esqueceu de falar o galego durante a *turnée* pela América do Sul. Toda a assistência cai na gargalhada. No *show*, Andres, bastante nervoso, vai fazer sua primeira apresentação. Mas o líder o tranquiliza, dizendo-lhe ao ouvido, que não precisa tocar, mas fazer estilo e fingir que toca mexendo corpo. Os pais estão encantados com a *performance* de Andres e a mãe exclama que não sabia que ele tocava tão bem.

Há uma festa no bosque para comemorar o dia 14 de abril de 1936, Dia da República. Numa mesa estão o professor, os pais de Moncho e alguns amigos. Uns dançam, outros comem, outros tiram fotografias, enquanto se fazem brindes à República. Uma pequena Banda, na qual Moncho toca pratos, anima o ambiente. Todos começam a entoar uma canção republicana:

> O rei perdeu a sua coroa
> Ela virou papel
> O ouro foi levado
> Levado por Berenguer
>
> O rei já não tem coroa
> Ela é só de papelão
> A coroa espanhola
> Não será usada por ladrões

Enquanto isso, dois policiais a cavalo aproximam-se do local, enquanto a mãe de Moncho, com ar assustado, faz sinal ao marido para a inesperada presença. "E daí?", diz o marido. Mas é visível que também ele ficou perturbado.

Numa cena de bar estão vários clientes, entre os quais Don Gregorio. Todos param para ouvir atentamente a emissão de rádio. Uma autoridade está fazendo um discurso, no qual salienta que a Espanha parece viver uma situação de anarquia, o que é inadmissível. Um governo decente não pode basear-se na Constituição vigente. E apela ao autoritarismo, ao fascismo. Alguns presentes protestam e Don Gregório pede silêncio.

Numa outra sequência, assistimos, depois, à homenagem pública ao professor Gregorio. Perante professores, alunos e comunidade, o alcaide da cidade toma a palavra: "Hoje, depois de uma vida inteira dedicada ao ensino, chegou à hora da aposentadoria, queremos manifestar o nosso reconhecimento pela forma como preparou as nossas crianças para a vida, como serem bons cidadãos. Tudo o que posso dizer é um obrigado de todo o coração". Moncho e seus pais seguem com atenção e encantamento, a homenagem ao professor. A câmara desloca-se lentamente para nos revelar o rosto e um conhecido "franquista" que segue a cerimônia com ar entediado.

Don Gregorio fala em seguida: "Quando chega a primavera, os patos selvagens regressam a casa para procriar. Nada os detém. Se lhes cortam as asas, nadarão. Se lhes cortarem as patas, se arrastarão com o bico, como um remo contra a corrente. Essa viagem é a razão de sua existência. No outono de minha vida, devo ser cético e, em alguma medida, o sou. O lobo nunca dormirá na cama com o cordeiro. Mas tenho a certeza de uma coisa. Se conseguirmos que só uma geração cresça livre na Espanha, nada, nem ninguém lhes poderá arrancar a liberdade". Trata-se de um recado ás forças que pretendem cercear a liberdade, em face da tensa situação política que se está vivendo no país. Assim o entende, o "franquista" que juntamente com o filho abandona a sala profundamente irritado com as palavras de Don Gregorio. Após uns segundos de estupefação geral, o professor retoma a palavra, agora de forma ainda mais vigorosa e emocionada: "Ninguém poderá roubar deles esse tesouro". Perante fartos aplausos da assistência, conclui: "Agora vocês voem".

Enquanto todos se levantam, Moncho permanece sentado, inundado de tristeza. Ao sair da cerimônia, é abordado por Don Gregorio, que o vê entristecido e lhe pergunta o que se passa, tratando-o, como sempre, pelo carinhoso nome de "Pardal". Moncho responde que nunca mais voltaremos a caçar mariposas. Don Gregorio diz, então, que sim, pois Moncho está de férias, e ele, aposentado, logo terão muito tempo. E informa ao menino que o Ministério da Educação enviou o microscópio há muito tempo solicitado.

A covardia e a humilhação entram em cena

Moncho joga bola com colegas, quando o irmão, com ar preocupado, vem chamá-lo para ir para casa. Revela ter ouvido no rádio que há uma guerra com a África. Algo sobre Espanha e Deus. Passa um motociclista com uma bandeira de Espanha, dando vivas à Espanha, enquanto alguns pedestres fazem a saudação fascista.

A mãe penteia e ajeita o terno de Moncho, e toda a família vai para a rua. Todas as ruas estão apinhadas de gente. Na praça principal, perante uma multidão, para um caminhão militar com alguns "franquistas" armados e dando vivas à República. Um padre diz: "Deus me perdoe, Deus perdoe a todos nós". A multidão presencia os carabineiros invadindo as casas e retirando à força alguns oposicionistas. Algumas pessoas na multidão começam a gritar: "traidores, comunistas, ateus, filhos da mãe, palhaços".

A mãe de Moncho cruza o olhar com um conhecido "franquista", que se encontra do outro lado da rua e que a observa com ar ameaçador. Embaraçada, grita timidamente: "Ateu!".

Os prisioneiros, alguns com ferimentos no rosto, são empurrados para dentro do caminhão, debaixo de insultos de "Bastardos".

À passagem de cada prisioneiro, a mãe de Moncho vai gritando, perante o embaraço do marido, num tom de voz cada vez mais forte: "Ateu!" E pede-lhe para gritar também. E ele o faz, gritando: "Traidores criminosos", "comunistas". Andres segue-lhe o exemplo e grita: "Traficantes", "safados". As cenas tornam-se patéticas. Mães desesperadas gritam por seus filhos que estão sendo arrastados e presos à força.

Depois, é a vez de Don Gregorio, que sai de casa triste e abatido, diante do olhar também triste de Moncho. A mãe de Moncho incentiva o marido a gritar para Don Gregorio. Ele o chama de "assassino", "anarquista maldito", "filho da mãe...". E pede a Moncho que o xingue. Naquela que é, seguramente, e a cena mais forte e surpreendente do filme, Moncho grita para seu antigo professor: "ateu", "comunista" e repete várias vezes tais xingamentos.

> [...] O que impressiona não é a brutalidade dos brutos. É o que o medo faz com as pessoas. Medo todo mundo tem. Mas os fracos se agacham, escondem-se. Falam baixo, olhando para os lados. Fecham portas aos amigos perseguidos, fingem que não os conhecem. Os amigos viram perigo. Batem-se à porta logo perguntam: Será ele? É melhor não abrir. Fazer de contas que não há ninguém em casa. Mas há aqueles que se sentem em casa com os brutos. Tornam-se delatores. Delatando, sentem-se participantes do poder dos tiranos. Beijam-lhes as mãos. Adulam. Lustram-lhes as botas. Aconteceu também no Brasil. Os seres humanos são iguais em todas as partes do mundo. O filme "A língua das mariposas" mostra o que a ditadura de Franco fez com as pessoas. Até com as crianças. É a estória da amizade entre um menino e um velho professor, até que foi interrompida... (Alves, 2005)

O caminhão parte, levando Don Gregorio e os outros prisioneiros. Várias crianças, inclusive Moncho, correm atrás do caminhão, atirando pedras e gritando "ateu", "comunista". Moncho grita" Tilonorrinco", tromba espiral". Depois fica quase petrificado, com um olhar distante.

Que se passará no interior dessa criança que acaba de perder sua inocência? Que sentimentos contraditórios, nos quais se misturam, quem sabe, o medo, a vergonha, o opróbio. É ainda demasiado cedo para ela perceber, que deu o primeiro passo para o caminho, provável, da submissão, da perda de valores, do desprezo perante o sofrimento de outros seres humanos. O medo e a guerra destruíram uma amizade e levaram à perda da liberdade.

O filme termina com uma legenda "A GUERRA CIVIL DE ESPANHA COMEÇOU". A besta humana iria se instalar em terras espanholas durante cerca de quatro anos. O conteúdo, de amplo enfrentamento ideológico, fez com que a guerra civil deixasse de ser um acontecimento puramente espanhol para se tornar uma prova de força entre forças que disputavam a hegemonia do mundo. Nela envolveram-se a Alemanha nazista e a Itália fascista, que apoiavam o golpe do General Franco, e a União Soviética que se solidarizou com o governo Republicano.

A pior posição foi tomada pela França e pela Inglaterra, que optaram pela "não-intervenção". Mesmo assim, não foi possível evitar o engajamento de milhares de voluntários esquerdistas e comunistas oriundos de todas as partes (53 nacionalidades) para formar as Brigadas Internacionais (38 mil homens) para lutar pela defesa da República.

A superioridade militar do General Franco, a unidade que conseguiu impor sobre as direitas foi fator decisivo na sua vitória sobre a República. Em 1938 suas forças cortam a Espanha em duas partes, isolando a Catalunha do resto do país. Em janeiro de 1939, as tropas do General Franco entram em Barcelona e, no dia 28 de março, Madrid se rende aos militares depois de ter resistido a poderosos ataques (aéreos, de blindados e de tropas de infantarias), por quase três anos.

As baixas da Guerra Civil oscilam entre 330 a 405 mil mortos; apenas 1/3 ocorreu na guerra. Meio milhão de prédios foi destruído parcial ou inteiramente e perdeu-se quase metade do gado espanhol. A renda *per capita* reduziu-se em 30% e fez com que a Espanha afundasse numa estagnação econômica que se prolongou por quase trinta anos.

Considerações finais

Encantamento é a palavra definidora da relação estabelecida entre Don Gregorio e seus alunos (especialmente Moncho) até praticamente ao final do filme. Como se dá essa mágica? Não há fórmulas prontas. Não há "receitas de bolos". Essencialmente o que caracteriza um trabalho que encanta os estudantes é o amor do professor pelo trabalho que realiza, pelas crianças e pelos jovens com os quais trabalha e pelo conhecimento.

Apesar dessa atitude de amor ao trabalho e às crianças, nada pode ser garantido previamente. Como vimos, a semente germinou em vias distintas do esperado. A personagem do filme termina por trair seu mestre e o conhecimento obtido até o momento, para seguir seus pais, a quem devota sua criação. A educação familiar confronta-se com a educação escolar. O menino, mais por medo do que por convicção, esquece a razão, sob influência de sua família, para seguir a ignorância. O medo que se instala em meio às blasfêmias de acusação a inocentes, indica que os ensinamentos do professor, em alguma medida, permanecem com Moncho. E, com ele, a esperança.

Para trabalhar com o término deste confronto, atravessando os problemas entre casa e escola, o professor necessita buscar uma melhor relação do aluno com os estudos e a conscientização dos pais sobre a importância da educação de seus filhos. A família precisa cooperar no desenvolvimento de uma criança, beneficiando o aprendizado junto aos mestres.

Acima de tudo, a mariposa conhece seu papel e deve procurar também auxiliar no estabelecimento do ambiente em que vive a flor, detentora do potencial, da pureza viva, que faz evoluir o mundo e faz crescer os homens.

Cuerda fez um filme que é, em boa parte, idílico. Belas cores, espetaculares imagens da natureza. Mas não se pode dizer que ele falsifique a realidade. Ao amor idealizado do irmão de Moncho "e todo o episódio da chinesa é muito delicado, muito bonito", superpõe-se o puramente carnal da meia-irmã. Dessa maneira, não se pode dizer que Cuerda, que se baseou em histórias de Manuel Rivas no livro "Qué me Quieres, Amor?", esteja criando um mundo puramente idealizado. Mesmo assim, é claro que existem "serpentes" nesse paraíso. Uma delas, por exemplo, é a do bêbado que mata o cachorro da meia-irmã de Moncho, com quem mantém relações sexuais. A principal serpente, porém, é o franquismo.

Existem os republicanos e os monarquistas. Guardadas as diferenças, de alguma forma (sobre)vivem em equilíbrio. E aí a República é derrotada. Os franquistas instalam-se no poder. Promovem um verdadeiro festival de retaliações.

O filme abre várias possibilidades interpretativas já que o desfecho é um tanto enigmático. No entanto, a tristeza e o efeito da insanidade da guerra civil são constantes.

Os dez ou quinze minutos finais são duros. É o momento em que o professor vai preso. O que ocorre nesse desfecho completa o ciclo iniciático de Moncho. Ele ingressa num mundo de covardia e humilhação, que é a maneira como o diretor vê a herança de Franco em seu país.

Outro aspecto relevante relativo ao trabalho dos educadores é o que se refere à sensibilidade. A necessidade fundamental de saber ouvir os alunos. De dar-lhes atenção, procurando compreender seus problemas. É claro que, como educadores, não se pode e nem se deve abrir mão das demais responsabilidades. É crucial continuar a trabalhar a História, a Literatura, a Matemática, as Ciências e todo conhecimento que cabe proporcionar aos alunos. Torna-se necessário adicionar a isso a educação das emoções, garantida pela presença, pelo estímulo constante, pela crença na capacidade de todos os alunos.

A língua das mariposas destaca outros aspectos muito relevantes para o trabalho dos educadores: a necessidade da leitura, da pesquisa, da busca do conhecimento. Isso vale tanto para a própria formação quanto para o aperfeiçoamento dos alunos. É preciso praticar a leitura para saber ler. Importa mostrar aos alunos que ler e pesquisar é essencial para nosso crescimento, para nossa maturação e melhoria individual. É importante fazê-los perceber que ler e pesquisar é (mais que necessidades) prazer!

Toda e qualquer forma de repressão política, ideológica, social ou cultural representa o que há de mais vil entre os seres humanos. O patrulhamento patrocinado pelo fascismo na Espanha (e em todos os países que, infelizmente, vivenciaram regimes totalitários) fez muitas vítimas. Seus crimes? Pensavam de forma diferente em relação ao regime dominante. Levantamentos e pesquisas acerca da Guerra Civil Espanhola e da ditadura fascista que se estabeleceu na Espanha podem ser aprofundados com o exame da obra *Guernica*, de Pablo Picasso, com a leitura do clássico *Por quem os sinos dobram,* de Ernest Hemingway (que era correspondente de guerra na

Espanha na época da guerra) e pela comparação desses recursos (inclusive o próprio filme *A língua das mariposas*) com textos didáticos e paradidáticos.

No filme não há grandes cenas de explosões ou de conflitos armados, mas o impacto é grande, na medida em que são mostrados efeitos muito mais devastadores da guerra na humanidade "relações de amizade estupidamente interrompidas, laços familiares desfeitos, vidas definitivamente perdidas. O diretor revela-nos os dolorosos caminhos da traição, o vergonhoso passo atrás e a perda da dignidade. Enfim, Cuerda mostra-nos com sutileza e delicadeza que essas feridas atingiriam ferozmente todos aqueles ligados direta ou indiretamente à guerra, inclusive as crianças, estragando-lhes o que a idade lhes proporciona de melhor" sua pureza.

É um filme sem estridências, dramático com certeza, mas com um estilo narrativo transparente. Uma história que se deseja contar. Um filme que recorre á emoção delicada e sutil, sem usar golpes baixos. Uma obra que aspira explicar a omissão da razão no vendaval de loucura e violência que acabou mergulhando a Espanha numa guerra fraticida. Mas que não se limita a esse episódio, sugerindo ao espectador a necessidade de valorizar a liberdade de que desfruta e, sobretudo, a importância de saber utilizá-la e difundi-la.

Por último, e como o filme lapidarmente nos revela, a ação educativa desenvolve-se num contexto de especificidade humana que torna inconcebível a redução da função docente a uma dimensão meramente técnica ou instrumental. Nesse sentido, a ética surge inseparável de um saber profissional cientificamente exigente, sólido e autônomo, correspondendo a uma sabedoria prática que, a nosso ver, deve ser apoiada em virtudes pedagógicas como a paciência, a congruência e a arte do diálogo, tão bem personificadas por Don Gregorio. Essas virtudes, afinal, são necessárias a toda a ponderação moral e constituem uma forma de garantir que, em todos os âmbitos da vida, seja assegurada a mediação reflexiva entre teoria e experiência, entre racionalidade e sensibilidade.

Referências

ALVES, Rubem. *A língua das mariposas*. Disponível em: <http://www.rubemalves.com.br/quartodebadulaquesXXXII.htm>. Acessado em: 27 nov. 2005.

JACKSON, Gabriel. *La Republica Española y la Guerra Civil*. Barcelona: Grilabo, 1977.

MATTHEWS, Herbert. *Metade da Espanha morreu*. Rio de Janeiro: Civilização Brasileira, 1975.

ORWELL, George. *Lutando na Espanha*. Rio de Janeiro: Civilização Brasileira, 1967.

THOMAS, Hugh. *A Guerra Civil Espanhola*. Rio de Janeiro: Civilização Brasileira, 1964, v. 1-2.

Filme citado

A língua das mariposas – José Luis Cuerda (Espanha, 1999) – 1h36

Querubins ou rebeldes?
Um conto de fadas às avessas

Maria Inês Mafra Goulart
Eduardo Sarquis Soares

Em todo conto de fadas há um castelo. O castelo é rodeado por um fosso que separa a nobreza de seus súditos; um divisor entre os que possuem e os que não possuem. Essa história, de um tempo que não existe, é também a história de todo o tempo ou do nosso tempo.

De maneira geral, os contos de fadas, protagonizados por reis, rainhas, príncipes e princesas, nos contam histórias passadas no interior dos castelos. As águas profundas do fosso protegem os protagonistas ao mesmo tempo em que marcam o lugar da narrativa. O que acontece quando os súditos ultrapassam o fosso e invadem o castelo? Quando a ordem instituída é quebrada pela ousadia dos não privilegiados? Quando os atores que promovem a ruptura são crianças pobres?

Aqui vamos tomar como mote um filme brasileiro lançado em 1996, *Como nascem os anjos*, para fazer uma reflexão sobre a infância, especialmente a infância em uma cultura que nos é estranha, apesar de muito próxima. A obra, dirigida por Murilo Salles, surge de sua profunda inquietação com o conflito favela/asfalto, tão comum em nossas cidades grandes. Nas palavras do cineasta "A ideia surgiu do meu incômodo em conviver com a miséria, com essa história de sair na rua e dar de cara com crianças famintas pedindo esmolas."[1] O incômodo não é só dele; é de todos nós.

---

[1] Disponível em:< http://www.murilosalles.com/film/cl_c17.htm>. Acesso em: 6 jun. 2006.

No entanto, no cotidiano, nossa tentativa é de nos esquivarmos desse incômodo por meio de diversos subterfúgios. Assim, individualmente, pouco se faz no sentido de dar uma resposta efetiva à problemática. Sabemos que as políticas públicas, especialmente no campo da educação, têm buscado alternativas de aproximação desse universo infantil desfavorecido, muito embora o movimento ainda seja lento. Murilo Salles, que tem por ofício contar histórias com uma câmara em mãos, é fisgado pelo desafio de retratar esse mundo simultaneamente próximo e distante. Seu incômodo se transforma em imagem, em diálogo, na esperança de que a Arte magicamente se transfigure em ponte, em acesso a esses mundos diferenciados. O filme procura retratar essa ruptura, trazer para a cena encontros e desencontros entre universos sociais, linguísticos e afetivos muito díspares. Mas o desafio é grande, e a trama esbarra em dificuldades claramente perceptíveis durante toda a narrativa. O filme acaba evidenciando, talvez involuntariamente, a dificuldade, que não é só do diretor, de penetrar no universo cultural infantil que ele procurou retratar. Murilo Salles tentou realmente transpor o fosso cultural e geracional de que estamos falando; porém, consideramos que o resultado de seu esforço revela a complexidade do percurso em direção ao outro, especialmente quando esse outro é uma criança pobre.

A produção ganhou prêmios em várias categorias: melhor filme, melhor direção, melhor montagem, melhor fotografia e um prêmio especial do júri para os atores Priscila e Sílvio (as crianças) no 24º Festival de Gramado, em 1996. Os atores-mirins estão longe de ter seu pertencimento às camadas sociais que retratam na história. Priscila e Sílvio são crianças das camadas médias, moradoras da cidade do Rio de Janeiro. Para viver a "mentira da favela" segundo a reportagem do *Diário da Tarde*[2], os dois se submeteram a morar dois dias com uma família de oito pessoas em uma casa de dois cômodos na Rocinha, uma experiência, sem dúvida alguma, intensa. Contudo, a nosso ver, essa experiência não foi suficiente para identificar os atores com os personagens que eles representaram. Essa dificuldade funciona como uma barreira que faz com que o expectador relute em se entregar à trama. E ressalta, novamente, o incômodo sentido tanto pelo cineasta quanto pela plateia. Incômodo diante de uma infância desamparada, da qual não conseguimos nos aproximar, incômodo pelo desempenho dos

---

[2] Disponível em: <http://www.murilosalles.com/film/cl_c17.htm>

atores, que nela também não conseguem penetrar. Talvez por isso, apesar da múltipla premiação, o filme recebeu também críticas severas.

Trata-se, portanto, de um filme, no mínimo, polêmico. Nosso interesse aqui é entrar um pouco na polêmica, sem tomar partido do diretor ou de quem quer que seja. Olhando superficialmente o filme, concordamos que o roteiro não traz novidades. Ao contrário, fala de uma situação já banalizada socialmente. Por outro lado, podemos tentar entender o desafio de falar de uma infância ao mesmo tempo próxima e distante. Nesse sentido, compartilhamos com o diretor as dificuldades enfrentadas por ele. Antes de tudo, é preciso indagar: o que nos move a nos lançar no esforço de construir pontes que possibilitem atravessar o fosso, sair e entrar do castelo, transitar em ambas as direções? Na nossa perspectiva, somos movidos por nossa própria condição de pessoas das camadas médias, pais de família e educadores que acompanham as mudanças profundas que vêm ocorrendo há algumas décadas neste país. Todavia, essas mudanças nem sempre se fazem no sentido positivo: a pobreza, mais do que nunca, incomoda e amedronta. E a infância pobre é ainda mais enigmática. Pensamos que o futuro que se anuncia não há de ser pacífico enquanto não atingirmos melhores condições de vida para todos, especialmente para as crianças. É preciso falar desse problema, encarar essa distância, tentar romper o fosso social, mesmo em pequenos passos. Esse movimento tem muitas possibilidades de se realizar, e o debate que o filme propõe é bastante pertinente.

Atores e tramas: drama ou tragédia?

Enquanto uma garota de treze anos se posta diante de câmaras de uma televisão alemã para falar de si e dos seus sonhos, em outro local da mesma favela onde ela vive, o Morro de Santa Marta, no Rio de Janeiro, um grupo de homens negocia armas automáticas, de avançada tecnologia. O manuseio de uma arma coloca problemas para o líder do grupo de traficantes, que desafia o bronco e submisso Maguila a operá-la. Por um golpe do destino Maguila põe fim à vida do chefe e de alguns de seus comparsas, colocando, simultaneamente sua própria vida no fio da navalha.

Na fuga, Maguila arrasta consigo Branquinha, a garota de treze anos, que se apresenta como sua mulher apesar da enorme diferença de idade, e Japa, fiel amigo da menina. No meio da fuga, o trio para na porta da garagem de uma mansão no bairro da Joatinga, onde encontra Willian, um cidadão americano saindo para o trabalho. A solicitação feita pelo trio é de usar o banheiro, uma vez que Maguila, nos dizeres de Branquinha, "foi tão bem educado pela mãe que não consegue urinar na rua". Discussão entre homens, troca de tiros. Na sequência, as crianças tomam como refém o americano, sua filha Julie e a empregada, dona Conceição. O clima fica tenso na casa, principalmente depois de cercada pela polícia. No entanto, sob o nosso ponto de vista, nem suspense, nem surpresa prevalecem no decorrer do filme.

Interrompemos a narrativa por um momento para tecer alguns comentários. As primeiras cenas, quando Branquinha se exibe para as câmaras estrangeiras, já exprimem as contradições do encontro/desencontro entre grupos de universos diferentes. Na tela, a determinação de uma criança de sair do lugar social que ocupa e se tornar famosa:

> Eu quero ser a fodona de Santa Marta. Respeitada pela galera da pesada. Fodona do morro, saca?

No mesmo espetáculo, a exposição grotesca dos favelados do terceiro mundo, seus sonhos, suas fantasias, para telespectadores do primeiro mundo. Percebemos essa exposição nas perguntas do entrevistador:

> ...Você é casada? Quantos anos você tem? E você não tem nenhum sonho?
> - Sonho? Não... é difícil sonhar. Só às vezes, com elefante. É engraçado, né? Com aquela tromba...

De outra feita, o filme revela que, de um lado, há uma identidade social em curso e, de outro, as identidades pessoais expõem as idiossincrasias. Maguila convive com o pessoal do tráfico de drogas mesmo sendo bronco, submisso, covarde e completamente desadaptado. Branquinha diz que não tem sonhos. No entanto, seus olhos irão brilhar quando estiver diante da rica e bela jovem americana, que é denominada por ela de "Lindinha". Tudo na americana reflete o sucesso, a fama tão cobiçada pela criança pobre e revela um ambiente quase mágico, um conto de fadas que Branquinha busca, em vão, compartilhar.

Quanto à história, já de início, percebe-se que é contada de fora, por um narrador duplamente alheio ao universo infantil das camadas pobres da população: por sua condição de adulto e por seu pertencimento social. Constatada essa lacuna, o filme nos sugere interrogações: o que teríamos a dizer dos problemas e das possibilidades que afetam as crianças pobres em nossa sociedade contemporânea? Seria possível enxergar o mundo da mesma forma que elas? É possível ao adulto se aproximar e tocar o mundo infantil? Entendemos que nossa sociedade é multifacetada não só porque formamos um contingente populacional de origem bastante diversificada, mas também porque há uma divisão entre classes e possibilidades, que nos separa a ponto de convivermos, às vezes em uma mesma cidade, com realidades muito diversas. Isso desafia nossa compreensão. Voltemos ao filme para explorar sua trama e seu desfecho.

A entrada na mansão dos americanos exacerba as diferenças sociais. Maguila negocia a possibilidade da ida ao banheiro. No entanto, o chofer da família, que chega posteriormente, vê a cena como uma ameaça e não hesita: toma Branquinha como refém e aponta uma arma para Maguila. Na troca de tiros, o chofer morre, e Maguila fica gravemente ferido. A partir daí, o comando da situação fica por conta das crianças, que passam a portar armas de fogo. O que fazer com essas armas? O que elas representam?

O desejo das crianças é difuso. Querem ir embora, mas ao mesmo tempo encantam-se com a mansão dos americanos. Almejam seu momento de sucesso. Desejam viver o conto de fadas. Dessa forma, ir embora é uma ação que se arrasta e se perde na confusão dos acontecimentos: o estado de saúde de Maguila, que só vai piorando, a fome, a chegada da polícia, a chegada da imprensa. Aquelas pessoas que "falam uma língua que não é de gente" causam estranhamento e fascínio. O que fazem? Por que estão ali? Para as crianças, são "gringos" que trazem consigo um mundo ao mesmo tempo impossível e cobiçado. Branquinha imagina uma possibilidade de participar daquele mundo. Busca estabelecer uma cumplicidade com "Lindinha", como ela denomina a jovem americana. Essa cumplicidade passa pelo fato de serem mulheres. Branquinha faz com que Julie se apronte, e ela própria usa roupas da americana para que ambas possam ganhar uns minutos de fama expondo-se aos holofotes da televisão. Mas a tentativa de aproximação é frustrada porque Julie se recusa a entrar nesse jogo. A ilusão de uma inserção em um mundo que não é delas arrasta as crianças para as profundezas do fosso. Tomar de assalto o castelo as transforma em reis, rainhas e princesas?

O desfecho do filme pretendia levar o espectador ao ápice do drama vivenciado pelas crianças. No entanto, a cena é bizarra e rompe com qualquer possibilidade de uma reflexão mais aprofundada sobre o mundo infantil, sobre papéis sociais ou sobre a efemeridade da existência humana. A desafortunada troca de tiros entre as crianças, que provoca a morte simultânea de ambas, é risível pela inverossimilhança.

Infâncias na contemporaneidade: querubínica ou rebelde? Metáforas que não se esgotam

Não é novidade que a ideia de infância como categoria social surgiu com a modernidade. No entanto, o debate sobre seu significado vem se modificando e acompanha transformações sociais. Já de início, podemos contrapor, por exemplo, algumas ideias de Rousseau com palavras que Marx dedicou à infância. O primeiro, que viveu entre 1712 e 1778, legou-nos a ideia da criança imaculada, da infância como o tempo em que a natureza humana ainda não teria sido corrompida. O homem seria bom por natureza, e caberia aos educadores a tarefa de prolongar e preservar a inocência infantil nos indivíduos. No entanto, basta dar uma olhada pelas ruas de nossos grandes centros urbanos para constatarmos que a infância não é a mesma para todos. Marx, que viveu entre 1818 e 1883, percebeu claramente que a criança filha de operários não era vista sob o aspecto psicológico ou sociológico, mas considerada sob o aspecto socioeconômico. A infância da classe trabalhadora, segundo ele, seria um tempo determinado pela negociação entre o Estado, o Capital e os trabalhadores. Essa negociação se colocava porque a remuneração do trabalho dos adultos, sendo aviltante, precisava ser complementada pelo trabalho das crianças. Com isso, a infância terminava assim que o indivíduo estivesse apto a realizar alguma tarefa remunerável, não importando sua idade (GOULART, 2005). Alguma semelhança com a realidade brasileira atual?

Vivemos imersos em contradições que se sucedem. Hoje, o Estatuto da Criança e do Adolescente (ECA) estabelece claramente que nenhum cidadão pode entrar no mercado de trabalho antes dos quatorze anos de idade. Mas sabemos que um Brasil sem crianças trabalhando ainda é um sonho a ser conquistado. Voltamos ao fosso, à divisão que separa as crianças supostamente protegidas das outras, abandonadas à própria sorte. Propositadamente, estamos dizendo que se supõe que as crianças das camadas médias e privilegiadas estão protegidas. Protegidas de trabalhar sim; mas isso não significa que estejam livres de pressões de diversas ordens que, muitas vezes, lhes roubam a condição de infância, travestindo-as em pequenos consumidores de produtos alimentícios, de programas televisivos, de brinquedos eletrônicos, de moda, de serviços de profissionais liberais.

Dessas crianças podemos dizer que estão mais próximas de nós porque compartilhamos o ambiente cultural. Contudo, como adultos, perdemos a perspectiva delas próprias, o que nos convida a exercitar o silêncio de vez em quando e tentar compreender o que elas estão a nos dizer. Tendemos a comparar a infância de hoje com a que nós próprios conhecemos. No nosso caso particular, reportamo-nos a uma época em que a rua, mesmo em cidades de porte médio, era espaço de brincadeiras, de trocas entre vizinhos. Poucas pessoas possuíam televisão em casa, e a maioria dos brinquedos era de origem artesanal. A escola pública era frequentada pela grande maioria da população, a religião regulava os costumes, e criança não questionava a autoridade dos adultos sem receber punições. Criança, naquela época, não tinha voz, era como se, para os adultos, não tivesse sentimentos. Melhor ou pior que a infância das camadas médias de hoje? Impossível comparar. Talvez possamos apenas dizer de sensações que nos fazem perceber que, de lá para cá, houve avanços e retrocessos.

Sociólogos da infância, como Sarmento (2004), analisam o que vem ocorrendo na contemporaneidade, como uma reentrada da infância na esfera econômica. As crianças têm participado da economia pelo lado da produção, do marketing e do consumo. O trabalho infantil é uma realidade posta especialmente para os países menos privilegiados; a criança é também é usada na publicidade e consome bens e produtos de um mercado exclusivamente dedicado a ela.

Especialmente nas camadas médias e nas altas, com a modificação dos espaços sociais, temos hoje uma infância que assume papéis e ocupa lugares bem diferentes daqueles vivenciados por nós em nossa geração. Os espaços para as brincadeiras assim como a complementação da formação escolar (cursos de inglês, informática, esporte, etc.) são organizados em "escolinhas"; os brinquedos eletrônicos mudam a perspectiva de relação com a própria natureza; as famílias cujos pais e mães trabalham fora tendem a entregar seus filhos a instituições educacionais, muitas vezes, até antes de completar um ano de idade. Montada essa estrutura, que reforça o distanciamento entre os mundos, os adultos necessitam, cada vez mais, de profissionais que discursem, cuidem, eduquem e atendam a infância.

As crianças são, então, rodeadas por psicólogos, enfermeiros, babás, pedagogos, neurologistas, fonoaudiólogos, na tentativa de se corrigir os desvios daquilo que se tem como padrão: o protótipo, construído pela propaganda, de um adulto bem-sucedido. Cabe, então, perguntar: o que realmente pensamos ser ideal para nossos filhos?

Se fôssemos fazer um filme registrando os problemas das crianças de camada média atual, tomaríamos esses elementos como norteadores. Apesar da familiaridade com o meio social, restaria a dificuldade de nos depararmos com o olhar do adulto sobre a criança. O que dizer das crianças dos outros, dos menos favorecidos, da legião dos excluídos? Como enfrentar a dupla dificuldade do olhar adultocêntrico e o da distância social? Era esse o desafio que o diretor pretendia enfrentar. Violência, adultização, imersão na luta pela sobrevivência, tudo isso está presente no filme. E é o que assistimos, por exemplo, quando nos deparamos com bandos de crianças pedindo esmolas nas ruas ou se exibindo nos sinais de trânsito. Entretanto, nosso olhar, assim como o do diretor, se projeta sobre um mundo que percebemos como expectadores, sem estar imersos na sua experiência de vida.

Esse desconhecimento do mundo da infância desfavorecida se denuncia em diversas cenas do filme quando, por exemplo, por suas falas e gestos, Priscila, a atriz, remete-nos, constantemente, à sua condição de origem obscurecendo, assim, a personagem que ela quer representar. Em outros momentos, o filme tenta capturar o mundo infantil, como quando a menina tenta se espelhar na jovem americana, veste suas roupas e pinta o rosto, ainda na cena em que o menino apresenta aos jornalistas sua habilidade de exímio dançarino. Estes podem ser considerados como momentos lúdicos dentro do caos que se instaurara naquela mansão. Porém, percebemos esses elementos sempre narrados em uma perspectiva de adulto da camada média.

Consideramos que o mundo da infância, privilegiada ou não, está contaminado pelas desigualdades. Do lado das camadas médias, as incertezas quanto ao futuro pressionam os pais para que invistam cada vez mais dinheiro na educação dos filhos, uma educação de qualidade duvidosa, especialmente porque não vem atender as demandas da infância, mas volta-se para um futuro projetado por adultos como o padrão de sucesso.

Do lado das camadas empobrecidas, a desigualdade força as crianças para a luta pela sobrevivência. Aqui, é ilustrativa a narração de um encontro entre dois grupos adolescentes que pudemos presenciar: um de camada média e o outro de moradores de uma vila da periferia da cidade. O propósito do encontro consistia em se criar uma oportunidade para que um grupo se inteirasse da realidade do outro. Quando falavam de sua relação com a rua, os adolescentes de camada média destacaram o sentimento de insegurança. A rua é um local violento, onde ficam expostos a ataques de bandidos. Então, refugiam-se em shoppings, locais privilegiados para suas experiências sociais, onde se sentem mais seguros. Os outros expuseram uma relação oposta: a rua é local de encontros, e a segurança depende de estarem ali presentes a maior parte do tempo. Explicaram então: aqueles que derivam para uma vida de banditismo são bem conhecidos da comunidade. A convivência é pacífica até certo ponto, porque cada um procura manter-se em seu espaço social. Quando algum tiroteio está para acontecer, passa um emissário pelas ruas, avisando a todos e determinando o horário do evento. Assim, os que não estão envolvidos com a disputa refugiam-se em suas casas. Portanto, manter-se em casa, desinformado, é que significa o grande risco.

A radicalização das condições atuais da vida infantil potencializa tanto uma visão de criança querubínica quanto daquela rebelde e perturbadora. Como salienta Sarmento (2004), vivemos um paradoxo em que convivem tanto a criança sonhadora e depositária da esperança quanto a criança rejeitada e abandonada; tanto a criança romântica quanto a criança violentada. Assim, é sempre de criança que estamos falando.

O que restou da infância, afinal?

Depois de tantas colocações, ainda nos resta perguntar: o filme preserva a infância ou a desafortunada morte das crianças significa também a morte da infância?

Retomando as reflexões feitas por Sarmento (2004) sobre as encruzilhadas em que se encontra a infância da segunda modernidade, concordamos com ele quando diz que a infância não morreu; sua identidade se preserva principalmente na capacidade que as crianças têm de constituir culturas não redutíveis às culturas dos adultos. Dos elementos constitutivos na construção das culturas da infância, citados pelo autor, dois nos parecem interessantes para dialogar com a história de Branquinha e Japa: a não literalidade no uso dos objetos e a não linearidade temporal.

O uso não literal dos objetos nos remete ao mundo do faz de conta, à capacidade que a criança tem de imbricar o universo da realidade com o da fantasia. Iniciamos nossa reflexão fazendo uma alusão aos contos de fadas. Vamos nos adentrar novamente na história dos dois protagonistas para observar se Branquinha e Japa transitam simultaneamente na realidade e na fantasia enquanto vivenciam a situação dolorosa em que foram jogados.

As cenas iniciais do filme sugerem uma infância até certo ponto protegida. O menino tem um lar, uma mãe que provê, cuida, alimenta, exige estudo e educação. A cena apresenta Japa fazendo as tarefas escolares, sentado à mesa, contando para a mãe o sucesso de Branquinha, que irá aparecer em um programa da televisão alemã. Da cozinha, a mãe convida todos para almoçar: "o almoço está pronto." Branquinha compartilha o alimento com a família de Japa e, ainda, leva um pouco para os irmãos, denotando uma carência maior.

A cena seguinte reforça a ideia de que, na família de Japa, criança ocupa um lugar social. Adolescentes se aproximam da casa e começam a atirar. A mãe, dona Neuza, abre a porta da rua e enfrenta o grupo: "Que covardes, atirando em criança? ... Onde se viu ficar dando tiro pra assustar criança!"

Branquinha não tem a mesma sorte do amigo. Uma cena que faz alusão a um completo abandono acontece quando a menina está prestes a fugir e delega à irmã menor a incumbência de olhar pelos pequenos. "Cacá... agora é com você. Segura a onda por uns tempos. Qualquer coisa tem aí o Japa e a tia Neuza". A situação é de total desolamento.

No momento em que as circunstâncias arrastam Branquinha e Japa por uma fuga que culmina no pretenso sequestro dos americanos, inicia-se um processo de inversão de papéis. Mas será que isso acontece de forma absoluta?

As cenas que se seguem mostram Maguila, apesar de ferido, no comando da situação ao mesmo tempo em que introduz as crianças no mundo da criminalidade. Esse processo é bem mais claro no personagem Japa.

> - Japa, vai lá ver que merda é essa. (Referindo-se à empregada que se encontra na cozinha. Toma a arma da mão de Branquinha e a joga para Japa)
>
> - Por que não vai você?
>
> - Vai ou leva chumbo. (Vira-se para Japa e aponta a arma em sua direção.)
>
> Agora!

Apesar de seguir as ordens de Maguila e executar uma ação que o inicia no mundo da criminalidade, Japa abstrai seu papel de "bandido" e estabelece com a empregada da casa uma relação de criança para adulto. A cena que se segue mostra uma criança tímida pedindo desculpas por sua intromissão.

> - Psiu! Tia! (Japa carrega a arma na mão que pende ao lado do corpo.) A senhora já falou o que tinha pra dizer? (A cozinheira está falando no telefone, tentando contactar a polícia) Porque se a senhora quiser, eu posso dar um tempinho até a senhora terminar.
> - Que que você quer, menino?
> - Ó! A gente não é bandido não, tá?

O desconforto da cena revela a timidez e o respeito da criança pobre diante do adulto que ocupa um lugar em uma casa de ricos. A abordagem que faz não segue as regras do bandido, mas do menino educado, que busca uma relação amigável.

No decorrer da conversa, o revólver bambeia nas mãos. Japa até se esquece que tem em mãos uma arma de fogo e só percebe isso quando a empregada da casa o adverte: "se você não é bandido, o que está fazendo com uma arma nas mãos?" Mas sua ação sobre aquele objeto não corresponde ao uso social que se faz de um revólver. Ele o carrega virado para trás, o segura com as duas mãos e, como se fosse um brinquedo, passeia pela casa com aquele estranho artefato entre os dedos. Realidade e fantasia se confundem. Japa brinca de bandido e mocinho?

O filme se desenrola, e a arma, símbolo do poder do adulto, que denuncia o lugar social que aqueles personagens ocupam, é muitas vezes esquecida por Japa. Ele se interessa mais em explorar a casa, os sofisticados eletrodomésticos, os materiais esportivos, a música.

O menino tem um sonho. Quer ser jogador de basquete. O tênis, as bolas, a raquete, achados no quarto da jovem, têm um outro significado para ele. Brinca com a raquete, com as bolas, coloca o tênis no pé e sorri ao olhar o resultado. Ali, fantasia e realidade se misturam abrindo possibilidades de realização de algo que nunca pertenceu ao universo de Japa. Seu sonho é expresso no diálogo com o americano. Interessante notar que, enquanto conversa, mantém a arma voltada para o teto, como se fosse um acessório qualquer.

> - Por que você gosta tanto de basquete? (pergunta o americano)
> - Porque tem cada jogador incrível. Não é que nem futebol que o jogador fica famoso e só pensa em grana.

- Mas lá é pior, eles só fazem por dinheiro.
- Mas tem muito crioulo fodão.
- Então você queria ser o Michael Jordan?
- Claro que eu queria ser o rei!

Mas, depois do sonho, novamente a realidade se impõe. Japa domina a situação quando descobre que tem uma arma no cofre que Willian, o americano, abre para pegar dinheiro. O revólver, agora, toma posição nas mãos de Japa e, com ele, o menino prossegue seu aprendizado de virar adulto bandido.

Branquinha, por sua vez, carrega a arma de forma apropriada e faz questão de mostrar que tem destreza em seu manuseio. É mulher de bandido e desempenha bem o papel que lhe foi designado. No entanto, quando se depara com o guarda-roupa da jovem americana, seus olhos se acendem, seus gestos se modificam, seu linguajar transmuta: "acho tudo tão lindo!".

Efêmeros momentos de contos de fadas. Efêmeros momentos de brilhos nos olhos.

Entretanto, Japa prossegue em seu aprendizado de bandido. No momento em que mata D. Conceição, a empregada da casa, completa seu rito de iniciação. Mata sua infância. Depois disso não há retorno. Essa ruptura vivenciada pelo personagem o lança em um mundo adulto que ele ainda não estava preparado para assumir. Depois disso, Japa passa a ter outra atitude. É ele quem dá as cartas, é ele quem está no comando.

(D. Conceição) - Eu vou soltar o Sr. Willian. Ele vai ajudar a gente.
- Para, para, porra! (Grita Japa para D. Conceição e aponta a arma em sua direção. O americano intervém tentando deslocar a arma em outra direção. Surpreendido pela ação do Sr. Willian Japa dispara o revólver e, no susto, mata D. Conceição.)
- Filha da puta! Eu disse pra você parar! (Grita Japa para a senhora morta no chão.) Por que você não parou? Por quê? Eu tô fudido! A culpa é sua, seu gringo filho da puta. Eu disse que eu não sou bandido, eu disse!

Daí para frente, só desespero. A criança não aguenta a carga que lhe foi colocada sobre os ombros. Suas ações doravante se confundem com as de um louco.

No filme, o que restou da infância foi a temporalidade. O uso não linear do tempo, tão recorrente na cultura infantil, é expresso em sua morosidade, no desenrolar fragmentado dos fatos, no ir-e-vir de uma ação que nunca se realiza. As crianças querem sair da casa, mas realidade e fantasia as prendem naquela mansão ao mesmo tempo assustadora e fascinante. Os fluxos das interações entre os personagens se estruturam e reestruturam estabelecendo regras do jogo, que transmutam no decorrer da narrativa. São momentos de continuidade e ruptura. A fome, o almoço, a conversa na cozinha com a empregada interrompem o plano em curso. São os materiais esportivos, a música, a dança, a maquiagem, as roupas que encantam. Até mesmo o momento de observar o corpo nu da jovem americana que acaba se transformando em "um filme sem graça, não acontece nada!" Pactos feitos e desfeitos. Segredos codificados e decodificados. Tempo reinventado pelas necessidades de interação, pelo deslumbramento, pelo cuidado. O ir-e-vir de um tempo que arrasta os personagens para um desfecho que nunca acontece. Um tempo marcado pela vivência de criança/adulto, que abala a estrutura dos dois personagens. O revólver simboliza ao mesmo tempo o instrumento de poder dos adultos e o brinquedo das crianças. Em suas mãos, esse objeto se engendra em uma dança traiçoeira, que aponta múltiplos desfechos. O desfecho esperado, a fuga da casa, é subitamente interrompido pela ruptura mais radical: a morte brutal das duas crianças. Quem são os anjos, afinal?

Conclusão

No final, o título do filme soa como um desafio. Como nascem os anjos? Essa infância querubínica sucumbiu, se é que existiu em algum momento. Será que os anjos nascem após a morte das crianças?

Um dos maiores méritos da obra está no fato de alertar para o grande perigo que corre a infância, especialmente aquela economicamente desfavorecida. A realidade que percebemos cotidianamente nos leva a reconhecer que esse alerta é ainda mais pertinente nos dias atuais, mesmo passada uma década do lançamento do filme. Além disso, constatamos, junto com o diretor, que toda a sociedade é afetada, quando a infância permanece desassistida.

Resta lembrar que a história se faz de movimentos, o que significa que o futuro, pelo menos em parte, depende de nossa interferência. Difícil avaliar os movimentos quando somos parte deles, inseridos no vendaval dos acontecimentos. Contudo, se olharmos para um passado não muito distante, apenas algumas poucas gerações antes de nós, veremos um país que ainda convivia com a escravidão, onde a infância oprimida existia unicamente como coisa. Hoje temos uma infância de papel, ou seja, um estatuto legal, que reconhece os direitos dos pequenos cidadãos. Direito de todos ao acolhimento, à assistência, à educação em ambientes saudáveis. Sabemos que a letra legal diz muito pouco por ser contrariada a todo o momento, mas, pelo menos, aponta para um horizonte a ser conquistado. A transformação da realidade depende de ações concretas do conjunto da sociedade e de cada um individualmente. Talvez seja pertinente para os educadores perguntar-se sobre a educação da infância que consideramos desejável e, ainda, sobre a nossa contribuição para que a sociedade se aproxime dessa utopia.

Referências

<http://www.protons.com.br/megazine/filmes/FLcomonascemosanjos.html>

<http://www.cineparadiso.com.br/filmes_exibidos%20-%20como_nascem.htm>

<http://www.murilosalles.com/film/cl_c17.htm>

SARMENTO, M. J.; CERISARA, A. B. *Crianças e miúdos*. Porto: ASA, 2004.

GOULART, M. I. M. *A exploração do mundo físico pela criança:* participação e aprendizagem. (2005) Tese (Doutorado em Educação) – Faculdade de Educação, Universidade Federal de Minas Gerais, Belo Horizonte, 2005.

Filme citado

Como nascem os anjos – Murilo Salles (Brasil, 1996) – 1h33.

O balão branco:
encontros e encantos pelos cantos da cidade

Ana Marta Aparecida de Sousa Inez
Vitória Líbia Barreto de Faria

> Como conhecer jamais o menino? Para conhecê-lo tenho que esperar que ele se deteriore, e só então ele estará no meu alcance. Lá está ele, um ponto no infinito.
>
> *Clarice Lispector*

As crianças estão por aí. Em todos os espaços da vida social, lá estão elas, encantando os adultos com suas perguntas e respostas inéditas, com seus sorrisos prodigiosos e causando perplexidade pelas formas como criam, recriam e constroem significados novos para as situações cotidianas e para a própria condição de ser criança. Com uma capacidade inigualável de utilizar o privilégio das múltiplas linguagens, vão nos mostrando como interpretam o mundo através de gestos, movimentos, histórias fantásticas, danças, imaginação, falas, brincadeiras, sorrisos, caretas, desenhos, choros, cantos, construções, apegos e desapegos, e outras tantas formas de ser e de expressar. Assim, penetram com singularidade na história e na cultura. Apesar do encantamento que causam aos adultos, grande é o número de crianças que vivem em condições da mais nefasta miséria, expostas às mazelas da vida, o que faz com que, apesar de portadoras do poder de encantar, muitas se tornam excluídas e, consequentemente, invisíveis.[1]

---

[1] Relatório do UNICEF – A situação Mundial da Infância 2006 – excluídas e invisíveis – apresenta dados sobre os índices de desenvolvimento infantil e denuncia que as crianças tornam-se "invisíveis, efetivamente desaparecendo dentro de suas famílias, de suas

Lá estão elas: nas escolas, nos sinais de trânsito, nos parques, nas praças, nos *shopping centers*, nos jornais, na televisão, nas revistas, nas carvoarias, nas igrejas, nos *outdoors*, nos lixões, nos clubes, nos abrigos, nas festas, nos sertões, na FEBEM. Também estão jogadas nas águas das lagoas, deixadas nos elevadores, trancadas em carros nos estacionamentos, abandonadas na rua, expostas à fome e à guerra.

E lá estão elas, também, nas telas do cinema. Grande é a produção cinematográfica que nos apresenta diferentes histórias de crianças e de suas infâncias. Muitos são os diretores que produziram filmes sobre o universo infantil, conforme podemos verificar na seleção que compõe este livro. Entre eles, os iranianos têm se destacado por produções que mostram, com indiscutível intensidade, como as crianças se fazem entender e como, em constante interação com seus pares e com os adultos, criam e recriam o mundo através de situações aparentemente simples do cotidiano.

O novo cinema iraniano, na sua opção por uma estética neorrealista e minimalista, utilizando símbolos e metáforas, reflete sobre grandes dilemas da humanidade e, nesse sentido, como afirma Kiarostami[2] "eles são um pedaço do real", no qual apresentam, entre outras coisas, as similaridades e as diferenças entre as culturas ocidental e oriental. Ao trazer para a tela as crianças, com suas histórias e problemáticas humanas, parecem apostar na esperança otimista de mostrar ao mundo a possibilidade da paz e do entendimento entre os povos.

comunidades e de suas sociedades, assim como desaparecem para governos, doadores, sociedade civil, meios de comunicação e até mesmo para outras crianças. Para milhões de crianças, a principal causa de sua invisibilidade são as violações de seu direito à proteção. É difícil obter evidências consistentes da amplitude dessas violações, porém há diversos fatores que parecem básicos para aumentar os riscos que ameaçam tornar as crianças invisíveis: ausência ou perda de uma identificação formal; proteção inadequada do Estado para crianças que não contam com cuidados por parte dos pais; exploração de crianças por meio do tráfico e de trabalho forçado; e o envolvimento prematuro da criança com papéis que cabem aos adultos, como casamento, trabalho perigoso e conflitos armados. Entre as crianças afetadas por esses fatores estão aquelas que não foram registradas ao nascer, crianças refugiadas e deslocadas, órfãos, crianças de rua, crianças em prisões, crianças em casamentos precoces, em trabalho perigoso ou em conflitos armados, crianças vítimas do tráfico e crianças presas a contratos" (UNICEF, 2006, p. 35).

[2] Em entrevista à *Indie Wire*, o roteirista do filme fala também sobre o trabalho com crianças. "Li muitos estudos com crianças nesta idade em que trabalho com elas. As crianças são figuras míticas que sempre existiram em nossa literatura e em nossa cultura. Elas aprendem a amar a vida. Tive experiências com minhas próprias crianças, o que me ajudou bastante. Não são como os adultos. Elas fazem alguma coisa assim que levantam, são ativas, estão sempre trabalhando; o mundo pode ver seu sorriso" (Zetta filmes).

Por meio do cinema, o Irã mostra ao mundo que é muito mais do que aquilo que a imprensa ocidental retrata e aponta para a nossa ignorância sobre a cultura dos povos que vivem além do Ocidente. O fato de trabalhar com poucos recursos e colocar na tela atores não profissionais reforça o senso de realidade que emana de seus filmes. Dessa maneira, descortinam um dos efeitos mais perversos da globalização, qual seja, o de apresentar ao mundo apenas aquilo que a ideologia dominante permite que seja mostrado. Nesse sentido, a arte cinematográfica iraniana é libertadora. O ato de desvelar para o mundo ocidental a maneira de ser criança e de ver a criança no mundo islâmico aproxima os dois lados do planeta, rompendo, pelo menos no terreno da Arte, as grandes barreiras existentes no caminho da paz. Assim, a cinematografia iraniana, por meio de imagens visuais e histórias singelas, se apresenta como elemento detonador do diálogo entre diferentes culturas.

Temos aqui o privilégio de nos aproximar dessa arte e nela nos encontrarmos com a infância, ou melhor, com as infâncias, pois que, ao enveredar nessa reflexão sobre o tema, buscamos as nossas próprias experiências da infância. Por meio do cinema iraniano nos aproximamos mais daquilo que nos é dado como universal e do que nos é peculiar, quando pensamos e falamos das crianças e das infâncias, no jogo sedutor da leitura de imagens que nos conduz à interação do nosso olhar de espectador com o olhar de quem as produziu.

O encontro com o *Balão branco*, filme vencedor de muitos prêmios internacionais[3], nos coloca em contato com Razieh, menina de 7 anos, em busca da realização do desejo de possuir um peixe dourado, "roliço e com muitas barbatanas," para comemorar a passagem do ano, conforme a tradição milenar do país. Para conseguir o que deseja, a menina passa, durante pouco mais de uma hora, por momentos de tensão e de descobertas aprendendo a lidar com o medo, o desprezo e a solidariedade dos adultos, bem como, com a cumplicidade do irmão. Convive com diferentes pessoas e se vê desafiada a utilizar diversas estratégias de comunicação para chamar a atenção dos adultos, em algumas situações, desinteressados em sua problemática.

---

[3] *Gold Prize*: melhor filme do festival de Tóquio/95; *Bronze Dragon*: melhor filme para o público/95; Troféu Bandeira Paulista-vencedor da 19ª Mostra Internacional de Cinema de São Paulo/95; Prêmio da Confederação Internacional Dos Cinemas de Arte (CICAE); *Thophy Prize*: melhor filme em todas as categorias – Cine Fest Canadá/95; *Camera D'or*: primeiro filme.

De maneira peculiar, Jafar Panahi, mais do que contar uma história, nos faz pensar sobre as trajetórias das crianças e os constantes desafios de sua interação com o mundo adulto aos quais todas estão expostas. A construção de uma mensagem poética produzida num contexto de dificuldades de ordem econômica e de censura à produção cinematográfica, imposta pelo regime de governo iraniano, faz emergir uma narrativa lírica. Essa marca, com a qual se destacam vários filmes produzidos naquele país, tem chamado atenção do mundo pela forma realista de apresentar o cotidiano, aparentemente simples, porém repleto de ideias sofisticadas capazes de proporcionar grandes reflexões, pois aprofundam o comportamento dos personagens e o significado das situações em que se encontram.

Diante da beleza do filme, também nós nos encontramos em frente a um grande desafio e ao mesmo tempo ao fascínio de apresentar neste texto as nossas leituras, pelo menos, as que nos foi possível organizar, respeitando nossos olhares, compreendendo que são elas resultantes de nossas experiências e que, portanto, estão situadas no campo das significações que construímos a partir de nossas relações com as crianças e com o cinema.

Pelas ruas de Teerã: fascínio e perplexidade

A história se passa na cidade de Teerã, nas últimas horas, do último dia do ano solar/mulçumano de 1373. O locutor da rádio anuncia que são 17 horas e 7 minutos e que falta, exatamente, 1hora, 28 minutos e 30 segundos para o Ano Novo.

A população da cidade se movimenta com a preparação das comemorações. Motocicletas, carros e bicicletas trafegam caoticamente pela cidade. Homens e mulheres fazem compras e rapidamente se encaminham para suas casas. Uma criança vende balões coloridos. Adultos e crianças, homens e mulheres, jovens e velhos, soldados, comerciantes, camelôs, músicos de rua, saltimbancos com trajes que lembram os figurantes de nossas folias de reis, ao lado de outros trajando roupas comuns, movimentam-se pelas ruas. Personagens que, em alguns momentos, se parecem com o homem ocidental lembrando seus ofícios e profissões e, em outros, nos levam a pensar que saltaram de um dos contos das "Mil e uma noites" ou das histórias do folclore. Alguns vão fazer parte do desenrolar da história, entre eles, a protagonista e sua mãe, o menino que vende balões e o soldado. Os barulhos da cidade se confundem, misturando os sons de músicas, sirenes, veículos e vozes de pessoas.

Dessa maneira, desde o início do filme, a câmera de Panahi capta muito da cultura dos iranianos: sua maneira de viver, comerciar, comportar, divertir, comemorar e tratar as crianças.

O cenário principal do filme são as ruas da cidade, tão diferentes e tão parecidas com as ruelas e os becos de algumas favelas brasileiras ou das ruas das periferias de algumas de nossas grandes cidades. Sociedade tão diferente da nossa e que tanto nos fascina pela busca do entendimento das narrativas que povoam nosso imaginário com os mistérios, os perigos e o exotismo da vida naquele país longínquo.

Nesse lugar, que os Estados Unidos insistem em enquadrar como parte do "eixo do mal," convivem as contradições que o cinema iraniano retrata através de *O balão branco*. A primeira está na própria temática. O filme é um poema, uma elegia à paz. E nos perguntamos: como conviver com a ternura de um balão branco na mão de uma criança ou com a luta de uma menina que chora por seu peixinho dourado para as comemorações de fim de ano, em um país destruído pela guerra? Como entender que um lugar que foi palco de um conflito que, há menos de 20 anos, ceifou mais de 500 mil vidas e deixou mais de um milhão de feridos, possa ter gerado pessoas solidárias e sensíveis que se comovem ante a problemática diante da criança?

Após um trabalhoso processo de negociação, de posse do único dinheiro de que a família dispunha, Razieh sai para comprar o peixe e perde o dinheiro. A partir de então, vai interagindo com diversos tipos humanos, e a câmera de Panahi vai descortinando os atrativos, os obstáculos, os desafios e as possibilidades da cidade. Nessa trajetória, em busca do dinheiro perdido, a cada encontro aprende e ensina alguma coisa. Os adultos mostram a ela e a todos que assistem o filme que ainda é possível ter esperança e apostar na paz e na solidariedade.

Infâncias e crianças: as lições que nos ensinam

A película nos instiga a pensar nas lições que nos são ensinadas pelas crianças que a protagonizam. Assim, encantadas por essas lições, fomos instadas a buscar, sob a influência de Manoel de Barros (2003) nossos *achadouros de infância* "... se a gente cavar um buraco ao pé da goiabeira do quintal, lá estará um guri ensaiando subir na goiabeira." Entregues a essa sedução fomos provocadas a pensar que, para além dos discursos acadêmicos e das teses construídas sobre a subjetividade infantil e sua identidade social, a infância é portadora de um grande poder de conquista e de realização.

O filme desafia a nossa capacidade de pensar a infância a partir daquilo que ela tem de mais instigante e que, de certa forma, constitui motivo de desejo dos adultos, qual seja, a capacidade que têm as crianças de olhar as coisas pelo avesso e de tratá-las com o ineditismo presente nesse mundo das coisas, cujo olhar adulto não consegue adentrar por ter perdido muito da capacidade de trabalhar a experiência sensível.

Como jamais conhecer o menino? Essa pergunta carrega em seu bojo o nosso desejo de saber da infância, de desvendar seus segredos e mistérios, enfim de conhecê-la. Encontramos, entre outros recursos de busca e descoberta, o cinema como importante forma de nos apresentar, não os mistérios e segredos desvendados, mas fendas a indicar possibilidades de ver e de olhar para as crianças e para a infância, na esperança de que elas nos olhem, nos vejam e nos digam um pouco de si. Acreditamos no cinema como uma arte privilegiada para promover essa colisão visual que trabalha a nossa capacidade de intuir, de imaginar, de suspeitar, de relativizar, exigindo que olhemos um tema não pela forma linear como ele se apresenta muitas vezes na realidade, mas pela ótica das alternativas possíveis que desembocam na criação e na crítica das mensagens enredadas. É uma arte que tem, também, força para denunciar e abrir os olhos para as coisas e situações invisíveis.[4]

As crianças sempre estiveram por aí. A infância, não. Esta, bem mais nova, tem poucos séculos de existência, como nos ensinam os estudos de Philippe Àriès. É, como muitos afirmam, uma invenção da modernidade. Muitos saberes têm sido produzidos e, ainda assim, pouco se conhece sobre ela. Poder-se-ia dizer da infância como um tema abrangente se lembrarmos das contradições e das ambivalências presentes quando a ela nos referimos. Nesse sentido é importante destacar que criança é uma

---

[4] Destacamos aqui a produção de sete filmes de curta metragem, como *Crianças invisíveis* (*All Invisible Children*), apresentados durante o 62º Festival Bienal de Cinema de Veneza. O projeto tem por objetivo aumentar a conscientização sobre a necessidade de um compromisso global para ajudar a proteger os direitos de todas as crianças em todas as partes do mundo. Os oito diretores envolvidos com *Crianças invisíveis* retratam a vida de crianças em diferentes regiões do mundo. Mehdi Charef apresenta as condições em Burquina Fasso; Emir Kusturica, na Sérvia e Montenegro; Spike Lee, nos Estados Unidos; Kátia Lund, no Brasil; Jordan Scott e Ridley Scott, no Reino Unido; Stefano Veneruso, na Itália; e John Woo, na China. Cada episódio focaliza crianças que se tornaram invisíveis devido à pobreza, à violência, aos conflitos armados, à marginalização ou ao HIV/Aids (UNICEF, 2006).

categoria de pessoas identificada a partir da idade, vivendo um momento específico do desenvolvimento humano no qual aprende a brincar a falar, a andar e a interagir no meio em que vive, enquanto a infância é uma categoria social marcada pelo tempo de ser criança, que varia de acordo com as culturas, as classes sociais e as histórias pessoais das crianças e de suas famílias.

Apesar do reconhecimento da singularidade desse grupo geracional e dos avanços da tecnologia e das ciências, nos defrontamos com a barbárie que se materializa nas estatísticas mundiais, entre outros aspectos, o trabalho infantil, sobre a exploração sexual de crianças de ambos os sexos, a inserção delas ainda muito cedo no mundo das drogas, seja como usuários, seja como distribuidores, na convivência com a morte e nela aprendendo cedo a matar. Assim, mesmo com os estudos das representações sobre a criança e sua cultura, ainda o que vemos é um distanciamento entre o mundo infantil imaginado como ideal e as crianças concretas que estão ao nosso redor, cotidianamente, nas mais diferentes condições de vida. Então, pensamos nos múltiplos tempos e espaços de infância, em que coexistem realidades e representações diversas, o que nos leva a entender os sentimentos, as ideias, as representações de infância como fenômenos psicossociais que se instituem através de imagens de crianças que compõem o imaginário social de cada época, de cada tempo histórico.

A despeito dessa heterogeneidade de imagens de crianças, a força das representações está em tentar produzir uma universalidade imaginária para a infância e suas limitações consistem na generalização que se faz dessa categoria a partir de interesses de um grupo dominante, no caso o adulto. Ou seja, pelas formas como uma determinada sociedade percebe ou ignora as crianças também se institui a alteridade da infância. E é na relação de alteridade que se evidencia a criança como o outro, o estranho a esse mundo dominante. No dizer de Larrosa:

> alteridade da infância é algo muito radical: nada mais nada menos que sua absoluta heterogeneidade em relação a nós e ao nosso mundo, sua absoluta diferença. E se a presença enigmática da infância é a presença de algo radical e irredutivelmente outro, ter-se-á de pensá-la na medida em que nos escapa: na medida em que inquieta o que sabemos (e inquieta a soberba da nossa vontade de saber), na medida em que suspende o que podemos (a arrogância da nossa vontade de poder) e na medida em que coloca em questão os lugares que construímos para ela (e a nossa vontade de abarcá-la). (LARROSA, 2004, p. 185)

Quando olhamos admirados as fotografias de crianças de todo o mundo feitas por Sebastião Salgado[5] prostramo-nos inertes sobre o que nosso olhar consegue capturar. A Arte nos faz ver o quanto são frágeis nossos saberes sobre as crianças concretas e suas vivências de infância. Também o cinema nos desafia a pensar nessa incapacidade de "deteriorar o menino", a ver o quanto nos distanciamos desse outro que também já fomos e temos que admitir que "é impossível desenhá-lo a carvão, pois até o bico de pena mancha o papel para além da finíssima linha de extrema atualidade em que ele vive (LISPECTOR, 1988).

E nos perguntamos, mais uma vez, repetindo Clarice Lispector: *Como jamais conhecer a infância?* E a criança? Podemos nos referir a elas sempre no singular ou é impossível não falar delas no plural? Muitos são os estudos que tentam esclarecer as diferenças entre uma e outra; além disso, temos buscado entre os estudiosos caminhos que nos permitam sentir que muitas são as similitudes, tanto quanto são as discrepâncias, que compõem os mundos nos quais infância e criança estão imersas. Mundos que são produzidos pelos discursos e pelas práticas do adulto, através das diferentes tecnologias e criações da vida contemporânea, tais como os meios de comunicação, as instituições destinadas ao cuidado e à educação das crianças, as produções científicas, as diferentes doutrinas, as artes, entre outras.

Na nossa interpretação, na tentativa de se aproximar do universo da criança iraniana concreta, o filme coloca em questão a problemática em torno da ideia de um estado de *"infantia"* atribuída ao ser infantil. Assim, evidencia que, justamente por meio da linguagem e da argumentação, as crianças do filme buscam solução para seus conflitos no decorrer da narrativa, questionando conceitos sacralizados e, ao mesmo tempo, se responsabilizando pela manutenção da tradição, contraditoriamente, através de ações de transgressão ao estabelecido. Assim, ao invés de uma "ausência de fala" ou de uma "condição de silêncio", o que fazem as crianças se apropriar dos códigos da linguagem para construir uma linguagem própria como instrumento de ressignificação do instituído, instituindo a si mesmas como criadoras e recriadoras do universo cultural ao qual estão inseridas, numa dimensão social e coletiva.

Por meio da construção de diálogos e de manifestações de tristeza, medo, curiosidade, alegria, desconfiança, desespero, angústia e inocência,

---

[5] SALGADO, Sebastião. *Retratos de crianças do êxodo*. Lisboa: Editorial Caminho S.A, 2000.

expressos na fala e no olhar da protagonista, Panahi e Kiarostami penetram no mundo da menina que busca recuperar seu dinheiro, com o objetivo de comprar um peixe, que manterá viva a tradição de seu povo. Jobim e Souza (1997, p. 14) ao comentar o filme diz que: "a menina encarna a imagem da sabedoria e da sensibilidade humanas na luta para que não se rompa o elo do homem com a sua identidade cultural, identidade que o constitui como sujeito da história".

Por de trás do olhar arguto do diretor, encontra-se "o movimento silencioso das coisas", apontado pelo roteirista. Juntos, nos apresentam uma menina sensível, observadora, criativa, curiosa e com grande capacidade argumentativa. Persistência, obstinação, determinação, coragem, persuasão e confiança são as virtudes maiores que lhe permitem conseguir o que pretende. E nos perguntamos se essas não seriam também as virtudes que o povo do Irã teria desenvolvido ao longo de sua história milenar, para manter sua tradição e sua autonomia em relação ao Ocidente.

Para penetrarmos na concepção de criança que se depreende do filme, é necessário recorrer ao Islã, a doutrina que orienta e regula toda a vida dos muçulmanos, inclusive a educação de seus filhos. Visando garantir os direitos da criança, o Islã determina que seus seguidores tenham atitudes corretas, mesmo antes do nascimento de seus filhos. Nessa doutrina, na qual tudo se relaciona, fica explícito que o não atendimento aos direitos fundamentais da criança à saúde, alimentação, adequação da vestimenta, linhagem e adoção, é considerado pecado e sujeito a castigos. Uma das razões da proibição do sexo, fora do casamento, é garantir aos filhos o direito de conhecer mãe e pai verdadeiros.

Muitas prescrições dizem respeito aos cuidados que a mãe deve ter durante a gestação com sua própria alimentação e com a amamentação do bebê até os dois anos, sobretudo para o fortalecimento de laços afetivos entre mãe e filho. Aos 7 anos, idade reconhecida como fase do discernimento e da distinção, a criança deve ser ensinada a fazer suas orações, a compreender que caluniar é ilícito e outros princípios básicos da religião. Educação e gentileza são consideradas como parte da fé; é direito da criança ser educada dentro desses preceitos e, assim, aprender boas maneiras. Acima de tudo, é direito da criança ser tratada com carinho e amor, bem como é obrigação dos pais proteger seus filhos do perigo, de conceitos e ideias negativas que possam afetar seu caráter ou personalidade, veiculados através da televisão, por influência da escola, das ruas ou outro meio qualquer.

Embora, ao longo de todo filme, em nenhum momento, seja feita qualquer menção ao código de conduta que normatiza a vida dos mulçumanos, em várias tomadas evidencia-se a sua forte presença na vida de todos que o protagonizam. Do Islamismo, que quer dizer submissão a Deus, se origina o modelo de família que o filme retrata: um pai autoritário que, mesmo invisível na tela, representa o poder, dá ordens, exige obediência. Em determinado momento, toda a casa gira em torno da satisfação dos seus desejos, representados no ato de banhar-se: quer o sabão, o xampu, a toalha, o aquecedor funcionando, os sapatos lustrados, e todos parecem estar ali para servi-lo. Em outra situação, quando o irmão de Razieh traz em sua face as marcas roxas da violência, somos induzidos a pensar nas mãos do pai, invisível ao espectador, quando descobre que o menino deu o dinheiro para ela comprar o peixe e deixou que saísse sem sua permissão.

A mãe, por sua vez, é a representação do feminino, da docilidade, aquela com a qual os filhos parecem poder contar sempre. Aquela que se compadece das lágrimas da criança e que tudo faz para realizar seus desejos. O filme dá destaque à relação afetiva e carinhosa da mãe com os filhos, até mesmo nos momentos em que demonstra insatisfação com suas atitudes. Por outro lado, tanto a mãe como outros adultos e o próprio irmão, demonstram com bastante firmeza que a criança tem que ser protegida dos perigos, ideias e conceitos negativos que são veiculados na rua.

No filme, as crianças participam das tarefas domésticas: fazem compras, lavam sapatos e em várias situações trabalham nos mercados, nas lojas ou nas ruas vendendo balões para ajudar na própria subsistência. De maneira geral, são ouvidas, bem tratadas, negociam e dialogam. A atenção dada pelos adultos a elas e *as boas maneiras* que cultivam, parecem manter coerência com o que é prescrito a respeito da educação e da gentileza como componentes da fé. Assim, mesmo aqueles adultos que parecem nervosos e estressados pelo cansaço do último dia do ano, em nenhum momento, se exasperam com as súplicas e as argumentações da menina. A exceção, nesse contexto, deve-se à atitude do pai em relação ao menino. O ato, para nós é imperdoável, pode ser interpretado à luz do preceito da obediência Islâmica e do castigo àquele que a desrespeita.

As crianças também brigam mas, como diz Kiarostami,[6] "crianças lutam umas com as outras mas sem ódio ou rancor, expressam suas

---
[6] *Ibidem*, p. 2.

emoções choram, sorriem". É o que se vê na briga entre o irmão de Razieh e o menino afegão: rapidamente se transforma em amizade solidária. No comportamento das crianças é marcante a presença do rígido sistema de valores que regula a conduta de todos desde muito cedo. Razieh não aceitou levar o peixe sem poder pagá-lo, e seu irmão não conseguiu roubar o chiclete do cego, mesmo sendo ações muito importantes para ambos.

É surpreendente como, nem mesmo a lógica imediatista, própria das crianças, transgride o preceito maior que os constitui como mulçumanos. No contexto dessa película, é emblemático o fato de Razieh estar com 7 anos, idade em que, segundo a doutrina, estaria na fase do discernimento e da distinção. Essas características lhe permitem conhecer a rua, discernir seus perigos, aprendendo e nos ensinando a cada encontro.

Encontros e encantos nas esquinas de Teerã

Várias são as esquinas que aparecem no filme. A forma como a câmara captura as imagens de cada uma delas nos faz sentir esses espaços geográficos como pontos que instigam a nossa expectativa sobre os encontros, os reencontros e os desencontros que ali irão ocorrer, por meio de segmentos de tomadas, ações e reações que nos são apresentadas e que insinuam possibilidades e alternativas de saídas e chegadas. As esquinas são espaços preferidos para aqueles que desejam se encontrar ou se reencontrar. Talvez, por esse motivo, essas confluências sejam também os locais preferidos das crianças que vivem nas ruas vendendo balas, frutas, doces e balões.

Nas cenas iniciais, a mãe procura Razieh em meio à multidão, e é o vendedor de balões que lhe indica o rumo tomado por ela. E lá, numa esquina, segurando um balão azul, está a menina. O que teria ela feito enquanto esteve separada da mãe? O tempo em que ficara perdida não nos é dado conhecer, mas a narrativa deixa evidências de que, numa das ruas daquela esquina, ela descobriu um mercado no qual havia lindos peixes dourados.

No diálogo com a mãe e com os outros adultos, Razieh e seu irmão mostram a força da linguagem como instrumento de interação social e forma de se apresentarem ao mundo como sujeitos capazes de resolver seus próprios conflitos. A linguagem é utilizada pelas crianças como instrumento para questionar a ordem instituída pela moral. Nas suas perguntas e respostas buscam controverter verdades estabelecidas, desconstruindo a lógica adulta e reencantando o mundo com suas *invencionices*.

A história nos lembra os contos maravilhosos da literatura universal, nos quais o herói ou heroína precisa passar por inúmeras provações e experiências de aprendizagem, antes de conquistar a recompensa final. Nesses contos, a personagem central sempre recebe um objeto mágico que a ajuda a ultrapassar os obstáculos: uma varinha de condão, uma galinha que bota ovos de ouro, um tapete voador, um espelho que lhe permite ver à distância ou uma lamparina que lhe guia o caminho. Na trajetória de Razieh para a conquista de seu objetivo, o instrumento mágico é a linguagem nas suas múltiplas dimensões.

A primeira experiência que vive ao sair para a rua acontece no contato com a roda de homens adultos em volta dos encantadores de serpentes, local proibido para as mulheres e as crianças. Ali, longe de qualquer forma de controle, aproveita para buscar respostas às perguntas não respondidas "só queria olhar o que nunca me deixaram ver e ver o que não era bom para mim".

Assim como em outras situações da trama, a menina descobre o que não era bom para ela através de momentos angustiantes. Aprende os riscos que correm os que por ali param. Os encantadores de serpentes representam, no filme e na cultura do país, os "maus elementos", aqueles que perambulam pelas ruas, ludibriando os outros e dos quais as mulheres e crianças devem ficar longe. Razieh aprende com eles a esperteza, a malícia, o poder de seu choro e de seu sorriso.

Ao sair dessa roda, a menina, como é próprio das crianças, corre pelas ruas da cidade, atravessando suas esquinas, como se fugisse de novos perigos e, nesse percurso, perde seu dinheiro. Passamos, então, a descobrir junto com ela, modos de viver, de se relacionar entre crianças e adultos, naquele universo cultural.

Assim, testemunhamos sua sagacidade e sua capacidade argumentativa quando o dono do mercado testa seus conhecimentos matemáticos adquiridos na escola e quando se vê impelida a pôr em cheque seu código de conduta: não levar o peixe antes de poder pagá-lo. Com a senhora idosa, que parece ser amiga de sua mãe ela aprende a solidariedade e a generosidade. Conhece a mão amiga de alguém que acredita na sua história, que se compadece dela e sai pelas ruas da cidade ajudando-a na resolução de seus problemas deixando-a somente quando acredita que tudo está solucionado. Antes, insiste para que ela não volte mais à roda dos encantadores de serpente ao que ela responde: "mas há encantadores de serpentes aqui sempre".

Em contato com um soldado, Razieh nos surpreende com um diálogo em que exige dele, na condição de adulto, um posicionamento coerente em relação à família e relativiza o conceito de estranho.

– Como pode não me conhecer e não ser estranho?
– É verdade que não a conheço mas não sou um estranho. Estou prestando meu serviço militar aqui. Não conheço ninguém e ninguém me conhece. Sou um estranho aqui, mas não me sinto assim.
– Quando a vi tive a impressão de conhecê-la, por isso me aproximei para falar com você. Senti-me como se fosse seu irmão.
– Tudo bem. Não sou estranha para você, mas você não tem a idade do meu irmão. É estranho para mim! Disseram-me para não aceitar nada de estranhos e nem falar com eles.

A cena nos faz pensar nos sentimentos que as crianças despertam nos adultos. Na ausência da família, o soldado se encanta por Razieh e encontra nela alguma forma de identificação como estratégia para não se sentir tão estranho num mundo, que conforme ele diz: "as pessoas não se conhecem, não interagem e por isso se sentem estranhas". Assim coloca a problemática da vida moderna, em que cada um busca atender às suas necessidades particulares, e a cidade, como apresentada no início do filme, é um local de passagem em que todos, correndo à sua maneira, buscam reencontrar as suas famílias.

O soldado desperta em Razieh o sentimento, comum nas crianças, de complacência com os adultos, sempre tão complicados e se sentindo estranhos. Assim, através do diálogo, propõe soluções para todas as dificuldades que ele lhe apresenta: presentes, alternativas para conseguir dinheiro e dispensa para viajar. No desenrolar da conversa, o estranho vai se transformando em não estranho, e a menina se entrega ao diálogo, preservando a distância física e guardando determinados segredos que não deveriam ser contados, como por exemplo, a segunda profissão do pai.

Nesse diálogo com o soldado, percebemos como as crianças vão construindo novos sistemas de referências que, como nos diz Geraldi (2003) "possibilitam que aqueles que conversam possam se entender e se desentender buscando trocas e refazendo continuamente seus saberes".

Nessa perspectiva é que a menina, mesmo sendo repreendida pelo irmão, por ter falado com um estranho, argumenta: "Ele não é estranho. Ele tem uma irmã mais velha que eu ... ou um pouco mais nova. Não é o fim do mundo!" E acena com um sorriso solidário para o soldado, que se afasta em um carro do exército.

No decorrer da trama os objetos vão tomando uma dimensão simbólica muito importante para as crianças e são evocados de forma especial. Os peixes que dançam no lago da casa da protagonista são diferentes dos peixes que dançam no aquário do mercado. Para a mãe, os peixes que havia em casa atendiam ao cumprimento da tradição, mas a menina parecia enxergar nos peixes dourados do mercado algo mais do que um peixe comum. Seu olhar para os peixes no aquário, a negociação do balão com o irmão, o jogo com a goma de mascar, os doces escondidos nos bolsos do vestido, mostram-nos a maneira genuína das crianças se relacionar com os objetos e as formas especificamente infantis de interpretação e representação do mundo, através das interações entre adultos-crianças, crianças-crianças.

Benjamim (1984) observa em seus escritos sobre as crianças que o mundo delas é composto pelos objetos. É o mundo das coisas. "A terra está repleta dos mais incomparáveis objetos da atenção e da ação das crianças. É que as crianças são especialmente inclinadas a buscarem todo o local de trabalho onde a atuação sobre as coisas se dê de maneira visível" (BENJAMIM, 1984, p. 77). Os objetos, assim como a própria natureza da criança, são brincantes pois se deixam contemplar e se transformar através da imaginação daqueles que deles se apropriam. A exemplo, o irmão da menina, vê a possibilidade de conseguir retirar o dinheiro com uma vara que o dono da loja ao lado utilizava para fechar a porta. O dono relutou em emprestar dizendo que o objeto não fora feito para aquilo. Também a vara do vendedor de balões não teria essa função, mas as crianças criaram uma nova função para ela e, através dela, é que conseguem recuperar o dinheiro.

Paradoxalmente é com o vendedor de balões, aquele que no filme tem a infância expropriada pelo trabalho, que Razieh revive a alegria de ser criança. Conhece, também, a fraternidade e a capacidade de doação do menino que vende seus balões para comprar o chiclete que representa a solução de seu problema. Contudo, ao mascar a goma a duras penas conquistada e ao entrar no jogo de caça ao dinheiro, as três crianças sorrindo, vivem um instante mágico no qual parecem esquecer da problemática que os uniu.

Dessa maneira, o lúdico dissipa toda tensão que as crianças vivem desde o início do filme, transformando aquele momento em um tempo de brincar.

Entre olhares e sorrisos, as crianças se entregam à proposta do vamos jogar e entram em um delicioso clima de cumplicidade, no qual as palavras se tornam desnecessárias. Essa situação permite que, como espectadores, tenhamos a ilusão de estar penetrando em um mundo no qual as coisas ganham novo sentido, desmistificando a ideia de perenidade presente nas situações da vida social. Através do jogo as crianças devolvem às coisas os múltiplos sentidos que elas têm e nos mostram a polifonia presente no nosso cotidiano que insiste em fazer-se linear.

Assim, o menino afegão, quase adolescente, esqueceu-se por um tempo do mundo adulto que lhe impõe o trabalho e, momentaneamente, deixa de ser invisível ou de sentir-se um estranho, na cena mágica com a qual a câmara nos presenteia. E nós, comovidas com a beleza da cena, por um instante, através do olhar das crianças, nos remetemos também às nossas reminiscências de "raízes crianceiras".

Ao final, num cenário não mais de movimento, mas de lojas fechadas, alguns personagens passam pelo vendedor de balões, e um deles cruza com os dois irmãos voltando para casa. Ele pergunta a Razieh se ela encontrou o dinheiro e comprou o peixe e deseja-lhe um feliz Ano Novo, mas é o irmão que lhe responde, pois a menina aprendera a lição: não se deve falar com estranhos.

Em cena, o balão branco na ponta da vara, nas mãos de um menino afegão, quase adolescente, nas ruas de Teerã, no último dia do ano, nos instiga a pensar sobre o significado do Ano Novo para tantas as crianças deste mundo e ao mesmo tempo, tão estranhas a ele. Crianças trabalhadoras como o menino, longe de casa, da família, dos amigos, como anônimas e desprotegidas, nas esquinas das ruas quase desertas, sem saber o que fazer quando um Ano Novo se inicia.

Como espectadores, vivemos um instante de perplexidade diante da tela como se ela nos deixasse um sentimento de desalento; porém, rapidamente, se aprendêssemos com a lição trazida pelas crianças, conseguimos virar as coisas pelo avesso, e ver na cena uma possibilidade de reedição da Caixa de Pandora, da qual saem todas as dificuldades, males, doenças e frustrações; dentro dela resta apenas a esperança, que, segundo o dito popular, "é a última que morre". O balão branco, solitário, nas mãos do menino afegão, parece nos dizer da esperança dele de um dia talvez não precisar mais ficar vendendo balões, enquanto todos comemoram o nascimento de um novo ano. Fala, também, da esperança de paz em um país, no qual todas as crianças tenham o direito de viver a infância.

Assim, longe dos homens-bombas, *O balão branco* é um pedaço de vida, de esperança, de paz e de solidariedade. Enfim, na cidade parada, ouvem-se batidas de um relógio e uma voz que anuncia o início do ano de 1374 do calendário solar e lá, em cena, está o menino afegão, quase adolescente e seu balão branco – um ponto no infinito.

Referências

BARROS, Manoel de. Achadouros. In: *Memórias inventadas: a infância*. São Paulo: Planeta, 2003.

BENJAMIM, V. *Reflexões: a criança, o brinquedo a educação*. Tradução de Marcus Vinicius Mazzari. São Paulo: Summus, 1984.

GERALDI, João Wanderley. *Portos de passagem*. São Paulo: Martins Fontes, 2003.

JOBIM E SOUZA, S. O filme de Jafar Panahi - "O Balão Branco". In: GARCIA, C.; CASTRO, L. R.; JOBIM E SOUZA, S. *Infância, cinema e sociedade*. Rio do Janeiro: Ed. Ravil e Escola de Professores, 1997.

LARROSA, J. *Pedagogia profana: danças, piruetas e mascaradas*. Tradução de Alfredo Veiga-Neto. 4. ed. Belo Horizonte:. Autêntica, 2004, 208 p.

LISPECTOR, C. Menino a bico de pena. In: LISPECTOR, C. *Felicidade clandestina*. Rio do Janeiro: Rocco, 1998. p. 136.

MACGAVIN, Patrick Z. *Zeta Filmes Interview – Abas Kiarostami*. Disponível em: <http://www.zetafilmes.com.br/interview/kiarostami.asp? pag=kiarostami>.

MOREIRA, Maria C. *Em nome de Deus, o Clemente, o Misericordioso! O direito das crianças*. Disponível em: <http://www.dhnet.org.Br/direito/sos/c_a/direito_criançasislan.html>.

UNICEF. *A situação mundial da infância – excluídas e invisíveis*. Nova York: UNICEF, 2006.

Filme citado

O balão branco – Jafar Panahi (Irã, 1995) – 1h25

Os baderneiros,
a guerra e os botões

Héctor Salinas Fuentes

Tradução de
Maria Antonieta Pereira

> Um pastor que encontrou uns lobinhos os criou com muito cuidado, com a ideia de que quando fossem grandes não só guardariam suas ovelhas, mas também roubariam as de outros e as trariam para ele. Mas tão logo cresceram, na primeira ocasião em que se encontraram seguros, aniquilaram o rebanho.
>
> *Isopo – Fábulas*

Ver um filme é adentrar numa trama, num fluir de acontecimentos que entram em contato com o espírito pessoal, com uma subjetividade que completa os sinais que nos chegam. Há em cada espectador a possibilidade de uma viagem espiritual, pois é o espírito pessoal o que vivifica o filme, o que abre as flores do sentido, é no espírito do espectador onde se inaugura uma possível aventura, só por meio do alento pessoal se pode ver refletida toda a profundidade e a complexidade de um filme e, tudo isso, sempre que a singularidade se arrisque no mistério humano. Trata-se da ideia de poder fazer, a partir de qualquer detalhe, o início de uma espécie de romance infinito no qual, sem dúvida, o biográfico e o histórico se fundem.[1] O mesmo pode ocorrer se lemos um romance, um conto, um poema ou, também, ao observar uma árvore, uma abelha, um gato, um lobo, um cão, uma ovelha. Um rosto! Mas, sobretudo, se miramos uns olhos. Os olhos!

---
[1] Ver NOVALIS, *Fragments*. Barcelona: Quaderns Crema, 1998, p. 201.

Olhar os olhos! Janelas para a totalidade? Não, de novo apenas a totalidade que cabe numa perspectiva, então veja e se deixe ver; ler é, então, deixar-se dizer enquanto se lê. E olhar um filme é entrar no território da trama que, afinal de contas, é a trama de nossa biografia, da cumplicidade com os sucessos, da empatia com os personagens, com as proximidades das paixões. O que observa sustenta o que vê, logo, de maneira inevitável, ordena-o em seu olhar. O que lê completa o que diz o texto. Mas o que mira, ou o que lê, ou o que escuta, é como um símbolo, completa o incompleto, ao modo dos antigos símbolos que selavam a amizade dos amigos que, embora vivendo em diferentes lugares, compartilhavam o mesmo símbolo, o qual garantia um pacto que era compartilhado por amigos e pela família.

Ler, escutar, tanto quanto ver um filme, é sentir e pensar o mundo, a vida. É fabular sobre a fábula, é enfabular-se no tempo que fabulamos, pois nossos olhos não podem desligar-se de nosso cérebro, não há neutralidade, vemos pensando, ou melhor, pensamos quando vemos, mas pensamos sem nos darmos conta de que o fazemos, sem o fazermos conscientemente, não sabemos exatamente porque pensamos o que pensamos. O certo é que o olho e o cérebro põem a música de cada coração na realidade objetiva-subjetivada. Por isso, alguns fabuladores dizem que o diabo dos gatos seguramente tem a forma de um rato gigante, agressivo e perigoso. Da mesma forma, diz-se que o diabo dos homens costuma tomar uma forma pré-humana, ou seja, animalesca, agressiva, desfigurada, uma forma que nos infunde temores misteriosos, preocupações que indicam o mais além ou o mais aquém do que costumamos admitir como humanos.

Será por tudo isso, pelo que habitualmente não atingimos com a visão primordial, essa na qual o olho não distingue entre o subjetivo e o objetivo, o sentir e o pensar, o silêncio e a palavra, essa não dualidade anterior à nossa costumeira e, talvez necessária, polarização intelectual. Todo esse território habitado de paradoxos que poderíamos chamar de "a paisagem do místico."[2]

---

[2] "O místico surge quando decodificamos a consciência e liberamos a percepção de qualquer código prévio. É quando descobrimos que todo conhecimento é só um jogo de adaptações entre organismo e meio ambiente que ilumina criticamente a realidade. O místico não comporta nenhuma doutrina; não tem a ver com nenhuma teologia. O místico é, portanto, o que fica da experiência uma vez que se liberou de teorias, códigos, defesas, pressupostos. O místico é o crítico conduzido até seu limite. [...] O místico tem a ver com o reconhecimento crítico de que nem tudo na linguagem é linguagem." PANIKER, S. *Aproximación al origen*. Barcelona: Kairós, 1982, p. 351.

Talvez por todo o dito anteriormente as crianças sejam vistas na trajetória até a vida adulta ou, o que dá na mesma, mais próximas da vida não normal, isto é, mais próximas da animalidade. O fato é que racionalidade e animalidade vêm se contrapondo desde que o homem aprendeu a pronunciar palavras, e não seria demais dizer que, no momento em que ele aprende a falar, aprende a jogar com a verdade e portanto com a mentira. Aprende a fabulação. Estou dizendo que por meio da fabulação vamos nos civilizando, isto é, criando realidades que ficam estabelecidas como objetivas. Noutras palavras, não se pode situar um discurso sem seus componentes fabuladores, que são os que de alguma maneira permitem a seriedade ou a verdade pretendida pela mensagem. Por exemplo: sobre o que se apoiam as quatro pretensões de validade de Termas? Sobre uma verdade falível, provisional, sobre uma razão frágil mas não derrotista, diz o autor no *Pensamento pós-metafísico*. Mas não pensem que penso contra Termas. Estou brincando ao fabular, e dentro dessa pretensão me parece que as verdades que vão ficando no caminho ao longo do curso da história são algo assim como traços de fabulações desse animal humano, desse *expert* na fábula, na comédia e, porque não dizê-lo, desse animal vítima da tragédia. Estou fabulando teorias, e uma teoria é um começo do caminhar, não o final de uma caminhada. Ou, dito de outra forma, sou fabulador porque me faço de observador de carnavais e logo os conto a quem me queira escutar. Vou até outras cidades e, quando regresso, falo do que eu vi, nada mais, fabulo sobre o que vi nos carnavais. Assim inocente, assim cândido. Sou um animal humano que vê o universo dos animais com olhos de animal, não conheço, então, nem o pecado nem a culpa, sou animal, não tenho nem má nem boa consciência. Não sei o que tenho, sou porque existo, então, se fabulo é porque existo.

Bom, mas situemos esse animal humano, esse ser enredado em suas próprias palavras, esse acrobata da fabulação, nessa fronteira entre o mundo animal e o mundo humano. Essa fronteira que parece ser ele mesmo, que parece ser toda a sua cultura.³ Aqui é onde racionalidade e normalidade social se correspondem e, necessariamente, o reverso é a animalidade que continuamos tentando desterrar de nossa natureza, esse empenho

---

³ "Como todos os gregos, os médicos hipocráticos distinguiram entre zoe, vida biológica, e bíos, a vida que o homem leva no mundo." LAÍN ENTRALGO, P.: *El cuerpo humano. Oriente y Grecia Antigua*. Madrid: Espasa – Calpe, 1987, p. 101. Mas, acrescenta ele, dentro da preocupação pela harmonia entre o macrocosmo, a vida social e o microcosmo.

que foi um dos principais princípios diretores de nossa história cultural, dessa viagem cultural de nossa civilização. Viagem, por certo, com todo tipo de bilhetes, de primeira e até de enésima classe, com todo tipo de espectadores, de atores, de cenários, de revendas, de plágios etc. Sem o que a fabulação seria de todo impossível. De maneira que viva a fabulação! E viva os fabuladores! Mas, agora, e sem ânimo de estropear a fabulação, não posso esquecer-me de certos detalhes, ou melhor, de certos ajustes. Certo autor, muito reconhecido e admirado, foi nomeado por outro autor não menos celebrado como o "grande psicólogo de nossa cultura". Pois bem, esse "grande psicólogo de nossa cultura" escreveu em certa ocasião, fabulando de forma clara, aproximou-se da monotonia da viagem cultural à qual nos referíamos anteriormente, e o expressou da seguinte maneira: "Monotonia? Bom, talvez monotonia também: guerra, guerra e mais guerra, guerra agora, guerra antes e guerra depois; confessem que isso já está monótono. Em suma, pode-se dizer qualquer coisa da história universal, qualquer coisa que a imaginação mais desordenada possa conceber. Apenas não se pode dizer que seja sensata."[4] Prestem atenção na quantidade de guerras que vêm sendo incrementadas desde o século XVI até agora, com seus respectivos acordos de paz, claro.

Mas não destruamos a destempo a fabulação, continuemos a observação, sigamos exercendo de

Quando pensamos na racionalidade e na animalidade pensamo-las como dois lados da mesma moeda, e talvez o erro está em desenhar essa representação a partir de uma moeda. A fábula é incompatível com a moeda. A fábula encanta a vida, ao contrário, a moeda desencanta a fábula. Enganamo-nos, por não pensar essa relação entre a razão e o instinto a partir de uma representação cúbica ou segundo uma esfera, que oferece tantas caras como quantidade de observadores, incontáveis caras e todas elas mescladas sem limites determinados. Sejamos honestos, temos tendência a pensar por meio de polarizações, mas isso não significa que o pensável se submeta às polarizações. Mas, tudo isso, polaridade ou multipolaridade, ocorre na cidade. Nesta, civilização e cultura aparecem associadas, falamos da cidade dos homens, falamos dos homens da cidade, pouco inteligente, sim, mas que exige dos homens desterrar sua animalidade, assim como assumir que nela, na cidade, os animais selvagens devem deixar seu lugar

---

[4] DOSTOYEVSKI, F. M. *Apuntes do subsuolo*. Madrid: Alianza, 2000, p. 44.

aos animais domésticos. Aristóteles disse: "o domesticado é melhor, e o selvagem é mau".[5] Na cidade civilizada, o animal se relaciona com o não racional e, em consequência, o humano é o racional. Mas, claro, incorri em uma polarização. Não há problema, na realidade estamos fabulando. Não esqueçamos que falamos de homens. E note-se que a palavra não necessita ser explicada, todos entendem que falamos de humanidade, quando eu escrevi, na realidade, *homens*.

E os filhotes? Alguém podia perguntar. Com os filhotes acontece o mesmo, mas com uma conotação singular, neles se crê ver o território das experimentações, da terra apta para os métodos, e quem diz métodos, diz soluções para todos os perigos de desvios civilizatórios. Com os filhotes, quer dizer, com as crianças, quer dizer, com as meninas e com os meninos, há que propor. A norma é que acabarão, cedo ou tarde, antes ou depois, para o bem ou para o mal... por deixarem de ser filhotes. Filhote é a cria de animal que deve ser protegida, alimentada, adestrada, em poucas palavras, criada. O filhote animal nasce para ser adestrado, mas isso com a condição de que caia nas mãos dos homens. Ao contrário, o filhote humano nasce para ser educado, e isso sempre e sempre. E na cidade isso se faz lei.

Depois de tantos rodeios chego onde queria chegar. Às crianças-filhotes, àquelas que gostam mais de brincar que de estudar, àquelas despreocupadas com o futuro, que se deixam viver a vida no lugar de começar já a despontar como sérios ordenadores de suas paixões e de suas expectativas sociais, essas crianças-filhotes costumamos qualificar como *baderneiros*. Aqui queria chegar aos baderneiros, àquelas crianças que parecem viver à margem, desatentas aos sérios esforços que a comunidade faz para progredir e civilizar-se. Elas, as crianças-baderneiras, seguem em seu planeta de filhotes brincando de dar mordidas em tudo sem discriminar racionalmente entre o útil e o inútil, elas se deixam levar pela vida sem se preocuparem em intelectualizar a vida da forma como fazem os adultos, elas são filhotes passionais, a paixão absorve o pensar e o sentir, a paixão subordina a razão, sendo assim, nem boas nem más; como os filhotes, dão mordidas e puxões na vida. Ou talvez a vida dê mordidas nelas e através delas.

---

[5] "O domesticado é melhor, e o selvagem é mau. Mas para a natureza, não a originária, senão aquela que evolui, para ela é mais fácil, eu creio, fazer obras boas e animais domesticados." ARISTÓTELES. *Problemas*. Madrid: Gredos, 2004, p. 173.

Baderneiros! Essa é uma palavra que, graças ao uso jornalístico e popular, segundo dizem os etimólogos, passa a ser de uso generalizado para indicar uma zombaria escandalosa, descarada e desconsiderada. Há nessa palavra, que aparece documentada a partir do final do século XIX, toda uma carga negativa que vai se acentuando até indicar o malandro, o libertino, o dissoluto, o preguiçoso, o vagabundo. A palavra aponta para a vida libertina, livre, ou seja, fora do que aparece como adequado tanto ao bom modo de viver em geral, como ao trabalho e ao modo de falar. Explico-me: indica o vagabundo, o frouxo, o que se esquiva do trabalho, o preguiçoso; também há antecedentes de que essa palavra indicava a mulher pública, ou o solteirão associado à vida dissoluta, libertina. E na linguagem aponta o embusteiro, o que faz piadas, o que joga com as palavras e as enreda para produzir a piada, a balbúrdia no discurso; aponta para o malandro, para o zombador, para o piadista... Todos esses sentidos apontam para o exterior da correção do viver em sentido moral, e com ele, do trabalhar e do falar. Esse uso presume um interior e um exterior da linguagem que mantêm sua correspondência com um interior-exterior do moralmente correto, do viver em comunidade. Antes de aparecer esse conceito, e já na antiguidade grega, aparece uma palavra que poderia estar na origem dessa manifestação, digamos "psicológica", e que nos chega através do vocábulo catalão "trapela", essa palavra é a entrapeia grega, que já fala do zombador, do enganador, do que faz piadas grosseiras, do bufão. Mas a palavra também remete ao ágil, ao jovial, ao flexível, e daí ao alegre, ao piadista. Tem então a ver com os verbos voltar, dirigir, e daí com ágil e versátil. Se essas qualidades estão fora da vida moralmente correta então podemos dizer um libertino; se está fora do trabalho, dizemos um vagabundo e, se fora da linguagem correta, então falamos de um piadista, um malandro, um zombador... Seja como for, e sem olhar de esguelha, vemos no zombador uma viveza fresca e ágil, uma capacidade para a mescla de elementos que denotam uma inteligência realista muito eficiente.

Outro claro antecedente literário do atualmente chamado "baderneiro" é a figura da criança pícara da literatura de ouro espanhola. Trata-se de uma figura impulsiva, visceral, apaixonada e, por isso, valorizada pela visão psicológica como inadaptada e imatura, tendente a permanecer na infância, que parece não ter consciência do futuro. Há algo de felino seduzido pelo momento, como aqueles gatos domésticos espreitados por seus próprios instintos. Há nas crianças algo de animaizinhos nunca totalmente domesticados. Aqui, a normalidade com a qual ela se confronta é a que direciona a criança para atividades estabelecidas socialmente, assim, cada vez que tendem a confrontar esse mundo normal infantil, corroborado com o mundo adulto, com o mundo do pícaro, distante do institucional e lançado ao mundo da vida e do pulsional, a criança-pícaro cai no território do não normal.[6] Nesse território que ultrapassa o normal, a criança-pícaro mostra seu espírito épico, a perseguição da possibilidade de encarnar, viver, sentir-se no papel de herói, para ela os saberes que interessam são os que se cruzam com a vida, com a rua, com o selvagem, saberes que costumamos chamar de "manhas" e, como no caso de Ulisses, o manhoso, indicam aquele que conhece todas as armadilhas... e que, além disso, se faz de ardiloso... Note-se que um dos problemas da atualidade é a falta de fé, ou seja, a dificuldade de encontrar homens que professem honestamente algo. A maioria exerce ofícios, mas exercer profissão, professar algo, dar fé daquilo que são, do que dizem ser e do que fazem, isso é mais difícil de encontrar. Trata-se de destacar então toda a paixão que a criança professa com sua efervescência pulsional. Vocês me dirão que o animal é natural e que, naturalmente, o humano é a lei, e que naturalmente sou um animal por dizer o que digo. Mas o que aqui importa é que as palavras têm alma, como dizia Wittgenstein e, como acrescentaria Nietzsche, os homens são uma pluralidade de almas. Então, as crianças poderiam ter almas como bolas de gude de cristal, almas em estado mais primordial, "ânimas" efervescentes que parecem saber que ânima vem de "animal". Em princípio, são somente força passional, filhotes destinados à educação, mas filhotes.

Baderneiros, crianças-filhotes e lembranças de infância, todos misturados aparecem num filme de Eves Robert, *La guerra de los botones* (1962), baseado no romance de Louis Pergaud, *La guerre des boutons* (1912). Com ele nos situamos nesse mundo infantil mais próximo ao que poderíamos

---

[6] Segundo Fromm, só se pode falar de mente sã segundo o lema "Mens sana in societate sana", quer dizer, a saúde mental individual e a saúde mental da sociedade se correspondem entre si. Então, a chamada gente normal deve ser pensada como o bebê "recém-nascido [...] para quem não há mais realidade que a interior, de suas necessidades" e o psicótico: "a psicose – se há que se dar uma definição geral – é precisamente um narcisismo total, com uma falta total de relação com o mundo objetivo, tal como ele é" FROMM: *La patología de la normalidad*. Barcelona: Paidós, 1994, p. 105.

chamar de uma infância selvagem, cheia de força e de paixão, ebulição de vitalidades ensaiando-se a si mesmas, maneiras infantis de pôr em comédia os sinais do mundo adulto. De um lado, as crianças do povo de Longeverne, com Lebrac como líder, e de outro as de Vorans, sob o mando de Aztec. Dois povos rurais limítrofes que jogam suas respectivas honras na confrontação de suas crianças, de seus baderneiros. Os de Longeverne são chamados de "capones", ou seja, castrados, pelos de Vorans. Isso desencadeia a guerra que se confirma com a infiltração no povo rival para deixar escrito em suas paredes que "Os de Vorans são todos uns servos". Aqui se desata a dialética bélica, a da guerra, a atividade que mais define o varão, o herói, o valente, o adulto. Não se pode esquecer, contudo, que em toda guerra há motivos econômicos sob a aparente preocupação com a honra. Assim, também entre os de Longeverne e os de Vorans a disputa começa porque as crianças-filhotes desse último povo se adiantam às do povo rival na venda de papeletas de um sorteio para arrecadar dinheiro com fins filantrópicos. Coisa habitual nas escolas. Curiosamente, o detonador do conflito se dá quando as crianças dos Vorans e as dos Longeverne se enfrentam na disputa de um potencial comprador de bilhetes do sorteio: o carteiro, para o qual as de Vorans haviam criado uma emboscada. O carteiro, o que traz mensagens, o arauto: estamos situados no mundo varonil da guerra. Mas esse carteiro não compra nenhum bilhete e chama de "baderneiros" as crianças que, ao escutar a campainha da escola, saem correndo em direções opostas até seus respectivos povoados, ou quartéis, poderíamos começar a dizer desde já.

O mundo infantil posto nesse filme passa por um espírito bélico presente ao longo de toda a trama. Mundo bélico, agressivo, mundo de crianças-filhotes que brincam de se morderem, que provam as emoções da guerra. E, tal qual fica dito nas palavras de Lebrac: "O que mais importa nos homens é a honra". Assim, a guerra pertence a uma dinâmica impossível de deter, a honra incindirá nos vencidos a força para voltar a preparar uma nova batalha, uma nova possibilidade de encontrar honra e vitória. Assim, tal como no mundo dos adultos, essas crianças-filhotes do filme vão buscando estratégias bélicas que as façam fabular com a vitória definitiva. E digo fabular, pois a vitória definitiva não existe até que exista o chamado "vencido".

As crianças-filhotes-baderneiros copiam o mundo adulto, brincando, e fazem sua, inconscientemente, uma das atividades mais características desse mundo: a guerra. Isso sim, com uma significativa diferença, nessa guerra infantil entre povos, os chefes militares Lebrac e Aztec vão à frente de seus guerreiros, quer dizer, eles são líderes políticos e militares ao mesmo tempo. Mais claramente, não enviam outros à guerra, eles mesmos vão, tal qual sucedia na maioria dos confrontos da antiguidade, ainda que, para ser verídico, nem sempre era assim: muitos reis levavam uma escolta real, a elite de seus exércitos, de maneira que, de certa forma, assistiam a um espetáculo bélico num "palco" privilegiado e, além disso, podiam salvar-se quando viam que as coisas iam de mal a pior. A guerra, como tudo, também progrediu, agora as armas permitem ao que mata não ver o rosto, os olhos do que morre: a guerra como espetáculo, como uma fábula virtual. O instinto animal forçou um progresso técnico que armazena más consciências. Talvez o fato de que os líderes-guerreiros das crianças-filhotes não abandonem a primeira linha das batalhas seja um mérito animalesco, talvez um instinto ainda não intelectualizado. As crianças têm como paradigma o mundo adulto, mas são a-históricas, trans-históricas, políticas e metapolíticas ao mesmo tempo,[7] são pós-modernas por estarem situadas antes e depois da história cronológica, por causa do mundo adulto brincam com a ordem das coisas, mudam os centros interpretadores, carecem de centro porque dispõem de muitos centros... e brincam porque são livres, brincam porque são resistentes à escolaridade ainda que estejam escolarizados. Mas cuidado com a escrita, pois quando a criança pega uma caneta, está pegando sua própria biografia.[8]

Porém, eles não contam o tempo segundo o ritmo adulto, mas segundo a cadência dos acontecimentos bélicos, segundo os preparativos logísticos; tampouco segundo as derrotas, que essas não são mais que reveses de uma vitória certa. Marcham para uma nova batalha como os hoplitas, tudos juntos, introduzindo o rosto no vento da batalha que sopra contra seus olhos alegres. Não há temor nem possibilidade de covardia ou traição, qualquer manifestação de fraqueza só pode manifestar-se depois de uma derrota, nunca enquanto se avança até as linhas inimigas que, em direção oposta, mantêm o mesmo espírito de valor. Note-se que "valor",

---

[7] Ver esses conceitos em PANIKKAR, R. *El espíritu de la política*. Barcelona: Península, 1999.

[8] "Com a escritura, tomou forma um homem novo cuja sensibilidade tinha forçosamente dissecado, mas cujos mecanismos mentais tinham enriquecido infinitamente. Ao escritor compete restituir a esse modo de comunicação sua dimensão emocional." VIGOUROUX, R. *La fábrica de lo bolo*. Barcelona: Prensa Ibérica, 1996, p. 294.

"valentia" e a palavra "homem" estão emparelhados. A batalha não pode ser impedida até que um dos dois bandos possa cantar o peã da vitória. Nada pode deter a confrontação, o mundo adulto entra numa pausa de esquecimento, numa espera subordinada, o mundo adulto é uma fonte de recursos arbitrariamente administrado por esses filhotes. Cada nova batalha detém o mundo adulto para deixar que um crisol épico ponha a vida em êxtase glorioso. Só as próprias regras da épica podem deter ou interromper a batalha, assim ocorre com o tratamento dos feridos, ainda mais se se trata de feridos neutros. Um projétil perdido pode ocasionar vítimas inocentes, então as partes combatentes, e segundo uma honra tácita, terão que deter as hostilidades até resolver essa injustiça. Isso sucede no filme quando se combina uma trégua por ter caído ferido um coelho. Um projétil de estilingue tinha quebrado sua pata, motivo para que os Vorans solicitassem uma trégua que não colocava de forma alguma em dúvida sua valentia diante da batalha, simplesmente tratava-se de compensar com justiça uma consequência não desejada da guerra, ou em todo caso uma mostra de inexperiência do bando inimigo, que fere a quem não pertence à população dos guerreiros. Os filhotes reagem à dor animal, ao ponto de vista dos habitantes mudos da terra. Os baderneiros apaixonados pelo vigor detêm sua guerra para somar esforços e meios para recuperar o ferido neutro, expressando um sentimento vital da animalidade humana. A guerra é uma questão de crianças-guerreiros, o riso dos habitantes dos bosques pode diminuir o valor dos combatentes, mas não padecer suas consequências.

Recuperado o ferido, essas crias de hoplitas, com os olhos cheios de vivacidade, com seus estilingues pendurados em seus pescoços e nas mãos apertando a empunhadura de suas espadas de madeira, começam a distanciar-se. Esses filhotes de cidadãos guerreiros começam a se separar sem se dar as costas, com o olhar cravado à frente nos olhos dos rivais, até recuperar uma distância prudente, mas não fora do alcance dos projéteis nem das palavras. O coelho ferido foge para longe do campo de batalha, mas já caiu a noite e, uma vez mais, como na antiguidade, não é conveniente continuar as hostilidades sob o olhar de Selene. Posterga-se a batalha, mas as armas se mantêm erguidas. Cai a noite, impõe-se o regresso às casas. Mas o espírito de comunidade segue nas mentes e em seus sonhos. Amanhã, com o novo dia, renasce a fabulação de uma República autárquica de guerreiros. Renasce a atmosfera de uma comunidade fraternal de homens sob os lemas de Liberdade e Igualdade.

Em continuidade com esse traço, está a separação de espaços entre os gêneros: o mundo político e militar é o mundo dos varões. Assim, o único personagem feminino infantil é uma menina que aparece no momento em que os de Longeverne decidem construir uma cabana, uma casa, um quarto, uma comunidade com seu próprio tesouro e suas próprias leis. É ali, no nascer de uma comunidade política autárquica, no brotar da concretização dessa fábula, que a figura da mulher irrompe, e o faz para cumprir esse desígnio estabelecido pelo mundo dos homens, um desígnio renovado ao longo de mais de vinte e cinco séculos: numa República de homens, as mulheres se fazem necessárias para resolver as atividades domésticas. Parece-nos estar lendo Xenofonte quando diz que as leis certificam o que a divindade designa.[9] Parece-nos estar escutando Sócrates sentenciando aproximações das especialidades da mulher.[10] Ou Hesímodo inaugurando a misoginia ao sentenciar o perigo da raça mulheril, esse risco para a vida política. Ou, talvez, Eurípides censurando por isso os deuses. Por tudo isso, em nosso mundo bélico infantil, a mulher ocupa um lugar segundo uma lógica emprestada, a que se vê no mundo adulto e, tudo isso, talvez, não seja mais que uma certa prolongação do mundo animal:

> Assim pois, a dominação e os serviçais induzidos não procedem de uma ordem natural, mas da vontade cultural dos que são mais fortes no terreno físico. O império falocrata procede da lamentável potência corporal e muscular: poder golpear e bater, destruir e humilhar, causar dano e lastimar, submeter e maltratar. Algumas consequências se desprendem do modelo naturalista em que o macho dominante decide o direito e estabelece as regras, decretando-as justas enquanto legitimam o estado de feito brutal de que ele tira proveito. Deus serve à mística varonil que foi criada para essa ocasião, dotando-a dos atributos de um sexo forte. Naturalista e teológica, transcendental e fractal, a lógica falocrata organiza as dialéticas em conjuntos coerentes.[11]

Mundo adulto ou mundo infantil, tanto faz, em ambas as opções destaca-se o predomínio da visão machista da história. Assim foi na República francesa que Lebrac parafraseia. Recordemos Olympe de Gouges e seus

---

[9] "Além disso, a lei declara que são honoráveis as ocupações para as quais a divindade deu a cada um de nós maior capacidade natural." XENOFONTE. *Económico*. Madrid: Gredos, 1993, VII. 30-31.

[10] "Ou nos estenderemos falando do tecido e do cuidado dos pastores e pucheros, coisas nas quais o sexo feminino parece significar algo e no que o ser superado seria o mais ridículo de todos?" PLATÓN. *República*. Madrid: Gredos, 1992, V. 451c-d.

[11] ONFRAY, M. *Teoría del cuerpo enamorado*. Valencia: Pre-textos, 2002, p. 175-176.

direitos da mulher e sua morte, guilhotinada em 1793. E mais atrás, também foi assim na República platônica: apesar da afirmação da igualdade de gêneros diante dos assuntos políticos, não podemos esquecer que para ele, em tudo, a mulher é sempre mais frágil que os homens. Então o mundo adulto e civilizado reaparece governando a atividade infantil, reaparece capturando a espiritualidade infantil que se expressa, aparentemente, como golpes de inocentes forças primordiais, animalescas, gostaríamos de dizer. É como se o caráter humano, mais próximo à animalidade, permanecesse essencialmente estável ao longo das gerações, como se essa animalidade houvesse tido demasiado pouco tempo para desaparecer entre a viagem da criança ao adulto ou do suposto homem primitivo até o civilizado.[12] É como se algo de fábula adulta vivesse no interior do mundo infantil, e ao contrário, que as fábulas infantis persistissem na adultez. É como se essa ideia de progresso psicológico e moral estivesse ameaçada permanentemente por uma animalidade latente. Talvez o animalesco não desapareça, persista na atividade infantil, incrustado como o mundo infantil está no mundo adulto. Capturado, talvez, como o caráter entre o temperamento e a personalidade, capturado, talvez, mas no lugar em que deve estar, entre o biológico e o social.

    Quando começa o primeiro ato de caráter militar, infiltrar-se no interior do povo "inimigo" para deixar ali os sinais de sua ousadia, apresenta-se o momento de deixar claras as hierarquias de mando entre os de Longeverne. Então Lebrac diz: "Na vida o chefe é o que tem mais força; vocês têm mais a ver com os cachorros, com os gatos, com as raposas; com todos os bichos". Toda a frase está em codificação masculina. A guerra é coisa de homens, o mundo político é coisa de homens, mas é uma questão de força, tal qual o mundo dos animais. A voz infantil, a voz daquele que costuma ficar mudo diante das perguntas do mestre da escola de Longeverne, deixou cair uma sentença carregada de lucidez: "na vida o chefe é o que tem mais força." E não só o que tem mais força mas também o

---

[12] "O caráter imutável. Que o caráter seja imutável não é verdade no sentido estrito; essa benquista tese só significa que durante a breve duração da vida de um homem os motivos intervenientes não podem habitualmente incidir com suficiente profundidade para destruir os traços gravados ao longo de muitos milênios. Mas se imaginássemos um homem de oitenta mil anos, ele teria um caráter absolutamente variável, de modo que pouco a pouco uma multidão de indivíduos diferentes se desenvolveria a partir dele. A brevidade da vida humana induz a muitas afirmações errôneas sobre as propriedades do homem." NIETZSCHE, F. *Humano, demasiado humano*. Madrid: Akal, 1996, p. 69, af. 41.

que faz esforços para aparentá-lo, o que fabula consigo mesmo. Como bem demonstra Eibl-Eibesfodt, nós homens compartilhamos com os chimpanzés traços de agressividade quando queremos aparentar maior poderio.[13] Lebrac certifica as semelhanças entre o animal e o humano que se manifestam sobretudo quando dirigidas a esse que parece ser um lugar comum de nossa civilização: a guerra. É como se o paradigma do mundo animal se filtrasse desde o subsolo constantemente até a superfície da civilização. E pensar que em Platão já encontramos uma classificação de valores que colocam o guerreiro e o amante do lucro subordinados ao amante do saber, governados pelo sábio que encarna sua filosofia. Fabulações de um grande fabulador!

Vejamos um mito platônico próximo do homem. Ele nos diz em sua obra *República*:

> Modele, então, uma única figura de uma besta policromada e policefálica, que possua tanto cabeças de animais mansos como de animais ferozes, distribuídas em círculo, e que seja capaz de transformar-se e de fazer surgir de si mesma todas elas. [...] Plasme agora uma figura de leão e outra de homem, e faça com que a primeira seja a maior e a segunda aquela que siga a primeira. [...] Combine então essas três figuras em uma só, de modo que se reúnam entre si. [...] Em torno dela, do exterior, modele a imagem de um só ser, o homem, de maneira que, a quem não possa perceber o interior, mas apenas a parte externa, pareça-lhe um único animal, o homem.[14]

Apetites, fogosidade e intelecto ocupam o lugar designado por uma imaginação ordenadora, sob a qual não só subjaz a boa esperança de uma comunidade feliz, mas também uma valoração de que o divino no humano é o intelectual. Junto a isso, está a ideia de que só o olhar de um *expert*, de um bom observador, seria capaz de penetrar no interior da fachada. Ao contrário, a maioria só vê a fachada, só vê o homem. E já dissemos que ver e pensar são a mesma coisa... Mas também se pode ver sem pensar e pensar sem ver...

---

[13] "Muitos de nossos padrões motores inatos são uma antiga herança filogenética, e isso é confirmado pelo feito de que também os antropoides mais diretamente aparentados conosco possuem esses padrões. Assim, para ameaçar voltamos os braços para dentro e levantamos os ombros, ao mesmo tempo que se contraem os pequenos músculos que eriçam o voo dos braços, as costas e os ombros." EIBL-EIBESFODT, I. *Amor y odio. Historia natural del comportamiento humano.* Barcelona: Salvat, 1995, p.13.

[14] PLATÃO. *República*. IX. 588b-e.

Mas Platão sabia que o homem está habitado por feras, essa animalidade é a que a educação tinha que colocar sob controle, mas ao que parece, em nenhum caso poderia ser erradicada. Os homens continuam habitados pelas feras. Mas nasceram para serem educados,[15] para a culturalização, para girarem e saírem da obscuridade instintiva, da ignorância primitiva e alavancar a viagem intelectual até a *enkratía*, até o domínio do instintivo. Por isso, se quisermos saber quem é o cidadão dessa República, dessa *pólis,* teremos de admitir que sob toda a produção cultural da antiguidade clássica grega subjaz uma diferenciação que vem a ser um denominador comum em praticamente todos os autores: essa doutrina diz mais ou menos que os homens são varões e de espírito guerreiro, isso significa que não são mulheres, isto é, não são frágeis nem instáveis; significa que tampouco são crianças, carentes ainda de autodomínio, prisioneiros ainda dos apetites; que tampouco são escravos, naturezas inferiores às quais não é necessário educar mediante a persuasão, segundo nos expõe; além disso, isso também significa que tampouco são deuses, quer dizer, não são imortais, e que o humano se manifesta como um grau inferior a uma divindade que devemos imitar; tampouco que o cidadão seja um estrangeiro e, junto a tudo o isso, tampouco nós, homens, não somos animais nem loucos.

Tudo parece subjazer ainda no olhar interpretador que nossa cultura aplica à infância quando observa as crianças. E quando o faz, estabelece que a educação é o meio para fazer dos homens aqueles que hão de chegar a ser. E, nesse empenho por conseguir um certo modelo final, um objetivo desenhado no horizonte, as diferenças são talvez tão importantes como as identidades. Diante desse desafio, o lúcido Platão nos diz que utilizemos tudo o que esteja a nosso alcance para conseguir dito fim. Os mitos também podem adaptar-se às necessidades, é permitido aos que governam fabular sabendo que fabulam quando essa fábula persegue uma finalidade apta para a felicidade da comunidade. Há, então, que começar pelas crianças, a elas há que se explicar os contos eliminando as mentiras mas, se temos que mentir-lhes ou manipulá-los com mentiras úteis, é necessário fazê-lo.

---

[15] "A cultura em sentido socrático se converte na aspiração a uma ordenação filosófica consciente da vida, que se propõe como meta cumprir o destino espiritual e moral do homem. O homem, assim concebido, nasceu para a paideia. Esse é seu único patrimônio verdadeiro." JAEGER, W. *Paideia. Los ideales de la cultura griega.* Madrid: FCE, 1993, p. 450.

Há que começar pelas crianças, diz Platão, porque sabe da história dos homens, recordemos sua carta Nº VII, onde nos expõe a teimosia da natureza humana. Ou, como diz em outro lugar, os homens vivem como se fossem animais.[16] Os homens necessitam de leis porque não são deuses,[17] senão animais humanos que fabulam a viagem até o modelo de uma divindade desenhada contra o horizonte.

Há, então, que começar pelas crianças. É o que nos diz Platão a respeito das crianças:

> Mas quando retornem o dia e a alvorada, as crianças devem dirigir-se a seus mestres, já que nenhum gado pequeno ou nenhum outro tipo de gado deve viver sem pastor, nem, por certo, as crianças sem tutores e os escravos sem senhores. A criança é a mais difícil de manejar de todas as bestas. De fato, na medida em que ainda não tem a fonte de seu raciocínio disciplinada, se faz arteira, violenta e a mais terrível das bestas.[18]

As crianças são como filhotes: "Não recordas que dizíamos que há que se conduzir as crianças à guerra, como observadores montados a cavalo, e que, caso não fosse perigoso, ter-se-ia que aproximá-las para provar o sangue, como filhotes?"[19]

Na realidade ele, Platão, é o primeiro que faz da educação uma questão de Estado e faz da infância uma responsabilidade política, é o primeiro que vê nos homens o perigo dos próprios homens, isto é, os homens são lobos para eles mesmos, porque são lobos uns para outros e porque parecem estar habitados por lobos.

De onde vem essa ideia do lobo como figura do perigo para a comunidade de homens e para essa espiritualidade humana destinada à educação? De onde esse temor permanente que apaga e ensombrece essa fábula da perfeição humana? Vem do modelo dos pastores, desse

---

[16] "Como se fossem animais, olham sempre para baixo, inclinando-se sobre a terra, e se devoram em cima das mesas, comendo e copulando; e em sua cobiça por essas coisas se dão patadas e chifram uns aos outros com chifres e pezunhos de ferro, e devido à sua voracidade insaciável se matam." PLATÃO. *República*. IX. 586a-c.

[17] "Mas como não legislamos como legislavam os antigos legisladores, que o faziam para os heróis, filhos dos deuses, como agora se sabe, e, sendo eles mesmos progênie dos deuses, davam leis para outros nascidos dos mesmos deuses, mas agora legislamos como homens para sementes de homens". PLATÃO. *Leyes*. Madrid: Gredos, 1999, IX. 853c-d.

[18] PLATÃO. *Leyes*. VII. 808d.

[19] PLATÃO. *República*. VII. 537a-b.

mundo tão presente na realidade grega, de Homero até Platão. O primeiro fabulou a comparação entre o rei de seguidores e o pastor de gado, mas o segundo fabulou, não a comparação, mas a salvação do gado. Todos contra o lobo! Foi seu peã:

> Vou tratar de explicar-te. A coisa mais vergonhosa e terrível de todas, para um pastor, seria alimentar cães guardiões do rebanho que, por obra do descontrole, da fome ou dos maus hábitos, atacassem e causassem danos às ovelhas e se assemelhassem a lobos ao invés de cães.[20]

E o mesmo vale para as mulheres:

> Cremos que as fêmeas dos cachorros-guardiões devem participar na vigilância junto com os machos, e caçar e fazer tudo junto com esses, caso contrário, elas devem ficar em casa, como se estivessem incapacitadas por obra do parto e da criação de filhotes, enquanto eles se encarregam de todo o trabalho e todo o cuidado do rebanho?[21]

Então se compreende porque as crianças são pensadas como filhotes, é que são filhotes, é que parecem estar habitadas por lobinhos, e assim também se pensa da criança-pícaro do século de ouro da literatura espanhola, a criança-lobo, a que se destaca da normalidade social, é o contramodelo.[22] A lucidez de Platão continua fabulando no lobo de Chapeuzinho Vermelho e no das Sete Cabritas.

Talvez o peã: todos contra o lobo! seja uma tentativa de metamorfose do lobo em homem. Quem pode sabê-lo? Haveria que perguntar ao lobo. Houve uma vez um certo fabulador que escreveu essa ideia, a de que os animais opinassem sobre os homens: "Temo que os animais tomem o homem como um ser que é como eles e que do modo mais perigoso perdeu o são entendimento animal – que o tenham por animal louco, ou animal que ri, ou animal que chora, ou animal desgraçado."[23] Ou animal que fabula com o progresso:

> Talvez o destino de toda forma de vida seja a extinção, mas isso não é exatamente o que a maioria tem em mente quando afirma que a filogenia é progressiva.

---

[20] PLATÃO. *República*. III. 416a-b.
[21] PLATÃO. *República*. V. 451d.
[22] GÓMEZ YEBRA, A: *El niño-pícaro literario de los siglos de oro*. Barcelona: Anthropos, 1988, p. 107 e 114.
[23] NIETZSCHE, F. *La Gaya Ciencia*. Barcelona: Akal, 1988, af. 224.

Para os que veem um incremento em todo tipo de variáveis desde o Câmbrico, tem que ser um castigo comprovar que agora mesmo estamos submergidos na maior extinção em massa de todos os tempos. A atual taxa de extinção é de 100 a 1000 vezes maior que em tempos pré-humanos.[24]

Talvez toda fábula seja uma tentativa de embelezar a metamorfose. Voltemos a Lebrac e Aztec, ambos abraçados no dormitório do internato, desse recinto concebido para endireitar crianças filhotes de lobos. Então diz Lebrac: "E pensar que, quando grandes, seremos tão brutos quanto nossos pais".

> Com as hordas marchar
> Cantamos a vitória
> E ao lutar pela liberdade
> Conseguimos vencer nossos inimigos
> E ao voltar cheios de lauro...[25]

Filme citado

A guerra dos botões – Eves Robert (França, 1961)

---

[24] WAGENSBERG, J.; AGUSTÍ, J. (Eds.). *El Progreso*. Barcelona: Tusquets, 1998, p. 120-121.

[25] O peã é um canto de origem religiosa de caráter apolíneo que os soldados cantavam antes e depois da batalha. E o lauro nos remete à árvore que crescia no templo de Delfos: o umbigo do mundo.

Encantadora de baleias:
a fábula da menina Paikea

Ana Maria R. Gomes
Bernardo Jefferson de Oliveira

> Antigamente a terra sentia um grande vazio.
> Ela esperava ser povoada. Esperava que alguém a amasse.
> Foi quando Paikea veio montado numa baleia...
> (Fala do filme *Encantadora de baleias*)

Essa é a antiga história do povo Maori, em que se narra como eles vieram a povoar ilhas afastadas do Atlântico, como a Nova Zelândia, onde se passa o filme *Encantadora de baleias*. Mas essa narrativa mítica é também parte de uma lição que uma menina ensina a seu povo e aos povos de todo mundo, com a história de sua vida.

Os Maori vinham de outras ilhas na Polinésia, antes de ocupar a Nova Zelândia, por volta do século X. Ali constituíram uma sociedade de grande porte. Pescavam, guerreavam, caçavam e cuidavam de suas terras e culturas. E desde o século XVII, tiveram que conviver com europeus que buscavam se instalar naquela e em outras ilhas da região. Embora bem mais numerosos (em 1840 havia na Nova Zelândia 50 maoris para cada europeu), os Maori foram perdendo suas terras, e em muito diminuiu a influência de sua cultura tradicional na região, em função do avanço colonialista. Ao final do século XIX, os Maori não passavam da metade da população que haviam sido cinquenta anos antes. Hoje representam 16% da população do país. Ao longo desses anos, enfrentaram diversas crises e alguns períodos de revitalização. Hoje em dia a identidade, antes negada, é assumida e publicamente declarada. Além de uma retomada demográfica, seus rituais persistem, e a língua Maori é agora ensinada nas universidades.

O filme trata do papel que uma menina teve no renascimento da cultura de seu povo em um de seus momentos de crise. Como tanto grupos indígenas atuais, os Maori vivem um difícil processo de reconstrução das próprias tradições. Esse processo tende a ser desqualificado interna e externamente, uma vez que a leitura dominante é que eles perderam sua cultura. Uma perda tida como irreparável, portadora de mudanças que descaracterizariam a identidade e o próprio grupo.

No entanto, vários períodos da história de diversos povos atestam que os momentos de crise trazem também a possibilidade de se reinventar novos padrões e de se lançar em uma nova fase, às vezes até mais promissora. É assim que, nos recorda Sahlins (2004), aconteceu com a Europa nos séculos XV e XVI: um período de reconstrução e de invenção das tradições, que foi chamado de Renascimento e deu a luz à civilização moderna.

No processo de transmissão cultural há uma permanente tensão entre a manutenção de antigas tradições e a produção de novas, entre o cultivo do já criado e as novas criações. Como em vários recantos do mundo, também na Nova Zelândia se lida com os dilemas postos pela globalização, e vemos neste filme a reinvenção da tradição cultural maori, em que a participação das crianças tem um papel fundamental.

Como uma boa fábula, as cenas se passam em um lindo lugar, repleto de praias desertas, com umas poucas casas. São habitações simples, mas modernas e equipadas. A vida ali parece pacata. A avó da menina e suas amigas passam as tardes jogando cartas e fumando. Embora seja usual, essa cena no filme nos evoca falta de vitalidade, uma vez que sabemos que aquelas pessoas cresceram numa cultura bem diferente. Talvez, já influenciados pelo desalento do enquadramento, vejamos os velhos tristes, com olhar distanciado, pois os dias não são mais como antes. Os jovens já têm outros gostos, outros valores. Preferem as novidades aos costumes antigos. Seu comportamento, apesar da agitação e aparente alegria, transmite certo desalento. Essa sensação é um misto de mal-estar provocado pelo novo modo de vida e, ao mesmo tempo, busca incessante pela modernização – que assola quase todas as culturas tradicionais, que vão sendo tomadas pela moderna forma de vida da cultura ocidental.

Uma das dificuldades que aquele povoado maori está tendo que enfrentar é a quebra uma longa linhagem de chefes. Não há quem possa ocupar o posto. Seria impensável que uma menina pudesse representar as proezas que seu antepassado longínquo fizera em tempos míticos: cavalgar uma baleia, levando seu povo para outras ilhas. A menina julga ser seu dever, e ela parece determinada a fazê-lo.

No início do filme vemos que o filho do chefe foi embora para a Europa depois de perder sua mulher e um dos filhos gêmeos durante o parto, deixando com os avós a filha que sobrevivera. A história do filme se desenrola quando a menina já tem 12 anos e se empenha para satisfazer o desejo do avô e desempenhar o papel que o pai abandonara.

O abandono de seu pai indica uma recusa de participar e de seguir os caminhos previamente traçados. Uma recusa difícil, que ele encara com determinação, a mesma determinação com que, contrariando a posição do avô, adota para sua filha o nome do ancestral fundador: Paikea. Esse parece ser um primeiro sinal do afinco com que a menina vai assumir essa posição singular diante de seu grupo. O jovem chefe abandona seu povo, mas deixa uma herdeira por ele mesmo legitimada.

Trata-se de um conto, (ou de uma fábula, como foi citado diversas vezes na imprensa) passado nos dias atuais. Sua estrutura é a de uma epopeia, em que se narra o percurso da personagem até o êxito final de suas ações. Para além das dificuldades enfrentadas, a narrativa retrata dilemas antigos e contemporâneos, pois aborda a tensão entre a rigidez dos costumes e a possibilidade (ou a necessidade) de subversão da ordem para se avançar.

Como quebrar a tradição? Como manter a tradição? Eis a lógica paradoxal da reinvenção da cultura: retomamos algumas experiências passadas para resolver as dificuldades que enfrentamos no momento atual. E, para nos valermos dessas experiências, temos que adaptá-las e transformá-las. Para superar dificuldades, contamos com a maneira de entender, com a memória das experiências acumuladas pelas gerações, com a história de nossos ancestrais, com os rituais de como enfrentaram seus problemas, que podemos reatualizar para enfrentar os nossos. Os desafios podem ser outros, mas podemos aprender com nossas tradições. As perdas, os desencontros, as formas de viver, de relacionar, de afirmar um jeito diferente de ser, tudo isso muda muito de uma época ou de um lugar para outro. E os rituais da cada cultura nos ajudam a confrontar, nos ensinam formas de compreender e de representar aquele momento.

Como os mitos, os ritos são importantes mecanismos de transmissão da cultura e de institucionalização de hábitos e valores. Através dos mitos e dos ritos os indivíduos aprendem e manifestam a intenção de cumprir aquilo que o grupo espera de cada um. Especialmente marcantes são os rituais de iniciação, que implicam quase sempre provações para verificar se o indivíduo está mesmo preparado para cumprir seu novo papel. Ao manifestar sua coragem ele estará pronto para enfrentar muitos outros desafios, pois todos lembrarão do que já foi capaz.

Resgate e invenção das tradições

As mudanças de costumes e valores numa cultura podem ser imperceptíveis, podem ocorrer lentamente durante os tempos. Quando são muito rápidas, elas são geralmente percebidas como degeneração, decadência e perdição. Nesse caso, a reação mais comum é a tentativa de resgate das tradições.

O apelo às tradições chega a parecer antiquado. Os velhos evocam tradições que os jovens acham que não têm nenhum sentido. Outro quadro desalentador é quando as práticas culturais tradicionais são vistas como folclóricas e forçadas: uma fachada que não representa verdadeiramente os sentimentos de um povo, que usa certas vestimentas e mantém certos rituais apenas para "atrair turista".

Tradição tem sempre o sentido de transmissão de memórias que queremos manter, que não queremos perder de vista. Por isso se fala em resgate, em revigorar, em se reencontrar. E, nessa busca, há sempre atualizações. O esforço por reatualizar as tradições sempre envolve modificações e invenções.

No processo de transmissão cultural há uma tensão permanente entre a manutenção de antigas tradições e a produção de novas. A tradição atua de forma por vezes imperceptível em questões ordinárias para saber o que fazer, o que comer, como vestir, ou em questões mais delicadas como com quem casar e por onde encaminhar nossa vida. Às vezes, aparecem situações em que elas nos parecem pesadas demais. Situações em que as tradições parecem atrapalhar, sufocar e dificultar nossa vida. Então, tratamos de alterá-las: inventamos novas regras, adotamos novos significados e criamos novos símbolos. Muitas vezes nem nos damos conta disso, mesmo porque, em um mundo já tão estimulado pelo imperativo de mudança e suposto progresso, não conseguimos nem mesmo partilhar alguma tradição. Mesmo quando procuramos reproduzir práticas supostamente cristalizadas no tempo e no espaço, acabamos por produzir versões modificadas.

Nem sempre percebemos as transformações culturais, pois algumas levam mais tempo que nossas vidas. Quando refletimos sobre o processo de transmissão cultural, vemos que ele se constitui de desobediência a algumas normas e reforma de outras; de violação de alguns costumes e reafirmação de outros; de transgressão de algumas proibições e produção de outras, de novas expectativas, buscando fazer com que tudo isso se torne uma tradição a ser respeitada.

Vale a pena observar que transgredir não é abandonar as tradições. Às vezes, a transgressão é uma maneira de reafirmá-las. Em alguns casos a reafirmação advém da vivência de termos ultrapassado limites dos quais não tínhamos consciência, e nos arrependemos. Quando fazemos algo que sabemos ser contrário aos costumes e do qual nos envergonhamos e nos arrependemos, é um sinal de que, mesmo não tendo seguido o esperado, não estamos necessariamente desconsiderando as normas e as prescrições estabelecidas.

Mas há formas de transgressão em que a subversão das normas é a única forma de reafirmá-las. Para manter o sentido mais amplo ou o significado profundo da tradição, alguns interditos acabam por se tornarem secundários; parecem apenas detalhes ritualísticos. Assim, Paikea entende que não se poderia esperar que uma menina assumisse a responsabilidade de guiar seu povo. Por isso, ela compreende seu avô. A transgressão de algumas normas é justamente o que lhe possibilita afirmar tantas outras. Os sentidos dos mitos e dos ritos são, assim, preservados e fortalecidos.

Encantadora de baleias revela bem as modificações e as adaptações da tradição como formas de preservação. É a manipulação criativa do patrimônio herdado em cada cultura. Vale a pena observar que o patrimônio e a herança cultual não significam algo pronto e determinado. A cada momento, cada grupo escolhe o que deve ou quer guardar das várias experiências culturais passadas.

Muitas inovações entram em conflito com os hábitos e com as instituições cristalizadas. À medida que nos acostumamos com as inovações, elas vão sendo incorporadas como elementos estáveis em nossa cultura. Quando são institucionalizadas, o grupo cuidará para que não sejam esquecidas e também para que não sejam alteradas, nem substituídas.

A menina e seu avô: iniciadores e iniciados

Cada pessoa participa da cultura do seu grupo e da identidade cultural a ele associada, de maneira específica e segundo a sua própria história e suas características. No fluxo de transmissão cultural e formação, as crianças nunca desempenham apenas o papel de aprendizes. Elas têm que assimilar o sistema de significação e as instituições criadas pelos mais velhos, porém, essa assimilação nem sempre é tranquila. Muitas vezes elas distorcem o significado antigo ou o adaptam de uma forma que nem sempre é aceitável. Além disso, criam desafios e impõem novos compromissos aos adultos.

Em diferentes cenas do filme são as crianças que tomam com maior seriedade a atenção às tradições, como no caso do menino que leva seu pai a frequentar os rituais – e o respeito às regras que lhes são ensinadas, quando Paikea chama a atenção da avó e amigas para que não fumem.

Paikea é uma peça fundamental para manter o elo entre seu pai e os avós, dos avós entre si e deles com seus filhos. É tocante, no filme, a relação estabelecida entre a menina e seus avós. Ela interfere também no comportamento de vários outros adultos e crianças. Na busca de construir, afirmar e fazer reconhecer sua identidade, a menina vai atrás de identidades passadas do seu tio, que também tinha sido descartado como ela, por não ser o primogênito, apesar de sua força e sua vontade. Demandado sobre seus ideais antigos, ele se vê no dever de ensinar o que já sabia àquela pequena inconformada. Para isso, ele precisava retomar o que já havia esquecido. Precisava recuperar a força e os valores que havia perdido. Assim, foi preciso que ele reaprendesse com Paikea a importância de seus ensinamentos.

Também o avô terá muito que aprender com sua neta. Desesperado com a dissolução dos costumes maori e defrontado com seu dever de tentar restabelecer sua cultura, o avô de Paikea resolve organizar um curso para ensinar os meninos a ser bravos guerreiros.

A formalização dos ensinamentos numa escola é uma tentativa de adequação aos novos tempos. Na escola improvisada o chefe tenta adaptar e repassar valores e práticas que antes se aprendia fazendo, junto com os mais velhos. Mas os pais daquelas crianças já não caçam nem mergulham; tornaram-se sedentários e perderam sua vitalidade.

A dedicação do ancião é sinal de esperança. Sua paciência e seu esforço para reconhecer potenciais, como a força da raiva de um aluno ou o desânimo invencível de outro, são alentadores. Mas essas virtudes pedagógicas nunca resolvem tudo. Como acontece com os professores, também sobre o avô paira a eterna indeterminação da relação educativa. Nunca sabemos de fato o que é verdadeiramente significativo para cada uma das pessoas envolvidas. Muito menos o que vai se tornar importante depois, com a vivência de outras experiências. Nunca se sabe ao certo o quanto repercutirá o esforço depreendido na formação nem quando isso ocorrerá. Assim, o avô, ex-chefe guerreiro e agora professor em busca de um futuro chefe, não consegue sentir o que está mais perto: o coração de sua neta.

Sua insensibilidade é tão grande que, a um primeiro olhar, parece ser este um filme sobre a incompreensão. Mas a pequena Paikea se impõe e mostra a todos sua convicção e o modo como ela representava as tradições defendidas pelo avô, como o valor da coragem.

Se o avô tivesse logo compreendido a força da vontade de sua neta, se ele tivesse percebido seu desejo e seu potencial, talvez não tivesse imposto os obstáculos que a jovem guerreira teve de ultrapassar para se afirmar, para se reconhecer e ser inteiramente reconhecida por todos. Mas é justamente o enfrentamento das dificuldades que a talha para o papel que devia ocupar. A menina parece saber disso e não se abate. Ama aquele avô como a aventura de sua vida. É curioso notar como a avó, forte e decidida, a compreende perfeitamente e a apoia todo o tempo. A compreensão e o carinho da avó, ainda que fundamentais, não são suficientes.

Nos dias de hoje, em que basta algo ser novo para ser valorizado, é comum ouvirmos referências ao antigo, à conservação das tradições, como algo ruim, menos elaborado e ultrapassado. Na cultura contemporânea, a criatividade é professada como um dos valores mais nobres, e o rigor das normas é visto como um elemento castrador. O antropólogo Claude Lévi-Strauss (s/d, p. 379), no entanto, observa como é ilusória a ideia de que as inovações dependem de uma abertura incondicional, de uma liberdade prévia. "Jamais se cria senão a partir de qualquer coisa, e é por isso que é necessário conhecer a fundo, nem que seja para que se lhe possa opor e ultrapassar." A criatividade, defende ele, resulta das resistências que se teve que vencer.

Identidade e criatividade

Como saber o desejo profundo, não só aquele passageiro? Ao falar em desejo profundo, damos a impressão de que ele já estava lá, desde sempre, intocável. Como se definisse o sentido da nossa presença no mundo.

A ideia de identidade é não raro associada a uma espécie de definição do que somos e, nesse sentido, acaba sendo pensada em modo absoluto, como uma autorreferência, como uma definição fechada em si mesma. No entanto, os debates teóricos e as pesquisas de campo na Antropologia já nos mostraram que a identidade é algo mais complexo e articulado e que não pode ser pensada de forma isolada. As identidades são sempre definidas umas em relação às outras. A identificação e a diferenciação social são dois processos complementares: "sem o outro não sou eu, não me reconheço". Desse modo, diz-se que a identidade tem uma definição relacional. Uma identidade só pode ser demarcada e definida dentro do sistema de relações do qual ela faz parte. E é por isso que devemos pensar sempre em identidades – no plural!

A relação entre identidade e cultura é muito estreita e pode ser mal compreendida, o que se torna muito visível quando lidamos com as identidades étnicas. É comum, por exemplo, ouvirmos comentários sobre muitos grupos indígenas brasileiros que estariam perdendo sua identidade por causa do contato com a "cultura do branco". Esse tipo de comentário pressupõe que existe uma essência, uma definição imutável da identidade indígena, que teria se descaracterizado no contato com o outro. A ideia de que essa identidade tenha se formado isolada do contato é enganosa. Na verdade, a novidade é o contato mais intenso com o mundo dos brancos, porém, a identidade étnica de cada grupo foi constituída no confronto e estreito contato com os outros grupos indígenas que habitam a mesma região, confronto que gera o processo de diferenciação entre quem é como "nós" e quem é considerado "outro". O contato com os brancos introduziu um novo elemento no sistema de relações, que deverá, então, dar algum significado a esse novo componente. Altera-se, assim, o que poderia ser considerado o "conteúdo" da identidade, mas não se altera a capacidade do grupo de estabelecer fronteiras simbólicas entre o "nós" e os "outros". Ou seja: as identidades acompanham as mudanças e mudam elas mesmas com o tempo, sem perder sua capacidade de organizar simbolicamente o mundo.

Ao mesmo tempo, esse processo de mudança constitui uma história singular, que pode se tornar a referência interna do grupo, que o leva a resistir às pressões que as influências externas podem provocar. Das imagens iniciais do filme se deduz um panorama muito similar a tantos outros, em que a cultura tradicional se faz presente de forma muito pouco evidente – por exemplo, na atenção e na comoção que envolve toda a comunidade maori com o problema das baleias encalhadas. A forma como o grupo se une em torno de um sentimento e de uma ação comum revela a existência de referências culturais comuns, que o evento traz à tona.

Hoje, temos vários exemplos de grupos indígenas que conseguiram afirmar publicamente e de forma vigorosa a própria identidade, sem que com isso tivessem permanecido alheios e afastados do mundo contemporâneo. A própria escola indígena é um exemplo disso: não é uma instituição originária das culturas indígenas, mas tem sido assumida por algumas comunidades como uma instituição que contribui para a afirmação pública da própria identidade.

Eis o que nos relata Ranginui Walker, antropólogo e dirigente do Conselho do Distrito Maori de Auckland:

> Uma consequência do renascimento cultural que ocorre atualmente é o fortalecimento da cultura pela língua, chamado de *kuramareo*, graças ao qual as crianças aprendem a língua nativa nos *kurapapa* – escolas primárias em língua maori e que agora estão sendo desenvolvidas no nível secundário. Tudo isso faz parte da preservação da identidade maori, recuperando a importância da ação cultural e das artes performáticas. Isso é importante para manter a identidade e o orgulho de ser Maori. (WALKER, 1997, p. 177)

As trocas simbólicas, as influências recíprocas entre diferentes tradições culturais, provocam mudanças nas identidades e na própria cultura dos grupos em contato. O êxito dessas mudanças, a dominância de uma ou outra cultura, a nova configuração cultural que pode ser originada nesse encontro, tudo isso vai depender da forma específica como se deu o contato. Daí a importância de analisar a dimensão histórica das culturas e das identidades.

O filme nos oferece a ocasião de pensar a identidade em uma perspectiva mais ampla, que diz respeito à possibilidade de retomar a produção coletiva de sentido, de buscar formas sociais de coesão e produção de significado coletivamente partilhado. Essa retomada do sentido – e podemos dizer também de uma referência interna ao grupo – é problema que enfrentam muitos grupos indígenas na atualidade, em situações semelhantes aos Maori. Grupos que vivem imersos na moderna (e pós-moderna) sociedade capitalista, em tempos de globalização, muitos dos quais estão hoje envolvidos em processo de reconstrução identitária, na retomada das referências coletivas para si próprios e para o mundo externo. Nesse processo de reconstrução da identidade, a educação das crianças assume particular importância.

A retomada da capacidade de produzir sentido coletivamente é um problema que diz respeito a uma ampla variedade de grupos sociais, e não só os chamados indígenas, nos quatro cantos do mundo – afinal, todos somos nativos. Esse sentido não pode deixar de considerar as conexões e as determinações que o contexto de vida globalizado impõe, mas que busca suas referências locais. E mais: um sentido que, ao encontrar referências locais, não as absolutize em oposição aos demais grupos.

Paikea é uma criança que traz novidade: a condução de seu povo por uma mulher. A ideia de que as crianças são portadoras do novo nos é bem familiar. O filme, no entanto, nos apresenta outra possibilidade: a criatividade como uma renovação da tradição entrelaçando diferentes gerações. Como observou Lévi-Strauss, a forma como se pensa hoje a criatividade, considerada como algo fundamental na educação das crianças, esconde, na verdade, a incapacidade dos adultos de lidar com a dinâmica criativa da própria cultura.

Carlos Rodrigues Brandão retoma essa reflexão e acentua a crítica feita por ele:

> Alienados de nossa própria capacidade de sermos severa e responsavelmente criativos, buscamos no outro – na criança que nos sucede – o homem criador. Mas, incapazes de vivermos em nós próprios a tarefa difícil da genuína criatividade, inundamos a formação desse ser a quem importa tornar autônomo e criativo, de uma pequena e perigosa infinidade de experiências e métodos de trabalho pedagógico, onde a aparência da novidade e o apelo à invenção livre não fazem mais do que denunciar a nossa coletiva dificuldade em sermos, nós mesmos, criativos. (BRANDÃO, 1986, p. 122)

O avô de Paikea não buscava a inovação, no entanto levou sua neta a mergulhar profundamente nas tradições de seu povo. No jogo das resistências – e justamente para manter a continuidade – Paikea cria, renova os costumes e inaugura um novo momento para seu povo, como os grandes mestres das Artes, da Música e da Literatura que dominaram a linguagem de seu tempo para inovar e poder continuar a produzir novos sentidos a partir da nova possibilidade por eles criada.

De forma fecunda temos um encontro entre inovação e tradição. Uma recomposição de sentido para todos, a partir de uma reatualização do mito, que de certa forma necessita se renovar, "se alimentar" de outros elementos para manter seu potencial semântico.

Paikea se prepara para o rito de passagem – e o faz contemporaneamente à sombra e à revelia de seu avô. Ela logra – ao participar, de forma exitosa e com todas as evidências do ritual de passagem – demonstrar sua capacidade de liderar seu povo. Não bastou afirmar sua genealogia; ela teve que provar publicamente suas habilidades.

Enfim, em que posição nos encontramos? Dos adultos que pregam a rigidez de costumes ou daqueles que insistem na subversão da ordem para avançar? Diríamos, com Agamben, que o que está em jogo é a transmissão não tanto da cultura tradicional, nem sua negação, mas a transmissão da própria capacidade de produzir sentido, pois "a transmissão da função significante é mais importante que os próprios significados" (AGAMBEN, 2005, p. 106).

Como enunciava a narrativa maori do início das coisas, no vazio que a terra sentia, era preciso alguém que a amasse para lhe dar um sentido. É para lá que a menina Paikea nos conduz, montada em sua baleia.

Referências

AGAMBEN, Giorgio. O país dos brinquedos. Reflexões sobre a história e sobre o jogo. In: *Infância e história. Destruição da experiência e origem da história*. Belo Horizonte: Ed. UFMG, 2005. (1ª ed. italiana: 1978).

BRANDÃO, Carlos Rodrigues. A criança que cria: conhecer o seu mundo. In: *A educação como cultura*. São Paulo: Brasiliense, 1986.

LÉVI-STRAUSS, Claude. Palavras retardatárias sobre a criança criadora. In: *Um olhar distanciado*. Lisboa: Edições 70, s/d. p. 373-386.

SAHLINS, Marshall. *Esperando Foucault, ainda*. São Paulo: Cosac Naify, 2004.

WALKER, R. *Identidade e antropologia Maori da Nova Zelândia*. Mana 3(1), 1997. p. 169-178.

Filme citado

Encantadora de baleias – Niki Caro (Nova Zelândia, 2003) – 1h45

Quando a infância ensina –
uma leitura interessada de *Abril despedaçado*

Leiva de Figueiredo Viana Leal

> Aprendi com meu filho de dez anos
> que a poesia é a descoberta
> das coisas que eu nunca vi.
> *Oswald Andrade*

Abril despedaçado, de Valter Salles, é um filme que fala por si mesmo. Daí a grande dificuldade de discorrer sobre ele. Embora objetivo, convida o espectador a um exercício de reflexão e sensibilidade. Como toda obra de Arte, o filme permite várias leituras e múltiplas interpretações, fato que nos coloca na condição de alguém que, sem se filiar a uma corrente ou enfoque interpretativo, busca um modo de ler e entender o que é apresentado. Nesta leitura, articulo concepções relacionadas à cultura e à condição histórico-social do homem no mundo. Este texto, escrito sem grandes pretensões a não ser o exercício de reflexão diante da vida, se servir como ponto de partida para outras discussões, terá cumprido a sua travessia.

Para início de conversa

Abril despedaçado é uma história que se passa no sertão brasileiro, em 1910, cujos personagens pertencem a duas famílias – os Breves e os Ferreiras – que têm entre si algo em comum: a luta ancestral pela posse da terra e a morte dos descendentes como modo de vingança. Segundo o código vigente na região, à morte do descendente de uma das famílias sucede, inevitavelmente, a morte de alguém da família adversária. É o que diz a personagem Tonho, de 20 anos, ao seu irmão mais novo, 10 anos, à medida que ilumina a parede em que se encontram as fotos de seus antepassados: "Eles tudo morreram por nós, um dia pode ser tu". E é exatamente Tonho que, nesse momento deve matar o descendente da família inimiga. Tonho cumpre sua obrigação, o que faz dele o próximo marcado para morrer. Conforme o ritual da tradição, a camisa manchada de sangue que vestia o morto deve ficar exposta ao vento, e o intervalo entre uma morte e outra é o tempo de uma lua cheia a outra, tempo suficiente para que o sangue seque, e a camisa amareleça.

Pacu, o irmão mais novo, inconformado, busca convencer o irmão a quebrar esse contrato, a não cumprir o que pede a tradição. É nesse espaço cheio de tensão que a história se desenrola: o tempo da espera pela morte vivida por Tonho e o enfrentamento com a expectativa de vida, vivida por seu irmão Pacu. Uma tensão que é quebrada com o aparecimento de dois artistas circenses, fato que provocará mudanças profundas na existência dos dois irmãos, levando-os a assumir o rumo de uma nova experiência. Pacu realiza uma escolha que impacta o espectador: morre em lugar do irmão, para propiciar a Tonho um mundo novo, um mundo de liberdade. Essa é, em síntese, a história de *Abril despedaçado*.

Do ponto de vista de sua montagem, as cenas transcorrem ora em quase escuro, ora em claridade, marcando a condição de seus personagens, na tensa luta entre a vida e a morte. Já do ponto de vista metafórico, como em toda obra de Arte, há muitas relações a estabelecer. Por exemplo, a personagem Clara traz no nome o que sua aparição desencadeia na vida dos personagens: para Tonho, a claridade do amor; para Pacu, a claridade da imaginação, do encantamento, da construção da identidade pessoal e da própria liberdade de escolha, ainda que esta consista na antecipação da própria morte. Outra relação encontra-se entre o nome do lugar em que vivem – Riacho das Almas – e a "vida" que nele se desenrola. Como afirma Pacu: "O Riacho se foi, ficou só as almas." Por sua vez, Clara e Salustiano, os artistas circenses, procuram por um lugar chamado Ventura, palavra que traduz felicidade, alegria, encantamento, e que consiste num espaço ainda desconhecido não só por eles como também por Tonho e Pacu. O engenho, as rodas, os bois, o cenário do sertão, tudo é, sem dúvida, simbolicamente articulado à vida dos personagens e constitui pontos fortes de interpretação para o que nos é narrado.

Demarcando um lugar

O filme tem como fonte de inspiração o livro homônimo do albanês Ismail Kadaré. Pacu é o narrador e o condutor dos acontecimentos, e é com ele que a história começa e termina.

No romance original não existe a figura do menino Pacu, introduzida no filme pelo toque de artista do cineasta. É exatamente essa personagem, com a qual a história começa e termina, que imprime força à narrativa. Ele, Pacu, anuncia que será a voz que conta: "meu nome é Pacu. Nem me acostumei. Tão novo. Tô aqui tentando lembrar...Vai ver é a minha história, do meu irmão." [...] "Agora tu já sabe a minha história." Temos, assim, um infante narrador e condutor dos acontecimentos, portanto o ponto de vista da narrativa é o lugar da infância.

Isso nos leva a indagar: Quem é Pacu e o que nos ensina? É nessa direção que segue nosso texto: *falar de uma infância que ensina* aos adultos ou falar aos adultos pelas ações e reflexões de uma criança.

O que narra

Abril despedaçado tem sido considerado, por alguns analistas, como uma fábula muito especial. De fato, se tomamos a fábula como gênero, podemos igualmente considerar que dela há algo a ser depreendido, uma lição a ser extraída. Enfim, há algo a aprender com ela. Do ponto de vista espaciotemporal, como é fábula, é uma história sem data, sem tempo, sem lugar definido. Universaliza-se ao tratar de um tema relacionado à existência humana. Isso posto, demarcamos um lugar: alguém que organiza uma leitura compreensiva, que toma, como interlocução, uma criança que narra uma fábula, portanto, uma criança que ensina.

Dialogando com a narrativa

Entre as várias possibilidades de interpretação que um texto dessa natureza nos permite, selecionamos dois recortes com os quais retomamos aqui a própria narrativa e o seu narrador: a infância como lugar de conhecimento e de verdade, e a infância como paradigma para novas referências. Esses dois recortes são os eixos que sustentam a leitura dessa fábula, e reconhecemos que nossas escolhas, por se circunscreverem num modo particular de percepção de mundo, encontram-se também marcadas por limites.

1- Infância, conhecimento e verdade

Na narrativa, Pacu não tem direito de viver a própria infância. Trabalha duro junto com os pais e o irmão, seguindo o ritmo da vida adulta na luta pela sobrevivência. Assim, embora trabalhe como adulto e tenha seus desejos tolhidos e sua infância abafada, é tratado como criança, por esse mesmo mundo, visto que não pode decidir, não pode escolher, não pode opinar.

Se, em uma concepção histórica tradicional, a criança não era considerada enquanto tal e era vista indiferentemente como um adulto, na história moderna, em que as relações familiares se alteraram profundamente frente ao mundo mercantil, a criança passa a ser considerada um ser frágil, carregado de ingenuidade, incompleto e dependente do adulto, este, sim, um ser de razão, de equilíbrio e de consciência. Mudanças nos contextos históricos, advindas do enfrentamento com o mundo pós-guerra e de suas conhecidas consequências, provocaram o surgimento de uma nova percepção da criança. Esta passa a ser vista como um ser de virtudes, que, se bem conduzidas, podem assegurar a construção de uma sociedade melhor.

Independentemente de analisarmos se seu comportamento pertence ou não ao mundo das virtudes, Pacu é um ser singular e se comporta exatamente ao contrário do que se espera dele, porque ele compreende e vê o mundo de um outro lugar.

Mas de qual lugar? Exatamente do lugar da infância: por meio não apenas de sua relação com o imaginário (histórias do livro que recebe de Clara e histórias imaginadas) e com o mundo lúdico do circo e do balanço, mas também da relação de afetividade que encontra no irmão, é um ser capaz de perceber o que escapa aos que se encontram cegos pela tradição. E mais: possui uma aguda sensibilidade, que lhe permite alcançar uma autorreflexão, dada a incomunicabilidade existente no seu entorno. Uma sensibilidade que o transforma em um ser em busca de sentido, de compreensão, de ser tocado pela situação e de se deixar tocar por ela. Suas autorreflexões trazem à tona as verdades ocultas por uma tradição "A gente está que nem os bois... roda, roda e num sai do lugar." Uma perspectiva que o diferencia: "Em terra de cego, quem tem olho acha que é doido." Ele, o doido, o incompreendido: "Nessa casa os mortos é que manda nos vivos." Pacu é quem percebe uma cena inusitadamente impactante: os bois rodando em torno da moenda, mesmo sem a canga que os prende à máquina e mesmo após terem trabalhado o dia inteiro. Repetiam, indiferentemente, os mesmos gestos. Pacu compreende essa tragédia. Onde estão as cordas que prendem os homens? Não estão nos objetos, mas naquilo que têm incorporado na consciência. Para Pacu, é inexplicável, é inaceitável se deixar levar como bicho.

Sua sensibilidade o conduz a atitudes inesperadas, por exemplo, quando na brincadeira de balanço troca de lugar com o irmão e pede que este tome assento, dizendo-lhe: "Hoje é tu que vai voar." Induz o irmão mais velho a sentir a liberdade, a alegria, metáfora do que Tonho viria a experimentar com Clara, a artista circense, e uma antecipação do que fará adiante: trocar de lugar com o irmão, assumindo a morte que lhe estava destinada.

Como negar, diante dessas evidências, o autoconhecimento que Pacu havia desenvolvido e a compreensão de uma verdade que a muitos escapava?

Pacu não é um adulto em miniatura, mas exatamente uma infância em plenitude: ele, o infante – o único a conhecer, a saber.

2- Infância: a emergência de novos referenciais

Se Pacu vislumbra uma verdade, que verdade é essa?

O mundo contemporâneo demanda novas relações com o que constitui a base da existência humana. Afinal, presenciamos e vivenciamos um dos momentos mais impressionantes da história das revoluções científicas e tecnológicas, o que exige a construção de novos modelos, de novas referências e de novos sujeitos. Para alcançar um novo paradigma, é preciso se distanciar-nos do velho. Como viver a possibilidade do novo, se continuamos atrelados às amarras de uma outra construção simbólica, no caso de Pacu, totalmente opressora?

E a tradição? Não serve para nada? Não merece ser seguida, respeitada? A questão não é tão simples, e a resposta deve ser relativizada: se tomamos a tradição como algo pelo qual lutamos por preservar, de modo intocado, fechado a novas interlocuções, não; caso contrário, se assumimos a tradição como algo que pode ser rompido, porque pode ser ressignificado, diríamos sim. Nessa segunda vertente, entendemos Pacu. Porque a questão não está apenas no que permanece intocado e no que é abandonado, mas fundamentalmente em saber explicar o motivo pelo qual praticamos nossas ações" existimos. E essa resposta Pacu não encontrava. Como entender uma lógica que manda matar para destruir aos poucos cada membro de uma família?

Para Pacu, também não se trata de contrapor dois mundos: um falso e outro verdadeiro, mas de aceitar completamente a necessidade do nascimento de um outro mundo, de um mundo diferente.

Tomemos como grande metáfora o fato de que o trabalho desenvolvido pela família Breves se centrava na utilização de uma moenda, com grandes rodas dentadas, às quais se atrelavam bois que eram obrigados a girar sempre na mesma direção, ainda que às custas de chibatadas. Não é difícil, assim, associar a vida dos bois à vida dos homens que trabalham incessantemente, sem saber se algo diferente poderá acontecer. Não é à toa que as cenas iniciais do filme mostram a moenda em movimento, representando a engrenagem contra a qual Pacu se insurgia – a engrenagem de uma tradição que transformava as pessoas em bagaço, numa visão fatalista e natural dos acontecimentos. Faz, então, rupturas marcadas pelo mundo tal qual sua infância permite ver e sentir.

Propõe, então, um novo horizonte, construindo novas referências, com as quais compreende e vive o seu mundo. Seu desencanto e sua incompreensão em relação à tradição o levam a interrogar sobre o instituído como verdade a ser aceita. Entende que tem uma questão séria a resolver: a garantia do direito à vida e não à morte anunciada, imposta, decretada. Suas ações provocam reflexões que, sem dúvida, permitem a construção de um novo olhar, de um novo paradigma para interpretar a existência e, consequentemente, um outro ponto de vista frente ao papel do ser humano no mundo. Ensina-nos, pois, uma forte lição, no momento em que demonstra a premente e dolorosa necessidade de ser ele mesmo e de poder escolher, na medida em que sentia inviabilizada a tentativa de uma libertação pessoal. Não é suficiente manter a tradição; é preciso romper com ela se queremos que, de fato, algo novo aconteça.

Quando o pai, incisivo, peremptório, diz a Tonho que ele deve cumprir a obrigação de matar o próximo filho da família inimiga, Pacu, quase num murmúrio, pronuncia: "Vai não, Tonho." Não aceita a lógica que manda matar, e, em seguida, rezar e prestar reverência ao morto.

Ao se aproximar o fim da trégua, assim que retornam do circo, e Tonho é violentamente chicoteado pelo pai, Pacu compreende a irreversibilidade da situação, vinda de um adulto ou daquilo em que uma determinada cultura o transformara e diz a Tonho: "Tonho, tu tem que ir embora". O que isso significa? Uma saída para a vida e uma ruptura com o que devia ser cumprido, uma quebra do "sacralizado", do código estabelecido, em duplo sentido: fugir e não se deixar matar. Mas o que aquilo importava para Pacu? Nada, pois ele estava, indiscutivelmente, a favor da vida. Um pouco mais adiante, quando Tonho toma coragem para ir ao encontro de Clara, Pacu sorri ao perceber que a cama do irmão estava vazia. Sorriso de cumplicidade, de manifestação de alegria, por reconhecer no irmão um ato de coragem e libertação.

Essa é a criança Pacu, que luta pela essencialidade da vida. E ensina não a repetir o que a tradição lhe impõe, mas a ser exatamente alguém *diferente*. Nisso está a sua identidade, a sua marca. Assim, é um ser de vontade: aquele capaz de rejeitar o que lhe é imposto, como parte inarredável de uma cultura, para buscar o novo, em direção a algo que, mesmo não sabendo o que é, sabe que precisa ser buscado. Pacu é, assim, um ser em busca do sentido, e não em busca do destino. O que é o destino, quando se propõe a lutar pela dignidade da vida?

A infância interroga, por isso é capaz de alterar os rumos dos acontecimentos. Podemos dizer que ela não aceita a previsibilidade, porque sente o mundo de uma maneira dinâmica, bem ao contrário do adulto, para quem o certo é contar com o que é sabidamente previsto. Por quais razões, nós, adultos nos deixamos levar pelas circunstâncias, sem nos interrogar, sem buscar um jeito novo de viver o velho? Para isso, é preciso enfrentar a essência, a base do que nos ampara e, ao mesmo tempo, nos desafia. Temos medo de abandonar nossas muletas, nossas escoras. Pacu ensina que não há saída para o homem contemporâneo, a não ser a insurreição. Não será preciso o adulto, encharcado de verdades encardidas, amareladas, como o sangue das camisas expostas ao vento, aprender a olhar para dentro de si mesmo e ter, ele mesmo, um projeto de vida, construído pela sua identidade no mundo?

Assim, não nos parece difícil assegurar que a infância de *Abril despedaçado* conclama os adultos a buscar um novo modo de encarar a tradição e que um dos projetos da modernidade é aprender com a infância novas relações para a construção de novos modelo de vida.

Cenas finais

A sensibilidade de Pacu anuncia "Vai chover." Chuva no sertão, sinal de que alguma coisa nova vai acontecer. Realmente, Clara procura por Tonho, e ambos, libertos das amarras que os tornavam escravos, entregam-se ao amor. Para isso, Tonho precisa retirar a tarja preta que o indicava como marcado para morrer.

Nesse mesmo momento, com uma chuva forte a cair, Pacu toca a água, enquanto Tonho toca o corpo da mulher, ambos cheios de igual prazer. Ambos, enfim, realizados. Também agora, o inimigo ronda a casa para matar Tonho.

Pacu aguarda a saída de Clara e caminha até onde se encontra o seu irmão. Encontra-o dormindo. Recolhe do chão a tarja preta e a coloca em seu próprio braço. Recolhe também o chapéu e o coloca na própria cabeça. Troca de lugar com o irmão e sai, calcando firme o chão de sua terra. Decide desfazer o ciclo da morte, rodar a roda e, ao contrário, surpreender. Fazer ele mesmo o que desejava que os outros fizessem: quebrar o ciclo da morte. Na verdade tudo estava envelhecido, ultrapassado: crenças e verdades. Tal qual o engenho, obsoleto, estranho diante da possibilidade de um mundo novo que se anuncia. Tal qual Atropos, a deusa da mitologia que corta o fio da vida, Pacu destece o seu destino. Retomam-se, aqui, as cenas iniciais:

> Agora você já sabe a minha história; Mas eu continuo sem lembra da outra... Acho que tô lembrando... Um dia a sereia veio buscar o menino para viver com ele debaixo do mar, no mar, ninguém morria, viviam tão felizes... Mas tão felizes que não conseguiam parar de dar risada...

Recebe, então, o tiro destinado ao irmão. Desfaz o ciclo da história, desfaz o imponderável. Uma criança salva. Salva da ignorância, da insensatez, da bestialidade. O que fica? Um grito de mãe que recolhe nos braços o corpo inerte do filho, como recolhia o bagaço da cana; uma infância despedaçada pela insensatez do mundo adulto. Esse corpo, embora morto, ensina que, nesse tempo de ignorância, a grande aposta humana precisa ser a favor da vida. De qual vida? A que Tonho, agora liberto, pode escolher. Escolhe o caminho do mar, tal qual o irmão Pacu, com sua sereia. Ele, em busca de completar a sua narrativa e Tonho, em busca de completar sua vida, mesmo sem saber o que o espera; mas vai.

Considerações nem sempre finais

No momento em que a humanidade vive a crise dos sujeitos e das verdades num mundo sem fronteiras, a morte de Pacu, por mais paradoxal que nos pareça, é um devir, um anúncio de futuro, a certeza de que, para além das mediocridades cotidianas, algo novo há de acontecer. E isso só será alcançado se o ciclo for rompido, se as amarras forem desfeitas. Para romper com algo também, por mais paradoxal que nos pareça, é preciso passar pela dor, na profunda consciência de si mesmo e do outro, na grandiosidade do entendimento de uma finitude necessária. Pacu realiza um ato de criação, abre perspectivas para novas histórias, novos acontecimentos, tal qual *Abril despedaçado*, obra de criação, aberta àqueles a quem tocam. É somente nesse contexto que podemos entender a morte de Pacu: a possibilidade e o anúncio de um mundo diferente.

Como educadora, não posso deixar de pensar sobre como a Escola trata a infância, sobre como a escola não a escuta, portanto desqualifica suas ações e atitudes. Adultizamos muito cedo nossas crianças e matamos a infância de cada uma. Como educadora, penso, ainda, nos silêncios impostos, nas escolhas determinadas, na direção adultizada do mundo: repetem os mesmos gestos, fazem os mesmos exercícios, brincam as mesmas brincadeiras e são obrigadas a viver um espaço-tempo que não é o que escolheram. Nem sei de quantas histórias não lidas, porque as crianças não têm o que ler nem mesmo sabem ler. Ou, se leem, precisam fazer a leitura do adulto e montar o imaginário e a magia que há para ser vivida enquanto leem.

Como educadora, não posso deixar de retomar o ponto central do que até aqui discutimos: à escola cabe fazer com que a infância possa ser sujeito, ajudá-la a se constituir e despertar nela seres de vontade e, dentro dos limites da ética humana, seres capazes de romper com o instituído, se esse rompimento significar a luta pelo direito e pela dignidade da vida.

Cabe à escola ouvir a infância e ajudá-la na construção de sua identidade, à medida que cada um puder se tornar responsável por suas próprias escolhas e pela construção de sua própria liberdade.

Essa infância despedaçada pela miséria, pela violência, pela fome, pela exclusão nos ensina e nos salva: a verdade não está no que se repete, no que se perpetua, mas no encontro com o novo, com a busca, com a ruptura. Ensina que não há uma única maneira de se conceber o mundo, que nossas verdades não nos pertencem, e que é urgente renovar o pensamento. Saber ver e sentir como a infância, antes que o que ainda existe de ético em nós, adultos, apodreça irremediavelmente.

Filme citado

Abril despedaçado – Walter Salles (Brasil, 2001) – 1h35

OS AUTORES

Ana Maria Gomes

é professora da Faculdade de Educação da Universidade Federal de Minas Gerais (UFMG) em Belo Horizonte, onde ensina Antropologia e Educação, na graduação e na Pós Graduação, e onde responde pela disciplina Educação e Conhecimento, junto com os professores Bernardo J. Oliveira e Eduardo Mortimer. Desenvolveu pesquisas em diferentes contextos, como as favelas de Belo Horizonte, os grupos ciganos na Itália e comunidades indígenas do norte de Minas Gerais. Entre suas publicações estão *Vegna che ta fagu scriver. Etnografia della scolarizzazione in una comunità di Sinti* (1996); *Etnografia nei contesti educativi* (2003), com Francesca Gobbo; além de vários artigos e capítulos de livros sobre Antropologia e Educação e sobre Pesquisa Etnográfica e Educação. Atualmente coordena o Grupo de Educação Indígena da FaE/UFMG.

Ana Marta Aparecida de Souza Inez

é pedagoga com especialização em Educação Infantil e Avaliação Educacional. É mestre em Educação pela Universidade Federal de Minas Gerais (UFMG) e doutoranda em Educação pela mesma universidade. Atuou durante vários anos como professora e pedagoga na educação básica, em escolas da rede pública estadual no leste de Minas Gerais. Desde 1993 é professora do Centro Universitário do Leste de Minas Gerais (UNILESTE-MG) onde exerce, atualmente, a função de diretora de pós-graduação e pesquisa. Atua, prioritariamente, em cursos e programas de formação de professores da educação infantil e do ensino fundamental. Desenvolve estudos e pesquisas sobre Educação Infantil, História da Infância e Avaliação Educacional. É membro atuante em movimentos de defesa dos direitos das crianças e adolescentes.

Àngel Quintana

é professor de História e Teoria do Cinema na Universidade de Girona/ Espanha. Doutor em Ciências da Informação pela Universidade Autonoma, com pós-doutorado na Universidade de Paris III. Crítico de cinema no "El Punt", o suplemento Culturas do *La Vanguardia* e a revista *Dirigido*. Publicou os livros: *Roberto Rossellini* (Cátedra, 1995); *Jean Renoir* (Cátedra, 1998); *El cine italiano 1942-196 – do neo-realismo à modernidade* (Paidós, 1997); *Fábulas de lo visible – el cine como constructor de realidades* (El Acatantilado, 2003, Prêmio da Associação Espanhola de Historiadores do Cinema ao melhor livro de cinema do ano); *Olivier Assayas – Líneas de fuga* (Festival de

Gijón, 2003) e *Peter Watkins. Historia de una resitencia* (Festival de Gijón, 2004). Coordenou diversos livros coletivos, entre eles: *James Agee – Escritos sobre cine* (Paidós, 2001) e *Roberto Rossellini – La herencia de un maestro* (Filmoteca Valenciana, 2005). Foi presidente da Associação Catalã de Escritores e Críticos Cinematográficos.

Antonio Francisco Rodríguez Esteban

é licenciado em Ciências da Informação pela Universidad de Málaga e tem diploma de especialização em Comunicação. Tradutor e corretor de diversas editoras. Professor do curso "Cinema e infância" no Instituto de Ciências de Educação da Universidad Autónoma de Barcelona. Autor de *El antídoto. Aforismos* (La Luna Producciones, 2001).

Bernardo Jefferson de Oliveira

é professor de Filosofia da Educação da Universidade Federal de Minas Gerais (UFMG). Formou-se em Geografia pela Pontifícia Universidade Católica do Rio de Janeiro (PUC-Rio), fez mestrado e doutorado em Filosofia (UFMG) e pós-doutorado em História da ciência (MIT, Eua). Nos últimos anos vem dedicando-se à pesquisa sobre a formação do imaginário científico. É autor dos livros *A revolta em Albert Camus* (Booklink, 2001) e *Francis Bacon e a fundamentação da ciência como tecnologia* (UFMG, 2002) e editor do livro *Histórias da ciência no cinema* (Argvmentvm, 2005).

Carlos Losilla Alcalde

é ensaísta, crítico cinematográfico do jornal *Avui* e professor de Teoria do Cinema da Universidade Pompeu Fabra e do Mestrado em Documentário da Universidade Autônoma de Barcelona. É autor dos livros *El cine de terror. Una introducción* (1993), *Taxi Driver / Johnny Guitar* (1996), *La invención de Hollywood o cómo olvidarse de una vez por todas del cine clásico* (2003); *En busca de Ulrich Seidl* (2003); e *El sitio de Viena* (com lançamento próximo); além de haver coordenado *Paul Schrader, el tormento y el éxtasis* (1995); *La mirada oblicua. El cine de Robert Aldrich* (1996); *Richard Fleischer, entre el cielo y el infierno* (1997); e *Karel Reisz o el exilio permanente* (1998), os três primeiros com José Antonio Hurtado. Ex-presidente da Associação Catalã de Críticos e Escritores Cinematográficos, colaborou também em diversos livros coletivos e escreve para revistas como *Dirigido, Nosferatu* e *Archivos de la Filmoteca*, assim como para o suplemento "Culturas" do jornal *La Vanguardia*.

David Oubiña

é doutor em Cinema e Literatura pela Universidade de Buenos Aires. Leciona na Faculdade de Filosofia e Letras (UBA) e na Universidade do Cinema. Integra o conselho diretivo da revista *Las ranas (artes, ensaio e tradução)* e o comitê assessor da revista *Otrocoampo (estudos sobre cinema)*. Colabora regularmente na revista *Punto de vista*. Foi *visiting scholar* na Universidade de Londres (Gran Bretanha) e *visiting professor* na New York University (Estados Unidos) e na Universidade de Bergen (Noruega). Foi bolsista da Comissão Fulbright, da Fundação Antorchas e do British Council. É autor, entre outros livros, de: *Filmología. Ensayos con el cine* (Manantial, 2000, Prêmio do Fundo Nacional das Artes ao melhor livro de ensaio); *El cine de Hugo Santiago* (Festival de cinema de Buenos Aires, 2002); *Jean-Luc Godard: el pensamiento del cine* (Paidós, 2003) e *El silencio y sus bordes. Discursos extremos en la literatura y el cine argentinos, entre los 60 y los 70* (Siglo XXI, no prelo).

Eduardo Sarquis Soares

é mestre e doutorando em Educação pela Faculdade de Educação da Universidade Federal de Minas Gerais (UFMG). Professor do Centro Universitário Monsenhor Messias e Coordenador de Ensino da Escola Cooperativa de Ensino de Belo Horizonte. Desenvolve estudos e pesquisas na área do ensino de Matemática voltado para crianças em escolas públicas e para a formação de professores.

Héctor Salinas Fuentes

é professor de Antropologia da Educação e de Paradigmas em Teorias da Educação na Universidade de Barcelona. Licenciado em Pedagogia e em Filosofia. Doutor em Pedagogia. Seu trabalho aborda distintas questões de Educação *na* e *pela* Arte. Também trabalha com o uso metafórico do bestiário.

Inês Assunção de Castro Teixeira

é bacharel e licenciada em Ciências Sociais, doutora em Educação e professora da Faculdade de Educação da Universidade Federal de Minas Gerais (UFMG) – graduação e pós-graduação. Coorganizadora da coleção Cinema, Cultura e educação (Autêntica) e da Sessão "Educar o olhar" (Revista *Presença Pedagógica*). Pesquisadora do Núcleo de Pesquisas sobre Condição e Formação Docente (PRODOC/FAE/UFMG) e do Programa de História Oral do Centro de Estudos Mineiros (FAFICH/UFMG). Membro do Projeto de Ações Afirmativas da UFMG. Pesquisadora do CNPq.

Jorge Larrosa

é professor de Filosofia da Educação na Universidade de Barcelona (Espanha). Seus trabalhos, de clara vocação ensaísta, situam-se no território fronteiriço entre a Literatura, a Filosofia e a Educação. Realizou estudos de pós-doutorado no Instituto de Educação da Universidade de Londres e no Centro Michel Foucault de Paris. Entre seus livros destacam-se *La experiencia de la lectura. Estudios sobre literatura y formación* (1996); *Pedagogía Profana. Estudios sobre lenguaje, subjetividad y educación* (2000, traduzido para o francês e o português); e *Entre las lenguas. Lenguaje y educación después de Babel* (2003). Organizou *Trayectos, escrituras, metamorfosis. La idea de formación en la novela* (1994); *Escuela, poder y subjetivación* (1995); *Déjame que te cuente. Ensayos sobre narrativas y educación* (1995); *Imágenes del otro* (1996); *Camino y metáfora* (1999); *Habitantes de Babel. Políticas y poéticas de la diferencia* (Autêntica, 2001); e *Entre Literatura y Pedagogía* (2005). Foi professor convidado em várias universidades latino-americanas e europeias.

José de Sousa Miguel Lopes

é mestre em Educação pela Universidade Federal de Minas Gerais (UFMG) e doutor em História e Filosofia da Educação pela Pontifícia Universidade Católica de São Paulo (PUC-SP). Tem vários trabalhos publicados no campo da Educação, Cinema e Literatura no Brasil, Portugal e Alemanha. Publicou sua tese de doutorado, *"Cultura acústica e letramento em Moçambique: em busca de fundamentos antropológicos para uma educação intercultural"* (2004). Seus trabalhos mais recentes incluem a organização (junto com a professora Inês Assunção de Castro Teixeira) das coletâneas *A escola vai ao cinema* (Autêntica, 2003), *A mulher vai ao cinema* (Autêntica, 2005), *A diversidade cultural vai ao cinema* (Autêntica, 2006). É membro do conselho editorial consultivo da Revista *Presença Pedagógica*, desde sua criação em 1995. Membro do conselho editorial da Revista *online Currículo sem fronteiras*, editada nos EUA a partir de janeiro de 2001. Colaborador regular desde 2002, do Jornal *A página da educação* editado em Portugal. Sócio fundador da Associação Internacional de Literaturas de Língua Portuguesa e Outras Linguagens (2004).

Laia Colell Aparicio

é licenciada em Humanidades pela Universidad Pompeu Fabra. Em 2003, ganhou uma bolsa para realizar o trabalho de pesquisa sobre os *Cahiers* de Simone Weil, com o que obteve o DEA na mesma universidade. Atualmente trabalha em sua tese de doutorado. Traduziu livros de Cinema e de Filosofia e colaborou em diversas publicações jornalísticas. Junto com Núria Aidelman, dirige "Cinema en curs", um projeto experimental de oficinas de cinema em centros públicos de ensino primário e secundário subvencionado pelos Departamentos de Cultura e Educação da Generalitat de Catalunya. Também planejaram oficinas de cinema para crianças e jovens, assim como cursos de formação de professores, no Centro de Cultura Contemporánea de Barcelona.

Leiva de Figueiredo Viana Leal

é doutora em Educação, professora e pesquisadora da UNINCOR (MG) e presta serviço em outras instituições de ensino superior em Minas Gerais. Dedica-se especialmente a investigar a questão do ensino-aprendizagem da leitura e da escrita e sua relação com os processos de constituição de subjetividades. Realiza estudos junto ao Instituto Nacional de Pesquisas em Educação (INRP) de Paris, França. Entre suas produções destacam-se: *A Escrita aprisionada* (1992); *Professor-leitor/aluno-autor* (coautoria, 1998); *Biblioteca como eixo estruturador do currículo* (2003); *Formação do produtor de texto na escola* (2004); *Leitura e escrita – Exercício de cidadania* (2004); *Sujeito letrado, sujeito total* (2005). É consultora e orientadora de projetos da Secretaria Estadual de Educação em Minas Gerais.

Maria Cristina Soares de Gouvêa

é pós-doutora em História da Educação-Universidade de Lisboa, doutora em Educação pela UFMG, professora da Faculdade de Educação da UFMG e do Programa de Pós-graduação em Educação da UFMG. Pesquisadora do CNPq e do Grupo de Estudos e Pesquisas em História da Educação UFMG (GEPHE). Áreas de pesquisa: História da Educação, História da Infância, Infância e Cultura. Publicações mais recentes: *Escolarizar para moralizar: discursos sobre a educabilidade da criança pobre* (2006); *Vygotsky e a teoria sócio-histórica* (Autêntica, 2005); *Imagens do negro na literatura infantil brasileira: um estudo historiográfico* (2005).

Maria Inês Mafra Goulart

é doutora em Educação pela Universidade Federal de Minas Gerais (UFMG) e professora na Faculdade de Educação da UFMG. Pesquisadora do Núcleo de Estudos e Pesquisas sobre Condição e Formação Docente (PRODOC/FaE/UFMG) e do Núcleo de Estudos e Pesquisas sobre a Infância e Educação Infantil (NEPEI/FaE/UFMG. Tem desenvolvido pesquisas e publicações sobre a aprendizagem na infância e sobre a formação de profissionais para atuar na Educação Infantil.

Núria Aidelman Feldman

é licenciada em Comunicação Audiovisual pela Universidad Pompeu Fabra. Em 2003, recebeu uma bolsa para realizar o DEA em *Éstudes cinématographiques et audiovisuelhes* na Universidad Paris III. Leciona aulas de fotografia na Universidad Pompeu Fabra, é programadora de cinema no Centre de Cultura Contemporània de Barcelona e publicou artigos em diversas publicações jornalísticas e livros coletivos. Junto com Gonzalo de Lucas, correalizou o filme *Lai* (2005), apresentado, dentre outros, no festival Cinéma du réel de París e nos festivais de Gijón e Las Palmas.

Ramón Espelt i Casals Gironella,

licenciou-se em Ciências Exatas em 1975. A partir de então alterna duas dedicações: a de professor de Matemática e a de estudioso do cinema. Em 1985 publica (com Jordi Balló e Joan Lorente) *Conèixer el cinema,* livro destinado à introdução do cinema na escola. Escreve a continuação *Cinema català.1975-1986* (com Balló e Lorente), *Protecció i conservació de l'obra cinematogràfica, Mirada al món de Bigas Luna, Ficció criminal a Barcelona.1950-1963 e Jonás cumplió los 25. La educación formal en el cine de ficción 1975-2000*. Foi também documentarista de diversas propostas relacionadas com o cinema e da comissão (com Aurora Corominas) do arquivo de imagens e da exposição itinerante *Fora de camp. Set itineraris per l'audiovisual català*, apresentada pela primeira vez em Barcelona em 1999. Atualmente faz parte de uma pequena empresa dedicada a projetos educativos e culturais. Entre seus últimos trabalhos (com Eulàlia Bosch) destacam-se a ideia, roteiro e direção de distintos programas para internet (*Poesía Visual, Ciudadanía*) assim como a remodelação dos serviços educativos e a criação de uma página na internet para *La Pedrera* (www.lapedreraeducació.org), o emblemático edifício barcelonês de Gaudí.

Rosana A. F. Sardi

Pedagoga formada pela Universidade de Brasília (UnB). Especialista em Ensino de Filosofia pela Universidade de Brasília (UnB). Mestre em Educação pela Universidade Federal do Rio Grande do Sul (UFRGS). Doutoranda em Educação pela Universidade Federal de Pelotas (UFPel). Graduanda em Filosofia pela Universidade Federal do Rio Grande do Sul (UFRGS). Tem publicado vários artigos sobre Filosofia e Infância.

Vitória Líbia Barreto de Faria

é formada em História pela Universidade Federal do Paraná (UFPR) e mestre em Educação pela Universidade Federal de Minas Gerais (UFMG). Iniciou sua vida profissional com professora de História de 1º e 2º graus, mas a maior parte de sua trajetória docente foi dedicada à educação da infância, quer na educação infantil quer no ensino fundamental, como professora e como formadora de professores. Lecionou em cursos de formação inicial de professores em nível médio, graduação e de pós-graduação. É autora de inúmeros artigos sobre propostas pedagógicas, alfabetização e letramento, publicados em livros e revistas especializadas. Atualmente é consultora do Proinfantil e editora de conteúdos da *Revista Criança*, programas do Ministério da Educação. Presta também consultoria pedagógica para as Secretarias Municipais de Educação de Belo Horizonte e Contagem.

Este livro foi composto com tipografia Ottawa, e impresso
em papel Off Set 75 g/m² na Gráfica Forma Certa.